本書爲

2017年國家社會科學基金重點項目
"出土戰國文獻匯釋今譯暨數據庫建設"（17AYY014）

和

教育部
"古文字與中華文明傳承發展工程"

的研究成果之一

———— ❧ ————

本書獲2020年度國家出版基金資助

出土戰國文獻匯釋今譯叢書（第一批）

主　編　張玉金

睡虎地秦墓竹簡匯釋今譯（上、下卷）	張玉金　等　著
嶽麓書院藏秦簡（貳）匯釋今譯	張玉金　李明茹　著
放馬灘秦簡《日書》匯釋今譯	張玉金　黃　瑩　著
新蔡葛陵楚簡匯釋今譯	張玉金　溫鑫妮　著
龍崗秦簡匯釋今譯	吳辛丑　張　晨　著
周家臺秦墓簡牘等三種匯釋今譯	吳辛丑　林　慧　著

国家出版基金项目
NATIONAL PUBLICATION FOUNDATION

語言服務書系·出土戰國文獻匯釋今譯叢書

嶽麓書院藏秦簡（貳）匯釋今譯

張玉金　李明茹　著

暨南大學出版社
JINAN UNIVERSITY PRESS

中國·廣州

圖書在版編目（CIP）數據

嶽麓書院藏秦簡（貳）匯釋今譯/張玉金，李明茹著. —廣州：暨南大學出版社，2022.12
（語言服務書系. 出土戰國文獻匯釋今譯叢書）
ISBN 978 - 7 - 5668 - 3276 - 4

Ⅰ. ①嶽…　Ⅱ. ①張…②李…　Ⅲ. ①簡（考古）—彙編—中國—秦代②竹簡文—注釋③竹簡文—譯文　Ⅳ. ①K877.5

中國版本圖書館 CIP 數據核字（2022）第 021915 號

嶽麓書院藏秦簡（貳）匯釋今譯
YUELU SHUYUAN CANG QINJIAN（ER）HUISHI JINYI
著　者：張玉金　李明茹
··

出 版 人：張晉升
項目統籌：杜小陸
策劃編輯：杜小陸　黃志波
責任編輯：黃志波　朱良紅
責任校對：孫劭賢　王燕麗　林玉翠
責任印製：周一丹　鄭玉婷

出版發行：暨南大學出版社（511443）
電　　話：總編室（8620）37332601
　　　　　營銷部（8620）37332680　37332681　37332682　37332683
傳　　真：（8620）37332660（辦公室）　37332684（營銷部）
網　　址：http://www.jnupress.com
排　　版：廣州良弓廣告有限公司
印　　刷：深圳市新聯美術印刷有限公司
開　　本：787mm×1092mm　1/16
印　　張：15.75
字　　數：350 千
版　　次：2022 年 12 月第 1 版
印　　次：2022 年 12 月第 1 次
定　　價：98.00 圓

總　序

　　出土戰國（包括秦代，下同）文獻共有9種，即戰國金文、戰國簡牘文字（包括郭店楚簡、上博楚簡、信陽楚簡、望山楚簡、九店楚簡、包山楚簡、葛陵楚簡、清華竹簡、五里牌楚簡、仰天湖楚簡、楊家灣楚簡、夕陽坡楚簡、曹家崗楚簡、香港中大竹簡、曾侯乙墓竹簡、睡虎地秦簡、放馬灘秦簡、周家臺秦簡、龍崗秦簡、里耶秦簡、嶽麓秦簡、北大秦簡、睡虎地秦牘、青川秦牘、嶽山秦牘）、戰國帛書、戰國玉石文字、戰國漆木文字、戰國貨幣文字、戰國封泥文字、戰國璽印文字、戰國陶文。

　　對於出土戰國文獻的整理研究，目前已經取得了許多研究成果：

一、戰國金文整理研究的成果

　　如中國社會科學院考古研究所編《殷周金文集成》（1984—1994），劉雨、盧岩編著《近出殷周金文集錄》（2002），鍾柏生等編《新收殷周青銅器銘文暨器影彙編》（2006），劉雨、嚴志斌編著《近出殷周金文集錄二編》（2010），吳鎮烽編著《商周青銅器銘文暨圖像集成》（2012）、《商周青銅器銘文暨圖像集成續編》（2016）和《商周青銅器銘文暨圖像集成三編》（2020），等等。

二、戰國簡牘文字和帛書整理研究的成果

　　楚簡方面的成果如河南省文物研究所編《信陽楚墓》（1986），湖北省荆沙鐵路考古隊編《包山楚簡》（1991），湖北省文物考古研究所、北京大學中文系編《望山楚簡》（1995），商承祚編著《戰國楚竹簡彙編》（1995），荆門市博物館編《郭店楚墓竹簡》（1998），湖北省文物考古研究所、北京大學中文系編《九店楚簡》（2000），陳松長編著《香港中文大學文物館藏簡牘》（2001），馬承源主編《上海博物館藏戰國楚竹書》（2001—2012），河南省文物考古研究所編著《新蔡葛陵楚墓》（2003），李學勤主編《清華大學藏戰國竹簡》（2010—2020），張顯成主編《楚簡帛逐字索引》（2013），陳偉等《楚地出土戰國簡冊（十四種）》（2016），

等等。

楚帛書方面的成果如饒宗頤、曾憲通編著《楚帛書》（1985），李零《長沙子彈庫戰國楚帛書研究》（1985）和《楚帛書研究（十一種）》（2013），饒宗頤、曾憲通《楚地出土文獻三種研究》（1993），陳茂仁《楚帛書研究》（2010），等等。

曾簡方面的成果如湖北省博物館編《曾侯乙墓》（1989），蕭聖中《曾侯乙墓竹簡釋文補正暨車馬制度研究》（2011），蔣艷《曾侯乙墓簡文注釋》（2011），等等。

秦簡牘方面的成果如睡虎地秦墓竹簡整理小組編《睡虎地秦墓竹簡》（1990），湖北省荆州市周梁玉橋遺址博物館編《關沮秦漢墓簡牘》（2001），中國文物研究所、湖北省文物考古研究所編《龍崗秦簡》（2001），甘肅省文物考古研究所編《天水放馬灘秦簡》（2009），朱漢民、陳松長主編《嶽麓書院藏秦簡》（2010—2020），湖南省文物考古研究所編著《里耶秦簡》（2012—2017），王輝、王偉編著《秦出土文獻編年訂補》（2014），張顯成主編《秦簡逐字索引》（增訂本）（2014），陳偉主編《秦簡牘合集》（2014），等等。

三、戰國玉石文字和漆木文字整理研究的成果

如趙超《石刻古文字》（2006），吳鎮烽編著《商周青銅器銘文暨圖像集成》（2012）中的有關部分，等等。

四、戰國貨幣文字整理研究的成果

如汪慶正主編《中國歷代貨幣大系·先秦貨幣》（1984），黃錫全《先秦貨幣研究》（2001），馬飛海主編《中國歷代貨幣大系·秦漢三國兩晉南北朝貨幣》（2002），等等。

五、戰國封泥文字和璽印文字整理研究的成果

如孫慰祖主編《古封泥集成》（1994），莊新興編《戰國鈢印分域編》（2001），傅嘉儀編著《秦封泥匯考》（2007），陳光田《戰國璽印分域研究》（2009），吳振武《〈古璽文編〉校訂》（2011），王偉《秦璽印封泥職官地理研究》（2014），等等。

六、戰國陶文整理研究的成果

如高明編著《古陶文彙編》（1990），王恩田編著《陶文圖錄》（2006），袁仲
一、劉鈺編著《秦陶文新編》（2009），等等。

由上述看來，前人和時賢在出土戰國文獻整理研究方面已經取得了許多成果。
不過，以往的研究存在以下兩個問題：一是大都是按材料的不同分類分頭進行的，
還沒有看到對於出土戰國文獻的綜合整理研究成果；二是不同的學者在釋文方面寬
嚴不一，對於同一個古文字有不同的釋文，對於同一個詞語有不同的解釋，對於同
一句句意也有不同的理解。這給漢語史研究者以及相關學科的學者帶來極大的不便。

漢語史學者以及相關領域的研究者急需展示出土戰國文獻的綜合整理研究成果，
這個成果要能夠囊括目前已經整理發表的全部出土戰國文獻資料；釋文方面要寬嚴
一致；對於同一個古文字要有同樣的釋文，對於同一個詞語要有一致的解釋；對詞
語要有簡明的訓釋，對句意要有準確的翻譯；對於古文字學者們的異說要有簡明的
介紹。"出土戰國文獻匯釋今譯叢書"的出版，正是因應了學術界的這個需求。

本叢書的總體框架是：

一是摹本：對於所選取的出土戰國文獻，在原始資料的基礎上做出摹本，以方
便讀者閱讀。

二是釋文：採各家之長，寫出釋文。用現代標點，對所做出的釋文加以斷句。
若有異說，簡明列出。

三是匯釋：對其中的疑難字詞加以注釋。若有異說，簡明列出。

四是今譯：把出土戰國文獻譯成現代漢語，供讀者參考。若有不能翻譯的，則
存疑。

本叢書在學術思想、學術觀點、研究方法等方面均有創新。

在學術思想上，本叢書認爲出土戰國文獻整理研究不但是古典文獻學、古文字
學的重要研究內容，而且對於其他以出土戰國文獻爲材料進行研究的學科而言都具
有基礎性意義。因爲研究對象具有獨特性——用古文字書寫，所以不僅要用文獻注
釋學的理論方法進行研究，還要用古文字學的理論方法進行考察；不僅要有文獻整
理能力，還要具備古文字的考釋能力以及音韻學、訓詁學、詞彙學、語法學、歷史
學、文化學等方面的理論知識，這是學術思想方面的特色和創新。

在學術觀點上，本叢書認爲許多學者對出土戰國文獻的研究，在文字考釋、詞
語訓詁、語句通釋等方面往往有分歧，因此要有對不同說法的統一檢驗標準。本叢

書認爲，對於異說的檢驗要以四個標準進行，即形、義、音、法。所謂形，即看一種考釋是否符合古文字的字形，在字形上是否說得通；所謂義，即看一種考釋是否經得起詞彙學理論知識的檢驗，是否符合上下文的文義；所謂音，即是否經得起音韻學理論知識的檢驗；所謂法，即是否經得起語法學理論知識的檢驗。如果從這四個方面來檢驗，都說得通，就應該是比較好的考釋，就可以採信。對於古文字考釋的異說從形、義、音、法四個方面進行檢驗，這是學術觀點方面的創新。

在研究方法上，本叢書不僅運用古文獻注釋方法（標點、注釋、今譯，特別是匯釋以往的各種異說），還運用古文字考釋法（形體分析法、假借破讀法、辭例推勘法、歷史比較法、文獻比較法）以及訓詁方法（以形索義法、因聲求義法、比較互證法）、古漢語詞彙學研究方法、古漢語語法學研究方法，這是研究方法方面的特色。

本叢書的出版，不僅對於古文字學、戰國文字學研究有價值，對於漢語史學以及需利用古文字材料的各門學科有學術價值，對於相關學科的教學和普及也有應用價值。

張玉金

2022 年 2 月 28 日

目
錄
contents

001   總　序

001   凡　例

001   概　述

003   一、租稅類算題

053   二、面積類算題

070   三、營軍類算題

074   四、合分與乘分

080   五、衡　制

084   六、物　價

086   七、穀物換算類算題

113   八、衰分類算題

149   九、少廣類算題

160   十、體積類算題

184　十一、贏不足類算題

192　十二、勾股算題

194　十三、其　他

198　十四、殘　片

201　摹　本

230　參考文獻

凡　例

一、本書資料收錄截止日期是 2019 年 5 月 1 日。

二、本書以嶽麓書院藏秦簡《數》爲研究對象，分爲釋文、校記、匯釋、算法解析、今譯。

三、本書以陳松長主編的《嶽麓書院藏秦簡（壹—叁）釋文》（修訂本，上海辭書出版社，2018 年）的釋文爲底本，對照朱漢民、陳松長主編的《嶽麓書院藏秦簡（貳）》（上海辭書出版社，2011 年）中的彩色和紅外綫圖版，互校不同版本的釋文，參考諸家的成果，進行校訂，並做出嚴式隸定的釋文。

四、針對"編纂體例上欠統一：繁簡體與簡文不對應；不符合嚴式隸定""未隸定文字補正""已隸定文字補正""殘缺簡文擬釋""簡號變動""編連綴合"等情況，作出校記。本文"並—幷""於—于""後—后""術—术""從—从"等並非簡單的繁簡體的關係，以覆核圖版爲據。

五、基本沿用《嶽麓書院藏秦簡（壹—叁）釋文》（修訂本）的竹簡整理序號、簡號和編連順序。簡號如有改動，編連順序如有調整，則加以說明。如有綴合，用"＋"標示綴合簡。本文的編號，如 Q7_2_1_0956B，"Q7"即秦簡第七種《嶽麓書院藏秦簡》，"2"即第二册，"1"即簡序，"0956"即簡號，"B"即簡背，"A"即簡正面。

六、按照《嶽麓書院藏秦簡（壹—叁）釋文》（修訂本）的分類，按照算題分段，不能連讀的簡文一列作爲一行。

七、分欄書寫的簡文一律不分欄分列處理。簡文中原有符號一般不保留。合文和重文號直接析書，其他符號按其作用直接寫成逗號、句號、頓號等。

八、簡帛中無法補出的殘缺字或不可辨識的字，釋文中一律以□標出，一個□表示一個字。據殘畫可以確認的字則補入，寫在〔　〕內。據殘畫不能確認，而據上下文意補釋的字則補入，也寫在〔　〕內。據殘畫、上下文意不能確認的字，能隸定一半的字則部分隸定，另一半未釋出者，用半個□，即用▢標示。簡帛中殘缺過甚、不能定其字數者，釋文中一律以☑標出。以文例補出脫文，寫在〖　〗內。衍文用 ⸢ ⸥ 標示。補充殘簡、缺簡的記載內容，共有三種不同的情況：【字字】，表示以前後文意可以推知簡文者；【□□】，表示以殘簡長短、編繩位置可以推知字數者；【☑】，表示字數未詳者。通假字、異體字、古字等隨文注出今日通讀的文字，寫在（　）內。若同時括注有異體字和通假字，中間則以"—"相連接，如"尗（叔—菽）"。訛字隨文注出正字，寫在〈　〉內。前一字爲釋讀不確定者，用（？）

標示。

九、注釋時，先用筆者贊成的觀點或筆者的觀點進行注釋，再彙集相關意見。如有異說則分類羅列，並將筆者贊成的觀點放在第一種。筆者的見解以按語形式呈現。引述原先整理者的觀點時，一般徑稱爲"整理者"。注釋時，通假字用"甲"通"乙"，異體字用"甲"同"乙"，古今字用"甲"後作"乙"。多位學者同時提出相同觀點，並列交代，其先後無特別含義。引用一般以正式出版的論著爲主，並在腳注中說明相關發表情況，以體現研究成果的時間先後。同一本書不同版本，用如（1980/2010）標明最先版本和筆者所參見的版本。

十、注釋內容包括人名、地名、官名等詞義解釋。匯釋主要收錄與字形考釋、詞語訓釋、標點、斷句等相關的意見，並在有需要的情況下加按語。一些研究非關語義，更多是在闡釋詞語的歷史文化信息，此類研究結論一般不歸入匯釋部分。一些明顯無道理的意見不收錄。引述學者的表述，凡有明顯筆誤或者核對未精者，徑直改過，不一一指摘。同一個詞首見出注，如有必要，後面出現時則以"參……注"的形式備注，如"參簡11/0939注③"。

十一、匯釋時，引用書籍標注簡稱（作者和年份）、頁碼，引用論文則不標頁碼，引用文獻簡稱與全稱的對應，詳見"參考文獻"。"參考文獻"部分，如同一作者同一年發表多種研究成果，則在年份後加上A、B、C、D等以示區別。

十二、按"信、達、雅"的翻譯原則，以直譯爲主，盡量避免意譯和文白夾雜，適當補充相關內容，進行白話文翻譯。部分簡某些部分的信息完整，可以譯出，則作今譯，某些部分的信息不完整，無法準確譯出，則依釋文照錄下來並加下劃綫標示。無法準確譯出的殘缺簡則不作今譯。

十三、參考文獻中，外國人人名一般用漢字書寫，文獻名如發表時是漢字，則用漢字書寫，如發表時是外文，則用外文書寫。

十四、爲行文簡潔，文中稱引前修時賢之說，均不加"先生""女士"，敬請諒解。

概　述

　　嶽麓書院藏秦簡，又稱嶽麓簡，是指 2007 年 12 月湖南大學嶽麓書院從香港搶救性購藏的秦代竹木簡。《嶽麓書院藏秦簡（貳）》收錄了《數》。完整簡簡長 27.5 釐米左右，寬約爲 0.5～0.6 釐米，內文抄寫於秦始皇二十六年（公元前 221）前。

　　嶽麓書院藏秦簡（貳）共 236 個編號，另有殘片 18 枚，整理成爲 219 個整理序號和 6 個獨立殘片。除簡 0956 背寫有 "數" 字外，其餘均書寫在竹黃一面。分類整理爲十四部分內容，包括：租稅類算題、面積類算題、營軍類算題、合分與乘分、衡制、物價、穀物換算類算題、衰分類算題、少廣類算題、體積類算題、贏不足類算題、勾股算題、其他、殘片。

　　租稅類算題：內容爲求取收糧食作物租稅所需的田步數、求取作爲租稅的糧食作物的重量。比較複雜的情況如下：一是計算田租數與租券所記有誤差時收一斗稅所需稅田平方步數；二是據圓田的周長求圓田面積進而算作爲租稅的糧食作物重量；三是考慮禾茂盛產量增加計算減少的田平方步數；四是考慮加工耗損（如禾加工成粟、粟類穀物加工成糲米等）來計算租稅；五是乾濕禾換算計算租稅；六是根據桌的不系數（大中小桌）和桌的高度來計算田平方步數或糧食作物重量。其中有的算題還涉及分數化爲整數。

　　面積類算題：內容包含正方形土地、矩形土地、箕形（等腰梯形）土地、圓形土地的面積計算。其中還有里田術（即將邊長以里爲單位的田的面積換算成以頃、畝爲單位的算法）。

　　營軍類算題：衹有一道算題，內容爲根據扎營駐軍時設戟的不系數（三步、四步、五步）計算軍營哨位可綿延的長度。

　　合分與乘分：內容爲分數相加和分數互乘、自乘，其中有芻（飼草）、稾（禾程）價格這一實際生活問題的計算。

　　衡制：內容爲銖、兩、斤、鈞、石的換算，其中有冶煉鐵、銅所用炭這一實際生活問題的計算。

　　物價：內容爲根據馬甲單價和用以抵消剃除煩鬚、贖免死罪所需的馬甲件數，計算罰繳的馬甲總值。

　　穀物換算類算題：內容爲各種穀物之間的換算，如米和麥、粟和麥、粟和米、粺和米、粺和粟、毀（毇）和米、粺和毀（毇）、稻米和毀（毇）、粲和米、粺和糲（糲）、米和村（菽）、米和荅、粟和毀（毇）、粟和村（菽）、粟和荅、桼（桼）和粟、稻和粟、稻和桼（桼）的換算，還有各種穀物體積重量換算，如黍、糲

（糯）米、麥、粺米、稷毀（穀）、稻粟、稷粟、稻米、荅、麻、村（叔—菽）、芻新（薪）、稾、茅，以及用刻齒的辦法表示千萬、萬萬、銖、升、兩、斗、斤、石、鈞、般〈股〉（鼓）、十龠、十斗村（菽）、十斗荅、十斗麥。

衰分類算題：内容爲按一定比率進行分配，涉及諸多實際生活、生產問題，如按照出錢多少計算分得鹽的數量，根據五種爵位計算被賜予的米，根據牛、羊、小牛分配餵養它們的禾，根據戟、弩、盛箭器具計算每件武器的使用士兵人數，根據三個鄉的士兵人數和上級要遣返的士兵數推算每個鄉要遣返多少人，根據田的總數和總的租稅數推算各家應繳納的租稅，計算竹節每節相差多少盛放斗數，利息推算，根據米的標準定價和市場價推算買入米數，根據粟糯比例計算粟的總價，計算關卡征稅，從攜帶米、粟、糯飯的人分別拿到的糧食斗數推知米、粟、糯飯各自的斗數比例，根據各人應領米數和實際米總量計算實際領取米量，根據工作效率和工作總量計算每人的織物工作量等。

少廣類算題：内容爲已知長方形田的面積求其一邊之長。

體積類算題：内容爲長方體、橫截面爲梯形的直棱柱體、正四棱臺、正四棱錐、圓臺以及“除”形體（即水平表面爲長方形的直角三棱柱）等的體積計算，它們的用途爲亭子、糧倉、城邑、堤防、玉製棋子等。

贏不足類算題：内容是盈虧類算題，如分配金額、用錢買不同糧食作物。

勾股算題：内容爲根據橫切的平面的直徑和從上面砍入的木材深度推算木材的直徑。

其他：内容爲因失去上下文而無法看出歸類的簡。

殘片：内容爲殘餘字數較少的殘簡。

嶽麓書院藏秦簡（貳）内容涉及租稅、面積、營軍、合分與乘分、衡制、物價、穀物換算、衰分、少廣、體積、贏不足、勾股等方面，對中國早期數學研究以及秦代語言文字、社會政治、經濟、法律、軍事等方面的研究具有重要意義。

一、租稅類算題

【釋文】

《數》^①Q7_2_1_0956B

【匯釋】

①數：**算術，書名**。《說文·攴部》：“數，計也。从攴、婁聲。”《周禮·地官·保氏》：“養國子以道，乃教之六藝：‘一曰五禮，二曰六樂，三曰五射，四曰五馭，五曰六書，六曰九數。’”鄭玄引鄭眾云：“九數：方田、粟米、差分、少廣、商功、均輸、方程、贏不足、旁要。”整理者（2011：32）[1]：數，書名，寫於簡0956的背面上段。

關於該簡的位置，有兩說：一、篇首說。針對“靠近篇首，有可能是在第二、三枚的位置”和“靠近篇末，有可能是最末一枚簡”這兩種編連的可能性，整理者（2011：33）認爲表示“禾”的計算內容，通常放在算書的前面部分，“此簡0956的上接簡缺失，算題不完整。整理時爲突顯書名，將此簡置於釋文注釋的篇首”。陳松長（2018：81）暫依靠近篇首一說。蘇意雯（2012）依照《算數書》的形式推估該簡可能是《數》簡全書中第一題的末簡。**二、篇末說**。日本“中國古算書研究會”（2012）認爲“《數》簡是從起首簡收卷，並在最末尾簡（簡0956）的背面寫上書名‘數’的”。許道勝（2013E）根據“簡背中間編繩痕跡下殘存有一處非常清晰的編連痕跡，上面也有一處編連痕跡（正面對應處在‘法’‘如’二字之間）”，參考“嶽麓秦簡《爲吏治官及黔首》《夢書》等篇均將篇題書於卷尾”這一情況，認爲“這2道編連痕跡，應該是收卷的殘痕，說明本簡是《數》收卷後露在最外層的簡之一”。今按：此暫依篇首說。

【今譯】

《數》Q7_2_1_0956B

【釋文】

☐爲覛（實）^{（一）}①，以所得（得）^{（二）}禾斤數爲法^②，如法一步^③。Q7_2_1_0956A

[1] 蕭燦（2010A）、整理者（2011）、蕭燦（2015）、陳松長（2018）的觀點多相同，本書均據陳松長（2018）引，觀點有區別之處再據實引用。

【校記】

（一）方勇（2009）作“貫”。

（二）陳松長（2018：81）作“得”，此據圖版改爲“得（得）”，後文同。

【匯釋】

①爲：作爲。本簡的上接簡缺失。據文例推，本題應是“以田步爲實”。本題爲求取得到一斤糧食作物所需的田步數。

君：“實”訛作“寘”，簡化爲“君”。**指被除數，與“法”（即除數）相對，爲古代數學名詞。**蕭燦（2010A）指出：在《數》中，“實”字多數情況下寫爲“君”，從“尹”、從“貝”，也有幾處寫爲“寘”，下從員。整理者（2011：32）認爲“君”是省去“宀”，將“冊”寫作“尹”或“君”。方勇（2009）作“貫”，認爲“君”是龍崗秦簡、關沮秦簡的“實”字下部所從的字形，“‘君（貫）’字在簡文中明顯是用爲‘實’字的，或者說‘君（貫）’應該是‘實’字的省形字”。今按：《數》用“君”（69次）、“寘”（4次）、“寘”（1次）表示｜實｜。“寘”爲“實”的訛變，“君”爲“寘”的簡化，“寘”爲“君”增“口”繁化。張家山漢簡《算數書》“相乘”題簡6“乘分之术（術）曰：母乘母爲法，子相乘爲實”，指出了分數相乘的算法是：分母乘分母，作爲法（即除數），分子相乘，作爲實（即被除數）。

②以：**把，引進受事對象的介詞。**介詞“以”和它的賓語“所得（得）禾斤數”構成“以”字結構，出現在謂語中心詞之前，作句子的狀語，表示動作行爲直接涉及的對象。“以……爲”是“把……作爲”的意思。

得：同“得”，得到。

禾：**泛指糧食作物**（整理者，2011：32）。蘇意雯（2012）：“禾”是帶稃的穀物，此處泛指糧食穀物。

斤：**重量量詞，秦衡制十六兩爲一斤。**《數》簡80/0458“十六兩一斤”。《漢書·律曆志上》：“十六兩爲斤。”

③如：如同。表示“如同”，秦簡基本用“如”，楚簡則“若”“如”都用。《廣雅·釋言》：“如，若也。”段玉裁《說文解字注·女部》：“如，凡相似曰如。”《詩經·鄭風·大叔於田》：“執轡如組，兩驂如舞。”

法：指除數。與“君（實）”（即被除數）相對，爲古代數學名詞。

步：**平方步，此爲面積單位。**《史記·秦始皇本紀》：“六尺爲步。”《說文·田部》：“畝，六尺爲步，步百爲畝。”**有兩說：一、將面積問題中的“步”解釋爲“平方步”，將體積問題中的“步”解釋爲“立方步”。**整理者（2011：32）認爲“步”在古算書中是長度、面積、體積單位的統稱，本簡的“步”應指面積，即平方步。蘇意雯（2012）：此處的“步”爲面積單位。**二、在面積問題中，“步”指長方形的長度，而寬度默認爲一步；在體積問題中，“步”指長方體的高度，而底面積默認爲一平方步。**劉徽注《九章算術·商功章》“程粟一斛積二尺七寸”爲

"二尺七寸者，謂方一尺，深二尺七寸，凡積二千七百寸"。蘇意雯（2012）聯繫簡177/0801"粟一石居二尺七寸"即"一石的粟堆積成一尺見方爲底的長方體時，高度爲二尺七寸"，認爲把"步"視爲長度單位，"當面積或體積的答案需要同時用到如'丈''尺''寸'等原本爲十進制長度單位時，這些單位可以維持十進制而不用換成百進或千進制"。

如法一步：即"實如法一步"，被除數中有與除數相等的，就得一平方步。整理者（2011：32）：意思是被除數"實"中如果有和除數"法"相等的部分就得一。蘇意雯（2012）：分子與分母相同，則得到一步。日本"中國古算書研究會"（2012）[1] 則注"實除以法可得以平方步爲單位的答案"。今按：可參見簡 2/0887"覬（實）如法一步"、簡 9/0809"如法而成一"、簡 46/0932"如法而成一步"，張家山漢簡《算數書·合分》簡 24—25"實如法一步"，今本《九章算術·方田章》"實如法而一"。"如法一"後面常出現物量詞，如"如法一兩""如法一斗""如法一人"等。

【今譯】

☐（把田平方步數）作爲被除數，把所得到的糧食作物的斤數作爲除數，（被除數中）有與除數相等的，就得一平方步。Q7_2_1_0956A

【釋文】

取禾程述（術）①：以所已乾爲法②，以生者椉（乘）(一) 田步爲覬（實）③，覬（實）[如] 法一步。Q7_2_2_0887A(二)

【校記】

（一）陳松長（2018：81）作"乘"，此改爲"椉（乘）"，後文同。

（二）陶安（2016：320）改簡號爲0889。

【匯釋】

①取：求取（許道勝，2013A）。整理者（2011：33）訓"取得"。謝坤（2014）訓"求"。蕭燦（2010A）訓"收取"。

程：計量或計量標準（整理者，2011：33）。彭浩（2001：72）：對某物計量的規定標準。整理者（2011：33）：秦國至漢代的政府爲某些部門和工作制定的數量標準，納入法律的範圍，稱爲程。蘇意雯（2012）參考洪萬生等（2006）："程"有計量考核之意。後來，與計量或是各種器械製品的規格有關的法令，也稱爲"程"。

---

[1] 日本"中國古算書研究會"《嶽麓書院藏秦簡〈數〉譯注》（朋友書店，2016年出版）是在日本"中國古算書研究會"《嶽麓書院藏秦簡〈數〉訳注稿（1）》《嶽麓書院藏秦簡〈數〉訳注稿（2）》《嶽麓書院藏秦簡〈數〉訳注稿（3）》《嶽麓書院藏秦簡〈數〉訳注稿（4）》《嶽麓書院藏秦簡〈數〉訳注稿（5）》《嶽麓書院藏秦簡〈數〉訳注稿（6）》這幾篇文章的基礎上形成的，本文一般據該書引。

述：**通"術"，解題方法、算法**。整理者（2011：33）：通"術"，解題的方法。許道勝、李薇（2010A）根據《數》書的用語"術"的"述""術"兩種寫法和十餘種不同的表達方式（如：述曰、術曰、其述；其述曰、其術曰；▢▢述；▢▢之述；▢▢之述曰；▢▢述曰；一述曰、其一述曰；▢▢曰），使用"方""法"等與"術"的同義詞，認爲"《數》書很可能是主要源自兩種書籍的抄本"。

②乾：**晾乾**。許道勝（2013A）：指經太陽晾曬或人工處理、沒有水分或水分很少的禾。日本"中國古算書研究會"（2016：125）：乾燥禾（之周長）。今按："周長"一說不確，此題應是跟簡3/0537"八步一斗，今乾凷（之）九升"和簡4/0955"禾田五步一斗，今乾凷（之）爲九升"一樣，講述的是單位容積的禾和所需的禾田平方步數的關係，而非跟簡32/0841那樣，將糧食作物的截面近似地當作圓，根據圓面積與周長的平方成正比，求乾禾所需的禾田平方步數。

③生者：**新鮮的濕禾**。與"所已乾"（已經晾乾了的禾）相對。《漢書·東方朔傳》："生肉爲膾，乾肉爲脯。"整理者（2011：33）訓"剛收割的濕禾"。日本"中國古算書研究會"（2016：125）訓"新鮮禾（之周長）"。

田步：**田的平方步數，即田的面積**。許道勝（2013A）：田步，指田的積步，即田的面積。

【算法解析】

日本"中國古算書研究會"（2016：127）：每 a 平方步能收生穀物 y 升，使其乾燥縮爲 z 升的話，問：多少平方步（x）可得乾穀物 y 升？比例公式爲 $a:z=x:y$。即 $x=y\times a\div z$。z 即本題的"以所已乾爲法"，$y\times a$ 即本題的"以生者乘田步爲實"。

陳松長（2018：82）：即求乾禾所需要面積的算法：用乾的禾作除數，用未乾的禾乘以田步數作被除數，兩者相除即是禾的田步數。

今按：本題爲根據單位容積的濕禾所需的禾田平方步數推算單位容積的乾禾所需的禾田平方步數，算法爲：（生者×田步）÷所已乾＝乾禾田平方步數，即（濕禾×禾田平方步數）÷乾禾＝單位容積的乾禾所需的禾田平方步數。

【今譯】

求取糧食作物計量標準的算法：把已晾乾的禾作爲除數，把新鮮的濕禾乘以田的平方步數作爲被除數，被除數中有與除數相等的，就得一平方步。Q7_2_2_0887A

【釋文】

［取］程①，八步一斗②，今［乾］凷（之）(一)［九升］③。述（術）曰：十田八步者④，以爲賣（實），以九升爲［法，如法一步，不盈步〖者〗(二)⑤，以法命凷（之）］⑥。Q7_2_3_0537A

【校記】

（一）陳松長（2018：82）作"之"，此改爲"虫（之）"，後文同。

（二）此據文例及許道勝（2013A），補作"〖者〗"。

【匯釋】

①取程：**求取計量**。彭浩（整理者，2011：34，引用與彭浩2010年11月的視頻通話内容）認爲"取程"後不應加句號（加句號是將"取程"作爲題名看待），而應不斷讀或加逗號。許道勝（2013A）、謝坤（2014）作"取程八步一斗"，不斷讀。

②一斗：**容積單位**。**秦量制一斗爲十升**（整理者，2011：34）。此指一斗濕禾。

③今：假如，假設連詞。《孟子·梁惠王下》："此無他，與民同樂也。今王與百姓同樂，則王矣。"《論語·陽貨》："今汝安，則爲之。"王引之《經傳釋詞》卷五引王念孫："今猶若也。"日本"中國古算書研究會"（2016：125）則訓爲"現在"。

乾虫（之）：**晾乾它**。吳朝陽（2011B）認爲這裏的"乾"應理解爲"按官方的乾濕標準驗收"，"事實上，官吏驗收穀物，不可能等待現場乾燥實驗，所謂'乾之'應是一種可以快速測算乾濕程度的驗收辦法，嶽麓秦簡載有穀物重量與體積的關係，如'黍粟廿三斗六升重一石'，就可以方便地作爲'乾之'的標準。簡單地說，粟每斗重於$\frac{120}{23.6} \approx 5.1$斤爲濕，輕於5.1斤爲乾"。

升：**容積單位，一斗等於十升**。

④十田八步：**用十（乘以）田八平方步**。陳松長（2018：82）解讀爲"十乘以田八步"。許道勝（2013A）則認爲"十"指"十升"，即簡文的"一斗"。

⑤盈：**足**。蘇意雯（2012）：不盈步，不超過一整步的部分。許道勝（2013A）將"不盈步者"均與"以法命之"連讀。

⑥以法命虫（之）：**古代數學著作常用表述形式，意爲商不足一平方步，用除數（作爲分母）命名該分數**。整理者（2011：34）、陳松長（2018：82）：以法爲分母命名一個分數。今按：被除數A÷除數B＝$\frac{被除數A}{除數B}$，被除數A＜除數B，所得的商"$\frac{被除數A}{除數B}$"＜1，除數B是該分數的分母。可參見簡15/0816"如法而一步，不盈步者，以法命虫（之）"。《九章算术》"合分"有"實如法而一，不滿法者，以法命之"，指被除數小於除數，所得的商是由被除數作分子、除數作分母的分數，也就是用除數命名商。

【算法解析】

李小博（2014）：簡0887是概括性的術文，簡0537是對術文的應用，前者按照術文列算式如下：（生者×田步）÷已乾＝禾田步數，簡 0537 代入，即（10×8）÷9＝8 $\frac{8}{9}$（平方步）。用現代比例關係解釋，面積爲八平方步的田地產濕禾一斗，曬乾之後變爲九升，那麼要想得到乾禾一斗，需要多少平方步田？列式如下：$\frac{8}{9}=\frac{x}{10}$，由除變乘，即得術文算式。

日本"中國古算書研究會"（2016：127）用比例式求解：8 平方步：9 升＝x 平方步：10 升，計算公式爲：$x=$（10×8）÷9＝8 $\frac{8}{9}$（平方步）。

陳松長（2018：82）：本題要求的是乾實一斗所對應的田面積。依術計算如下：（10×8）÷9＝8 $\frac{8}{9}$（平方步），按標準 1 斗（10 升）需要（禾）8 平方步，如果曬乾後爲 9 升，問幾步可得一斗乾禾？計算方法：用 10 乘以 8 平方步作被除數，用 9 升作除數，二者相除。不滿 1 平方步則用分數表示。

今按：可參見《算數書》"取程"題簡 83："取程十步一斗，今乾之八升，問幾何步一斗？〔問〕得田〈曰〉：十二步半一斗。术（術）〈曰〉：八升者爲法，直（置）一升〈斗〉步數而十之〘爲實〙，如法一步。竸"

本題爲根據八平方步禾田產一斗（即十升）濕禾，可曬乾成九升乾禾，推算一斗乾禾所對應的禾田平方步數，算法爲：單位容積的乾禾所需的禾田平方步數＝（濕禾×禾田平方步數）÷乾禾，即（10×8）÷9＝8 $\frac{8}{9}$（平方步）。

【今譯】

求取計量標準，八平方步（禾田）一斗（濕禾），假如使它乾燥爲九升（乾禾）。算法是：用十（乘以）八平方步田，作爲被除數，把九升（乾禾）作爲除數，（被除數中）有與除數相等的，就得一平方步，不足一平方步的，用除數（作爲分母）命名該分數。Q7_2_3_0537A

【釋文】

取程，禾田五步一斗，今乾出（之）［爲］九升，問：幾可（何）步一斗[①]？曰[②]：五步九分步五而一斗[③]。Q7_2_4_0955A

【匯釋】

①幾可（何）：**猶若干，多少**。《詩經·小雅·巧言》："爲猶將多，爾居徒幾何？"《史記·白起王翦列傳》："於是始皇問李信：'吾欲攻取荊，於將軍度用幾何人而足？'"李籍《九章算術音義》："幾何，數之疑也。"

②曰：**（答案）是**。

③五步九分步五：**五平方步又九分之五平方步，即** $5\frac{5}{9}$ 平方步。

而：**就，順承連詞。**

【算法解析】

日本"中國古算書研究會"（2016：127）用比例式求解：5 平方步：9 升 = x 平方步：1 斗（10 升）。計算公式爲：$x = （10 \times 5）\div 9 = 5\frac{5}{9}$（平方步）。

今按：本題爲根據一斗（即十升）濕禾所對應的五平方步禾田推算九升乾禾所對應的禾田平方步數，算法爲：$（10 \times 5）\div 9 = 5\frac{5}{9}$（平方步）。

【今譯】

求取計量標準，五平方步禾田一斗（濕禾），假如使它乾燥爲九升（乾禾），問：多少平方步一斗（乾禾）？（答案）是："五平方步（又）九分之五平方步（禾田）一斗乾禾。"Q7_2_4_0955A

【釋文】

枲兑（稅）⁽⁻⁾田十六步①，大枲高五尺②，三步一束，租八斤五兩八朱（銖）③。今復租出（之）④，三步廿八寸當三步有（又）百九十六分步 Q7_2_32_0841A 出（之）八十七而一束⑤，租七斤四兩三束〈朱（銖）〉九分朱（銖）五，投⁽⁻⁾此出（之）述（術）曰⑥：直（置）一束寸數⑦，耤（藉）令相粜（乘）也⑧，以一束步數粜（乘）出（之）以爲覍（實）⑨，⁽⁻⁾Q7_2_33_0805A⁽⁻⁾亦直（置）所新得（得）寸數⑩，耤（藉）令相粜（乘）也⑪，以爲法，覍（實）如法得（得）一［步］⁽⁻⁾⑫。Q7_2_34_0824A

【校記】

（一）陳松長（2018：82）作"兑（稅）"，此改爲"兑（稅）"，後文同。

（二）蕭燦、朱漢民（2009B）作"扱"。陳松長（2018：83）作"救（求）"。日本"中國古算書研究會"（2016：128）作"殺（求）"。此從許道勝（2013A）、韓巍（2013）、程少軒（2017）作"投"，後文同。

（三）此補逗號。

（四）陶安（2016：320）改簡號爲0804。

（五）整理者（2011：49）、陳松長（2018：82）作"□"，此據日本"中國古算書研究會"（2016：129）改爲"步"。

【匯釋】

①枲：**未經加工的大麻雄株。桑科，一年生草本，雌雄異株，莖部韌皮纖維長**

而堅韌，可供紡織。雌株被稱爲"苴麻"，雄株被稱爲"牡麻"。《爾雅·釋草》："枲，麻也。"整理者（2011：41）：從《數》本身看，指作爲織物原料的大麻雄株，與能結籽的大麻雌株苴不同。陳松長（2018：85）：或指粗麻，古時用以織褐編履。

兌田："兌"通"稅"，租稅。稅田，用來繳稅的田（蕭燦，2015：32）。彭浩（2010）：應稅之田。蕭燦（2010B）："稅田"是由國家政府機構直接經營管理的農耕地，就是"公田"。

②尺：**長度量詞，一尺等於十寸**。《大戴禮記·王言》："布指知寸，布手知尺，舒肘知尋。"

③兩：**重量量詞，一兩等於二十四銖**。《說文·网部》："兩，二十四銖爲一兩。"

朱：通"銖"，**重量量詞，一兩的二十四分之一爲一銖**。簡79/0646A "廿四朱（銖）一兩"。整理者（2011：43）：秦衡制一兩爲廿四銖。

④復：**再，另外，副詞**。

今復租之：假如另外對十六平方步田徵收租稅，即徵收的租稅形式由每三平方步田繳納一束周長爲三十寸的新鮮濕大麻，變爲每三平方步田繳納一束周長爲二十八寸的乾大麻。陳松長（2018：82）："今復租之"似指假設在另外的情況求租。日本"中國古算書研究會"（2016：128）：於是重新計算租額。

⑤有：**通"又"，用於整數與零數之間**。《尚書·堯典》："期，三百有六旬有六日。"《韓非子·五蠹》："割地而朝者三十有六國。"

寸：**長度量詞，十寸等於一尺**。

當：**相當於**。

三步廿八寸當三步有（又）百九十六分步出（之）八十七而一束：**三平方步（周長）二十八寸（的一束乾大麻）相當於三平方步又一百九十六分之八十七平方步一束（周長三十寸的新鮮濕大麻）**。有兩說：**一、對句意直接加以理解。**田村誠（2012）、日本"中國古算書研究會"（2016：130）指出"三步廿八寸當三步有（又）百九十六分步之八十七而一束"的意思是"每3步得到的周長28寸的乾枲1束，與每 $3\frac{87}{196}$ 步得到周長30寸的新鮮（按：原作"乾"，此據文意改爲"新鮮"）枲1束相等"。吳朝陽（2013A）根據"'束'的截面被近似地當作圓，而圓面積與周長的平方成正比"和《算數書》"取枲程"題的算法，指出"三步廿八寸"相當於"三步有（又）百九十六分步之八十七而一束"。蕭燦（2015：40）指出可理解爲"三步，廿八寸，當三步有（又）百九十六分步之八十七"，"廿八寸"即"一束寸數"。**二、疑簡文或衍或脫，未解析算法。**如陳松長（2018：82）引用鄒大海的觀點，認爲此問題祇計算了"三步有（又）百九十六分步之八十七而一束"情況下的租，"廿八寸"似爲衍文，或者"三步廿八寸當"處有脫文。蘇意雯（2012）疑"廿八寸當三步"爲衍文或此處有脫文。

⑥投：有三說：**一、釋"投"，訓爲"求取"。**許道勝（2013A）贊成2010年9

月 22 日 "嶽麓書院藏秦簡（第二卷）國際研讀會" 上專家的意見，釋作 "投"，他舉《數》簡 180/0767 "投" 字爲例，指出其左旁从手，右旁所从同 "毇（毀）" 字右旁的 "殳"，並引王聘珍《大戴禮記解詁》訓 "以財投長" 的 "投" 爲 "致也"，而 "致" 有 "求取" 義，如《論語·子張》 "百工居肆以成其事，君子學以致其道"。程少軒（2017）將《數》中該類字形與秦漢簡帛中確釋的 "投" 字進行字形比對，認爲應釋爲 "投"，聯繫《數》中的 "取某之術"，引《左傳·昭公二十七年》 "或取一秉稈"，《說文·禾部》 "稈" 字條引作 "或投一秉稈" 這則異文，還引銀雀山漢簡貳《論政論兵之類·客主人分》 "衆者勝乎？則投筭（算）而戰耳。富者勝乎？則糧（量）粟而戰耳。兵利甲堅者勝乎？則勝易知矣" 中 "投" 與 "量" 這兩個表示計算的動詞對文，認爲 "投筭（算）" 是 "用算籌計算"。"投" 由 "（以算籌）計算" 很容易引申出 "（依計算）求取（數）" 之類的意思。韓巍（2013）贊成許道勝（2012H）、程少軒（2017）的觀點，訓 "投" 爲 "求取" "求解"。**二、釋 "救" 或 "殺"，讀爲 "求"。** 彭浩（2009）參照《算數書》 "少廣" 題簡 164 "救（求）少廣之術……" 的 "救" 作 ，認爲 "其中右部的 ' 攵 ' 與 ' 扳 ' 所从之 ' 及 ' 容易相混。' 扳 ' 可能是 ' 救 ' 的誤釋"。整理者（2011：49）、謝坤（2014）、陳松長（2018：82）釋 "救"。日本 "中國古算書研究會"（2016：128）釋 "殺"，認爲是 "救" 字異體。**三、釋 "扱"**（蕭燦、朱漢民，2009B；吳朝陽，2011A）。吳朝陽（2011A）通過字形分析，認爲該字在《算數書》可能爲 "扱" 或 "投" 字，因釋 "投" 文義不通而釋成 "扱"，訓爲 "取"。

⑦直：**通 "置"，擺置。**即在計算時，擺置算籌。

⑧耤：**後作 "藉"，即 "耤置"。**跟《九章算術·均輸》 "副置" 相近，在旁邊擺置（算籌），即用算籌做乘法運算時，分置被乘數和乘數，參簡 11/0939 注③、簡 44/0899 注①。在此處就是再擺置一束新鮮濕大麻的寸數作爲乘數，本題下一處爲再擺置剛得到的寸數作爲乘數。譚競男（2015A）[1]：簡 33/0805、34/0824、51/0912…… "耤令相乘" 可以理解爲 "耤，令相乘"，即 "另置一行，令其相乘"。陳松長（2018：83）注 "耤"：此處作 "將" "用" 之義。

令：**使、讓。**《廣雅·釋詁一》："令，使也。"《戰國策·趙策一》："故貴爲列侯者，不令在相位。"

相：**互相，交互。**《易·繫辭上》："剛柔相推而生變化。"《莊子·大宗師》："四人相視而笑，莫逆於心，遂相與爲友。"

⑨束：**用於捆在一起的東西，集合量詞。**《詩經·小雅·白駒》："生芻一束，其人如玉。"

一束步數：**（繳納）一束（麻）的（田）平方步數。**此處的 "麻" 指乾大麻。

---

〔1〕 譚競男 2013 年 9 月 19 日在武漢大學簡帛網（http：//www.bsm.org.cn/show_article.php？id＝1910）已發表《嶽麓簡〈數〉中 "耤" 字用法及相關問題梳理》。此據《嶽麓秦簡〈數〉中 "耤" 字用法試析》[《簡帛》（第十輯），上海古籍出版社，2015 年] 引。

日本“中國古算書研究會”（2016：148）：指能收穫 1 束枲的田面積。

⑩新：**剛剛，時間副詞。表示動作行爲或事件開始進行**。《廣雅·釋言》：“新，初也。”《荀子·不苟》：“故新浴者振其衣，新沐者彈其冠，人之情也。”

⑪也：蕭燦（2015：40）：據筆畫墨跡，似是原寫爲“廿”，添筆爲“也”。

⑫關於簡 0824 最末一字，有二說：**一、疑爲“步”**。日本“中國古算書研究會”（2016：130）認爲計算方法是求平方步，不是直接求稅重量的“兩”，該字應是“步”，許道勝（2013A）贊成其說法。**二、據題意和筆畫殘痕，疑爲“兩”**（陳松長，2018：83）。今按：從文意來看，該處實際是求“幾何步一束”的問題，應該得到的是以“步”爲單位，而非求作爲租稅的麻的重量，所得的商不應該以“兩”爲單位。

【算法解析】

參見簡 22/0888 “大枲田三步大半步，高五尺，尺五兩”，可知一束一尺高的大麻的重量爲五兩。

（1）本題第一部分爲用來繳稅的大麻田總面積十六平方步乘以大麻的高度五尺，再乘以一束一尺高的大麻的重量五兩，得出繳納的大麻的兩數（即總重量），除以每三平方步田繳納的一束麻的稅，得出作爲租稅的大麻的重量，算法爲：大麻田平方步數×一束大麻高度×一束一尺高的大麻的重量÷每三平方步田繳納的一束大麻的稅＝作爲租稅的大麻的重量，即 $16 \times 5 \times 5 \div 3 = \frac{400}{3}$（兩），根據一斤等於十六兩，一兩等於二十四銖，換算如下：$\frac{400}{3} \div 16 = \frac{25}{3} = 8\frac{1}{3}$（斤），$\frac{1}{3} \times 16 = 5\frac{1}{3}$（兩），$\frac{1}{3} \times 24 = 8$（銖），則租稅爲 8 斤 5 兩 8 銖。

（2）田村誠（2012）最早提出該題的解答方法，日本“中國古算書研究會”（2016：130）加以採用，他們根據“圓柱的橫截面積與圓周自乘有比例關係”，認爲本題“問將周長 3 圍（30 寸）的新鮮枲乾燥爲 28 寸時，爲了得周長 3 圍的新鮮枲，需要多少平方步？”“每 3 步得到的周長 28 寸的乾枲 1 束，與每 $3\frac{87}{196}$ 步得到周長 30 寸的新鮮枲 1 束相等。具體計算爲：因得 1 束的步數與乾燥枲的截面積之間的比例關係爲 $3 : 28^2 = y : 30^2$，所以 $y = x = \frac{3 \times 30^2}{28^2} = \frac{675}{196} = 3\frac{87}{196}$（平方步）”。

吳朝陽（2013A）：嶽麓秦簡算題中的“三步廿八寸”等於“三步$\left(\frac{28}{30}\right)^2$束”，相當於“$3 \times \left(\frac{15}{14}\right)^2$ 步一束”。由於 $3 \times \left(\frac{15}{14}\right)^2 = \frac{3 \times 225}{196} = 3\frac{87}{196}$，故知“三步廿八寸”確實相當於“三步有（又）百九十六分步之八十七而一束”。

今按：可參見《算數書》“取枲程”題簡 92 “取枲程十步三韋（圍）束一，今乾之廿八寸，問幾何步一束？術（術）曰：乾自乘爲法，生自乘，有（又）以生一束步數乘之爲實，實如法得十一步有（又）九十八分步卅七而一束"。

假如徵收的租稅形式由每三平方步田繳納一束周長爲三十寸的新鮮濕大麻變爲每三平方步繳納一束周長爲二十八寸的乾大麻，那它相當於每三平方步又一百九十六分之八十七平方步田繳納一束周長爲三十寸的新鮮濕大麻。其算法爲：根據圓的橫截面與圓的周長自乘成正比，那麼 $\dfrac{乾大麻寸數 \times 乾大麻寸數}{乾大麻田平方步數} = \dfrac{新鮮濕大麻寸數 \times 新鮮濕大麻寸數}{新鮮濕大麻田平方步數}$，即新鮮濕大麻田平方步數 = 新鮮濕大麻寸數 × 新鮮濕大麻寸數 × 乾大麻田平方步數 ÷（乾大麻寸數 × 乾大麻寸數），即 $30 \times 30 \times 3 \div (28 \times 28) = \dfrac{675}{196} = 3\dfrac{87}{196}$（平方步）。

依術文，列式：幾何步一束 = 一束寸數 × 一束寸數 × 一束步數 ÷（新得寸數 × 新得寸數），其中的"幾何步一束"即"繳納一束新鮮濕大麻的田平方步數"，"一束寸數"即"新鮮濕大麻寸數"，"一束步數"即"繳納一束乾大麻的田平方步數"，"新得寸數"即"乾大麻寸數"。

（3）已知每三平方步又一百九十六分之八十七平方步田繳納一束周長爲三十寸的新鮮濕大麻，那麼，大麻田平方步數 × 一束大麻高度 × 一束一尺高的大麻的重量 ÷ 每三平方步又一百九十六分之八十七平方步大麻田繳納的一束大麻的稅 = 作爲租稅的大麻的重量，即 $16 \times 5 \times 5 \div 3\dfrac{87}{196} = \dfrac{3\,136}{27} = 116\dfrac{4}{27}$（兩），根據一斤等於十六兩，一兩等於二十四銖，換算如下：$116\dfrac{4}{27} \div 16 = \dfrac{196}{27} = 7\dfrac{7}{27}$（斤），$\dfrac{7}{27} \times 16 = \dfrac{112}{27} = 4\dfrac{4}{27}$（兩），$\dfrac{4}{27} \times 24 = 3\dfrac{5}{9}$（銖），則租稅爲 7 斤 4 兩 3 $\dfrac{5}{9}$ 銖。

【今譯】

十六平方步用來繳稅的（大）麻田，大麻高五尺，三平方步（田）一束（大麻的稅），租稅八斤五兩八銖。假如另外對十六平方步田徵收租稅，三平方步（周長）二十八寸（的一束乾麻）相當於三平方步又一百九十六分Q7_2_32_0841A之八十七平方步一束（周長三十寸的新鮮濕麻），租稅七斤四兩三銖（又）九分之五銖，求取它的算法是：擺置一束（新鮮濕大麻）的寸數，在旁邊擺置（一束新鮮濕大麻的寸數）讓（它們）相乘，用（收穫）一束（乾大麻）的（田）平方步數乘以它們作爲被除數，Q7_2_33_0805A也擺置剛得到的寸數，在旁邊擺置（剛得到的寸數）讓（它們）相乘，作爲除數，被除數中有與除數相等的，就得一平方步。Q7_2_34_0824A

【釋文】

五步椉（乘）屮（之）爲霣（實），直（置）二圍七寸①，耤（藉）令相［椉（乘）也，以爲法］，如法一步。Q7_2_51_0912A^{（一）}

【校記】

（一）陶安（2016：321）改簡號爲0902。

【匯釋】

①圍：**長度量詞，計量圓周的約略單位，一圍等於一尺，即十寸。**整理者（2011：59）：徑尺爲圍。謝坤（2014）：圍，常指周邊（周邊的長度）。蘇意雯（2012）：圍，圓周長的測量單位。在《算數書》的"取枲程"一題中，直徑一尺的圓周長稱爲一圍，三圍爲一束。

【算法解析】

今按：上接簡缺失，可參考簡32/0841、33/0805和34/0824，本題已知有五平方步乾大麻田，乾大麻寸數爲二圍七寸（即二十七寸），求新鮮濕大麻田的平方步數。假如新鮮濕大麻寸數爲三十寸，算法爲：新鮮濕大麻田平方步數＝新鮮濕大麻寸數×新鮮濕大麻寸數×乾大麻田平方步數÷（乾大麻寸數×乾大麻寸數），即 $30 \times 30 \times 5 \div (27 \times 27) = \frac{4\,500}{729} = 6\frac{14}{81}$（平方步）。

【今譯】

五平方步乘以它作爲被除數，擺置二圍七寸，在旁邊擺置（二圍七寸）讓（它們）相乘，作爲除數，（被除數）與除數相等的，就得一平方步。Q7_2_51_0912A

【釋文】

☑□□自枲（乘）①，［亦以］(一) 一束［步數］枲（乘）出（之）爲頹（實），以所得（得）寸數自枲（乘）也，爲法，頹（實）如法得（得）一步。大枲五② Q7_2_35_0387A(二)

【校記】

（一）陳松長（2018：83）作"□□"，疑此二字爲"亦以"。此改爲"［亦以］"。

（二）陶安（2016：320）改簡號爲0386。

【匯釋】

①自：**自身、自己，己稱代詞。**《集韻·至韻》："自，己也。"

②許道勝（2013A）據文意，認爲殘片C020311"或與35（0387）有關，可能是後者的續簡"。

【算法解析】

今按：簡文殘缺，其内容與《算數書》"取枲程"題"取枲程十步三韋（圍）束一，今乾之廿八寸，問幾何步一束？术（術）曰：乾自乘爲法，生自乘，有（又）以生一束步數乘之爲實，實如法得十一步有（又）九十八分步卌七而一束"相似。

可參考簡 32/0841、33/0805 和 34/0824，列式：幾何步 ＝ 一束寸數 × 一束寸數 × 一束步數 ÷（所得寸數 × 所得寸數）。

【今譯】

☑□□乘自身，也用（繳納）一束（麻）的（田）平方步數乘以它作爲被除數，用所得到的寸數乘以自身，作爲除數，被除數中有與除數相等的，就得一平方步。大麻五Q7_2_35_0387A

【釋文】

租誤券①，田多若少②，耤（藉）令田十畞（畝）（一）③，［稅］田二百卌（卅）（二）步，三步一斗，租八石。·今誤券多五斗④，欲益田。其述（術）曰：以八石五斗爲八百⑤。Q7_2_11_0939A【五十】（三）

【校記】

（一）陳松長（2018：83）作"畞"，此改爲"畞（畝）"，後文同。

（二）陳松長（2018：83）作"卌"，此改爲"卌（卅）"，後文同。

（三）此據整理者（2011：38）注釋依計算結果補"五十"。

【匯釋】

①誤：誤差。

券：租券，名詞。《說文·刀部》："券，契也。券別之書，以刀判契其旁，故曰契券。"蕭燦（2015：32）訓"券書"。彭浩（2013）訓"契券"，"即記載在竹木簡牘上的交易、錢、物出入等記錄，既是交易憑據，也是財務記賬的憑據"。

租誤券：即租誤於券，指田租數與租券所記有誤差。彭浩（2001：83）：誤券，指租券所記租數與應收數有誤。蘇意雯（2012）參考洪萬生等（2006）：表示實收田租與券書（田契）記載有誤。

②若：或，選擇連詞（陳松長，2018：83）。《左傳·昭公十七年》："其以丙子若壬午作乎？"《禮記·投壺》："矢以柘若棘。"《經傳釋詞》："若，猶'或'也。"日本"中國古算書研究會"（2016：135）注"田多若少"：田畞有時多有時少。李小博（2014）：田地有多有少。

③耤令："耤"後作"藉"。藉令，假如，並列式雙音節假設連詞。整理者（2011：38）：从丰、从昔，左旁不从耒。作連詞，表示假設。蘇意雯（2012）：今

多用“藉”字，此處爲假設之意。譚競男（2015A）認爲《數》中的“耤”有的從“耒”（簡 131/0972），有的“耒”簡化作“耂”形，如簡 33/0805、44/0899，“‘∧’形的撇和‘耂’形的最下一撇共用筆劃”，並將《數》中的十二個“耤”的用法分爲兩類，他指出簡 11/0939、42/0813、120/0772 中的“耤”屬於第一類，應讀爲表示假設的連詞“藉”。今按：譚說可從。

畮：同“畝”，土地面積單位。秦制橫一步、直二百四十步爲一畮，一畮即二百四十平方步。《說文·田部》：“畮，六尺爲步，步百爲畮。从田、每聲。畮，畮或从田、十、久。”《數》簡 63/1714“啓田屮（之）述（術）曰：以從（縱）二百卌（冊）步者，除廣一步，得田一畮（畝）”。

④誤券：誤刻。券：動詞，契刻。

⑤文意未盡，整理者（2011：38）誤加句號。

許道勝（2013A）刪“八百”後面的句號，認爲本簡應有佚簡，書於另簡上的文字，其大意可能是“五十升爲實，以八石爲八百升爲法，實如法而一。除田十畮即得”。整理者（2011：38）認爲簡 0939 完好，所缺少的後續簡其開頭應爲“五十”。今按：從計算結果和文例看，許說和整理者的說法可從，從“以八石五斗爲八百”可推測內容講述的是八石五斗換算成八百五十升。

【算法解析】

陳松長（2018：83）：依據此題所記，十畮田地中有一畮（秦制一畮爲二百四十平方步）田地作爲稅田，產品全部作爲租稅上繳。在《數》的算題中，稅田租率均爲百分之百。租誤券算題是比例問題，依據題意計算如下：（80＋5）×10÷80＝$10\frac{5}{8}$（畮），即應當益田$\frac{5}{8}$畮，或者 150 平方步。……從簡文看，“稅田”祇是“田十畮”的一部分，即交租的部分；對“稅田”而言是全租。其他算題的“稅田”也應如此理解。

蘇意雯（2012）：本題意即：有一田地面積 240 步，每 3 步租稅 1 斗，需收租稅 8 石。現在要多收租稅 5 斗，那麼就要增加田地的面積。

日本“中國古算書研究會”（2013）：本題的“欲益田”旨在解決“錯刻爲 8 石 5 斗”所造成的後果，採取了不改變“3 平方步 1 斗”的稅率，祇是增加田畮的面積的辦法。也就是說：因爲田 10 畮的稅額爲 80 斗，所以 x 畮的稅額爲 85 斗。比例爲：$10：80＝x：85$，其計算結果爲 $85×10÷80＝10\frac{5}{8}$ 畮，即應該增加的田畮面積爲 $\frac{5}{8}$ 畮。

今按：可參見《算數書》“稅田”條“稅田廿四步，八步一斗，租三斗。今誤券三斗一升，問幾何步一斗？得曰：七步卅七〈一〉分步廿三而一斗。术（術）曰：三斗一升者爲法，68 十稅田〖爲實〗，令如法一步。69”，《算數書》“租吳

（誤）券”條簡 96 和 97“田一畝租之十步一斗，凡租二石四斗。今誤券二石五斗，欲益褭其步數，問益褭幾何？曰：九步五分步三而一斗。术（術）曰：以誤券爲法，以與田爲實”，還有“誤券”條簡 93、94、95。

十畝田地，其中一畝田地用來繳稅，稅田數爲實際田數的百分之十，每三平方步稅田收一斗租稅，那麼一畝稅田要收八十斗租稅。本題根據十畝田所對應的八石（八十斗）租稅推算租券誤記成八十五斗後所對應的應增加田畝數 x，算法爲：

$$\frac{\text{增加後的田畝數}}{\text{租券誤記成八十五斗}} = \frac{\text{原本的十畝田}}{\text{應收的八十斗租稅}}, \frac{x+10}{80+5} = \frac{10}{80}, x = (80+5) \times 10 \div 80 - 10 = \frac{5}{8}（畝），$$

根據一畝等於二百四十平方步，換算如下：$\frac{5}{8} \times 240 = 150$（平方步）。

【今譯】

田租數與租券所記有誤差，田多或少，假如有十畝田，二百四十平方步用來繳稅的田，三平方步（田）一斗（稅），租稅八石。·假如誤刻多五斗，想要增加田。它的算法是：用八石五斗爲八百。Q7_2_11_0939A（五十）

【釋文】

禾兌（稅）田卌（冊）步，五步一斗，租八斗，今誤券九斗，問：幾可（何）步一斗？得（得）曰：四步九分步四而一斗。述（術）曰：兌（稅）田爲貫（實），九斗 Q7_2_12_0982A 爲法，除，貫（實）如法一步。Q7_2_13_0945A

【算法解析】

日本“中國古算書研究會”（2016：138）：原本“田 40 平方步的稅額爲 8 斗”，卻將 8 斗錯刻爲 9 斗，若設稅額 9 斗的稅率爲“x 平方步而 1 斗”的話，則 40 平方步的稅額爲 $40 \div x = 9$（斗），即 $x = 40 \div 9 = 4\frac{4}{9}$（平方步）。

今按：四十平方步用糧食作物繳稅的田，每五平方步田就要繳納一斗稅，那麼四十平方步稅田要繳納八斗稅。本題設問爲四十平方步稅田應納八斗稅卻誤記成九斗稅，計算實際多少平方步就要收一斗稅，算法爲：$40 \div 9 = 4\frac{4}{9}$（平方步）。

【今譯】

四十平方步用糧食作物繳稅的田，五平方步（田）一斗（稅），租稅八斗，假如誤刻爲九斗，問：多少平方步（田）一斗（稅）？得到是：四平方步（又）九分之四平方步（田）一斗（稅）。算法是：用來繳稅的田作爲被除數，九斗（稅）Q7_2_12_0982A 作爲除數，相除，被除數與除數相等的，就得一平方步。Q7_2_13_0945A

【釋文】

租［禾］，稅田廿四步，六步一斗，［租］四斗，今誤券五斗一升，欲嬽^(一)［步數］①，幾可（何）步一斗？曰：四步五十一分步卅（卌）^(二)六一斗。其 Q7_2_14_0817A＋1939A^(三) 以所券租數爲法，即直（置）與田步數②，如法而一步，不盈步者，以法命之（之）③。Q7_2_15_0816A

【校記】

（一）整理者（2011：40）“欲嬽”後有兩“☐”。

（二）整理者（2011：40）、陳松長（2018：84）作“卌”，此改爲“卅（卌）”，後文同。

（三）陶安（2016：320）改簡號爲 1933－2。

【匯釋】

①嬽：有兩說：**一、“嬽”有減少、縮少、退縮義。**陳松長（2018：84）訓“減少”。彭浩（2001：83）：益嬽，似爲增減之意。蕭燦（2010A）引用大川俊隆 2010 年 8 月 19 日的郵件內容，訓“嬽”爲“縮少”。日本“中國古算書研究會”（2016：140）：“嬽”字具有縮小之義後，才加上了“糸”的偏旁，成了相對縮小之義的專字“緛”。許道勝（2013A）：嬽，同“軟”，退縮義。簡中引申作減少義。鄒人海（轉引自蕭燦，2010A）參見了《算數書》的“問益嬽幾何”，指出：“嬽幾可（何）”是“減少到多少”的意思，不是減少多少，因爲《數》中另有一些“嬽”字（而非“益嬽”）後接賓語的用例。陳偉（2010B）合觀《數》簡，認爲在《算數書》中，“益”與“嬽”相對而言，指兩種不同的處理。……簡文中的“嬽”正是退縮的意思。其具體所指，大概是說在誤券之後，按原定稅額，具體量稅單位（如“步”）比先前收縮了多少。**二、“嬽”通“壖”，爲城邊或河邊的空地。**胡平生（1991）：“嬽”讀爲“壖”，字或寫作“壖”，“壖”就是臨近某一區域、界邊的空地，用今天的話來說，就是一條“隔離地帶”。中國文物研究所、湖北省文物考古研究所（2001：82）：嬽，通“壖”，亦作“陾”“壖”。壖，本指城邊或河邊的空地，後特指宮殿、宗廟、禁苑等皇家禁地的牆垣外專設的一片空地，作爲一條“隔離地帶”，壖地邊緣或建有牆垣。馬彪（2006）認爲若把“益嬽”理解爲“增減之意”，存有“既然是或增加或減少土地步數的問題，那麼本題的‘術’應該出現有兩種解才對，但原文中卻祇有一種”的矛盾，他引《龍崗秦簡》簡 27、28、29、30、121 證“嬽”通“壖”，將“欲益嬽其步數”解讀爲“欲增加壖地之步數”，“‘壖’，是一種邊角餘地，又稱‘隙地’……《算數書》中出現的‘嬽’即‘壖’或‘壖’，應該是指城邊或河邊甚至更廣泛意義上的邊角空餘之地”。

許道勝（2013A）據彩色圖版，指出“嬽”是簡 0817 的末字，“步”是簡 1939 的首字，二殘簡斷口相合，文意相接，正好綴合成一整簡，故刪除原釋文所加二“☐”，釋文連寫。日本“中國古算書研究會”（2016：140）：簡 0817 與簡 1939 的長度之和，正相當於 1 枚簡的長度，所以簡 0817 末尾的"欲奭"可與簡 1939 開頭的"步數"綴合爲"欲奭步數"。

②即：**就，時間副詞**。王引之《經傳釋詞》卷八："即，猶遂也。"《尚書·西伯戡黎》："殷之即喪，指乃功。"孔傳："言殷之就亡。"

奭田：有三說：**一、訓"奭"爲"登載、記載"，認爲"奭田"是指登記在圖、冊上的土地**。彭浩（2010）從《算數書》中"與""奭"兩字並不混用，否定"奭"是"與"字的誤寫（按：見張家山二四七號漢墓竹簡整理小組，2001：145，簡 93—95、96—97），直接讀成"與"，訓"給予"（按：見彭浩，2006：82–83）這一舊說，而認爲"奭田"和"奭地圖"的"奭"字用法、字義相同。"奭田"指登記在圖、冊上的土地，也就是符合受田條件者得到的土地。整理者（2011：41）、蘇意雯（2012）採用彭浩的觀點。陳松長（2018：84）贊成彭說，認爲"奭"意爲"載"，引申爲登載、記載。**二、釋"奭"爲"與"或"予"，"奭田"也就是"稅田"**（張家山漢簡《算數書》研究會，2006：79）。馬彪（2006）認爲《算數書》中的"奭田"是"按照契約已經授與承租人的田畝"，有時稱爲"已經給與之田（'與田'）"，有時又稱爲"已經課稅之田（'稅田'）"，"二者都是相對於後來所追加土地（'埂田'）的對稱，即政府業已授與人民的土地"。蕭燦（2010B）將"奭（與）田"與《秦律十八種·田律》"入頃芻槀，以其受田之數"的"受田"相聯繫，認爲"與"通"予"，"奭（與）田"是"授予的田地"，是"秦的一種土地佔有形式和經營方式"，"通過國家授田（包括庶民份地授田和軍功份地益田等方式）而轉歸私人佔有和經營使用"，屬於"私人有使用權的農耕地，按一定稅率繳納租稅"。**三、"奭"讀爲"舉"，訓"全部、所有"**。陳偉（2010B）反對"奭"有"記載"的意思，認爲"奭"借作"舉"，"舉"有記錄義，他結合秦漢數學書中的 12 處用例以及"奭"出現在交代總田畝面積的場合，認爲還有另外一種可能性，即"奭（舉）"用作虛詞，訓"全部、所有"。

③許道勝（2012G）參見《數》簡 15/0816"以所券租數爲法，即直（置）奭田步數【爲實】，如法而一步，不盈步者，以法命之"，認爲簡 C060209 和簡 C020103 可綴合成"☐【券】租數【爲法】，即直（置）奭田步數〖爲實〗，如【法而】☐☐"，放在簡 14（0817＋1939）後。因是殘片，其間可補"術曰：以所"諸字。許道勝（2013A）還認爲整理者將簡 14/0817＋1939 與簡 15/0816 編連起來是不妥的，應將 15/0816 另立，原因有二：其一，二簡文句不通，連不起來。其二，按《數》常見的表述方法來看，簡 14（0817＋1939）末字"其"後應是"術"或"術曰"（"術"字也可能寫作"述"），接下去就是術文的內容。

【算法解析】

日本"中國古算書研究會"（2016：141）：由於將原本田 24 平方步得稅額 4 斗錯刻爲 5 斗 1 升，所以將稅額 5 斗 1 升的稅率設爲"x 平方步 1 斗"，24 平方步的稅額變爲 $24 \div x = 5\frac{1}{10}$ 斗，得 $x = 24 \div 5\frac{1}{10} = 4\frac{36}{51}$ 平方步。

今按：可參見《算數書》"租吳（誤）券"條"田一畝租之十步一斗，凡租二石四斗。今誤券二石五斗，欲益畟其步數，問益畟幾何？曰：九步五分步三而一斗。術（術）96 曰：以誤券爲法，以輿田爲實。97"。

二十四平方步的禾田，每六平方步田就要繳一斗稅，那麼二十四平方步稅田要繳納四斗稅。本題設問爲二十四平方步用來繳稅的田，四斗稅誤記成五斗一升（即五斗又十分之一斗）稅，計算多少平方步稅田要收一斗稅，算法爲：$24 \div 5\frac{1}{10} = 4\frac{36}{51}$（平方步/斗）。

【今譯】

糧食作物租稅，二十四平方步用來繳稅的田，六平方步（田）一斗（稅），四斗租稅，假如誤刻爲五斗一升，想要減少（田）平方步數，多少平方步（田）一斗（稅）？（答案）是：四平方步（又）五十一分之三十六平方步（田）一斗（稅）。它Q7_2_14_0817A＋1939A用券刻的田租數作爲除數，就擺置登記的田平方步數（作爲被除數），（被除數中）與除數相等的，就得一平方步，不足一平方步，用除數（作爲分母）命名該分數。Q7_2_15_0816A

【釋文】

今枲兌（稅）田十六步，大枲高五尺，五步一束，租五斤。今誤券一兩，欲畟步數，問：幾可（何）一束？得（得）曰：四步八十一分七十Q7_2_29_0788A六一束。欲復（覆）出（之）①，復置一束兩數以乗（乘）兌（稅）田②，而令以一爲八十一爲賮（實）③，亦【令所畟步一爲八十】一，不分者④，【從出（之）以爲】Q7_2_30_0775A＋C410307A⁽一⁾法⑤，賮（實）如法一兩。Q7_2_31_0984A

【校記】

（一）陶安（2016：327）改簡號爲 C150。此從許道勝（2013A）、陳松長（2018：85）將簡 C410307 與簡 0775 綴合。

【匯釋】

①復：**通"覆"，審察、考求，此指驗算。**《墨子·尚同中》："方今之時，復古之民始生，未有正長之時。"鄭玄注《周禮·考工記·弓人》"覆之而角至，謂之句弓"爲"覆，猶察也"。整理者（2011：48）：反過來，此處指反過來驗算。蘇意雯（2012）、謝坤（2014）、日本"中國古算書研究會"（2016：144）均訓爲"驗算"。今按：可參見《算數書》"少廣"題"有（又）曰：復165之，即以廣乘從（縱），今復爲二百卌（冊）步田一畝。……166"中的"復之"。

②復：**重複，再。**《玉篇·彳部》："復，重也。"《論語·述而》："舉一隅不以

三隅反，則不復也。”今按：可參見《算數書》“少廣”題“有（又）曰：復165之，即以廣乘從（縱），令復爲二百卌（卌）步田一畝。……166”中的“復爲”。

一束兩數：**一束（大麻的）兩數**。日本“中國古算書研究會”（2016：144）：“一束兩數”，即將大枲1束的重量用兩數來表示。亦即將束數乘以高度及換算係數變爲兩數，本題中“一束兩數”即1束×高度5×換算係數5＝25兩。

③以一爲八十一：**把一變爲八十一。即乘以八十一。**

④不分者：**（帶分數中）不是分數的，即帶分數的整數部分**。帶分數等於非零整數加上分數。**有兩說：一、《算數書》中“縱”是帶分數，“不分者”指“‘從’的整數部分”**（吳朝陽，2011B）。**二、“不分者”指一個數量的分數部分或特指其分子**（蕭燦，2015：39）。今按：吳說可從，可參見《算數書》“少廣”題“有（又）曰：復165之，即以廣乘從（縱），令復爲二百卌（卌）步田一畝。其從（縱）有不分者，直（置）如法贈（增）不分，復乘之以爲小十166”。

⑤從：**相加。**

今按：簡C410307左邊殘，整理者（2011：155）作“☐一，不分者☐”，簡0775下端右邊殘，二簡殘斷處吻合，許道勝（2013A）、陳松長（2018：85）將簡C410307與簡0775綴合之說可從。

【算法解析】

（1）陳松長（2018：84）：枲稅田租的算法爲：稅田步數×該種枲的係數（大枲五、中枲六、細枲七）×枲高尺數÷一束枲所需步數。在本題中，枲稅田16步在正常情況下的租爲80（列式爲16×5×5÷5）兩即5斤。誤券一兩後，總租變爲81兩，那麼每束的步數就會減少（耎），要問在這種情況下每束所需田的步數爲多少。如果按前面已計算16步租5斤來考慮，其方法應是：5×80÷81，得到$4\frac{76}{81}$步一束。但如果要和後來的驗算相對應，方法應該是：$16\times5\times5\div81=4\frac{76}{81}$（步/束）。至於驗算的部分，整理者（2011：48）參照鄒大海的意見，列式爲：$16\times5\times5\times81\div(4\times81+76)$，得到81兩。

日本“中國古算書研究會”（2016：144）：$16\div x\times5\times5=81$，$x=16\times5\times5\div81=\frac{400}{81}=4\frac{76}{81}$（平方步）。這就是說：把課稅“1束”的單位面積從5平方步縮小到$4\frac{76}{81}$平方步。

今按：本題可參見簡32/0841，用來繳稅的大麻田總面積十六平方步乘以大麻的高度五尺，再乘以一束一尺高的大麻的重量五兩，得出繳納的大麻的兩數（即總重量），除以每五平方步田繳納的一束麻的稅，得出作爲租稅的大麻的重量，算法爲：大麻田平方步數×一束大麻高度×一束一尺高的大麻的重量÷每五平方步田繳納的一束大麻的稅＝作爲租稅的大麻的重量，即16×5×5÷5＝80（兩），根據一斤等於十六兩，換算如下：80÷16＝5（斤）。

計算租券誤增一兩後，多少平方步田繳納的一束大麻的稅，算法爲：大麻田平方步數×一束大麻高度×一束一尺高的大麻的重量÷誤記後的大麻重量＝多少平方步田繳納的一束大麻的稅，即 $16 \times 5 \times 5 \div (80 + 1) = \frac{400}{81} = 4\frac{76}{81}$（平方步）。

（2）整理者（2011：48）依鄒大海的觀點，列式"$16 \times 5 \times 5 \times 81 \div (4 \times 81 + 76)$"。日本"中國古算書研究會"（2016：142）認爲是"將已縮小的步數 $4\frac{76}{81}$ 以1爲81（即以 $4\frac{76}{81} \times 81$），從而消去分母81，然後以 $4 \times 81 + 76$ 爲法。實除以法，可得以兩爲單位的答案"，列式爲 $16 \times 5 \times 5 \times 81 \div (4 \times 81 + \frac{76}{81} \times 81)$。

今按：上述算法可從。驗算部分的"亦令所奧步一爲八十一，不分者，從（縱）止（之）以爲法"，講述的是如何將 $4\frac{76}{81}$ 這一帶分數去乘以八十一，那就是將帶分數看成整數部分4與分數部分 $\frac{76}{81}$ 相加，然後分別乘以八十一，再相加。驗算過程是繳納的大麻的兩數（即總重量）除以每 $4\frac{76}{81}$ 平方步田繳納的一束麻的稅，得出作爲租稅的大麻的重量，由於除數爲分數，要化爲整數，因此被除數和除數要各乘以八十一，算法爲：大麻田平方步數×一束大麻高度×一束一尺高的大麻的重量÷$4\frac{76}{81}$平方步田繳納的一束大麻的稅＝誤記後的大麻重量，即 $16 \times 5 \times 5 \div 4\frac{76}{81} = 16 \times 5 \times 5 \times 81 \div \left[(4 + \frac{76}{81}) \times 81\right] = 16 \times 5 \times 5 \times 81 \div 400 = 81$（兩）。

【今譯】

假如（有）十六平方步用麻繳稅的田，大麻高五尺，五平方步（田）一束（大麻的稅），租稅五斤。假設租券誤記（多）一兩，想要減少平方步數，問：多少（平方步）一束（大麻的稅）？得到是：四平方步（又）八十一分之七十 Q7_2_29_0788A六（平方步）（田）一束（大麻的稅）。想要驗算它，再擺置一束（大麻的）兩數去乘以用來繳稅的田（的面積），然後乘以八十一作爲被除數，也（讓減少到的平方步數乘以八十）一，（帶分數中）不是分數的那部分，（相加帶分數中的分數部分作爲）Q7_2_30_0775A + C410307A除數，被除數中有與除數相等的，就得一兩。Q7_2_31_0984A

【釋文】

爲枲生田①，以一束兩數爲法，以一束步數栞（乘）十五，以兩數栞（乘）止（之）爲覩（實）②，覩（實）如法一步。奥枲步數止（之）述（術）：以稅田栞

（乘）Q7_2_38_0952A — ［束兩數］爲覓（實），租兩數爲法，如法一步。Q7_2_39_0758A

【匯釋】

①枲生田：**新鮮的濕麻田**。蘇意雯（2012）：枲生田係指所收割的枲尚未經過乾燥。

②日本"中國古算書研究會"（2016：146）認爲"兩數"前省略了"租"。

【算法解析】

（1）陳松長（2018：85）：此術文前一部分是已知枲生田租數、一束兩數、一束步數，求田地面積。依術列式如下：枲生田面積 $= \dfrac{一束步數 \times 15 \times 田租兩數}{一束兩數}$，將上式變形並整理得：枲生田田租（兩）$= \dfrac{田面積（平方步）}{一束產品所佔田面積（平方步）} \times$ 一束產品重量（兩）$\times \dfrac{1}{15}$，可知術文此處所記田租率是十五分之一。

今按：本題第一部分列式：一束步數 $\times 15 \times$ 枲生田租稅兩數 $\div$ 一束兩數 = 枲生田面積，變形爲：枲生田租稅兩數 = 枲生田面積 $\div$ 一束步數 $\times$ 一束兩數 $\times \dfrac{1}{15}$，即：作爲租稅的新鮮濕麻的兩數 = 新鮮濕麻田的平方步數 $\div$ 繳納一束新鮮濕麻的田平方步 $\times$ 一束麻的重量 $\times \dfrac{1}{15}$，那麼枲生田的租稅率爲十五分之一。

（2）陳松長（2018：85）：後一部分列出算式如下：$\dfrac{稅田面積 \times 一束兩數}{田租兩數} = $ 一束步數，將上式變形並整理得：稅田田租（兩）$= \dfrac{稅田面積（平方步）}{一束產品所佔面積（平方步）} \times$ 一束產品重量（兩）$\times 100\%$，可知術文此處所記稅田租稅率爲100%。

蘇意雯（2012）認爲簡38/0952 與簡39/0758 的編連或有問題，"前後兩段的術文內容不同"，還有"奭枲步數之術"。日本"中國古算書研究會"（2016：146）指出"因爲錯刻而造成了租數增加的錯誤，所以採取了'緮枲步數之術'的補救方法"，認爲可參照簡29/0788、30/0775、31/0984，"應該縮少的步數 = 稅田步數 $\times$ 一束兩數 $\div$ 租兩數"與該題"以稅田乘一束兩數爲實，租兩數爲法"一致。

今按：二簡編連無問題。本題第二部分是講減少麻田的算法，依術文列式：減少而成的稅田面積 $\times$ 一束兩數 $\div$ 稅田租稅兩數 = 一束步數，術文列式變形爲：稅田租稅兩數 = 減少而成的稅田面積 $\div$ 一束步數 $\times$ 一束兩數 $\times 100\%$，那麼稅田的租稅率爲100%。

【今譯】

求取新鮮的濕麻田，用一束（麻的）兩數作爲除數，用（繳納）一束（新鮮濕麻）的（田）平方步數乘以十五，用兩數乘以它們作爲被除數，被除數中有與除數相等的，就得一平方步。減少而成的麻（田）平方步數的算法，用用來繳稅的田乘以Q7_2_38_0952A一束（新鮮濕麻的）兩數作爲被除數，租稅兩數作爲除數，（被除數）與除數相等的，就得一平方步。Q7_2_39_0758A

【釋文】

輿田租枲述（術）曰①：大枲五出（之），中枲六出（之），細〖枲〗七出（之）②，以高栾（乘）出（之）爲覲（實），直（置）十五，以一束步數栾（乘）出（之）爲法，覲（實）如法得（得）③。Q7_2_16_0900A⁽⁻⁾

【校記】

（一）陶安（2016：320）改簡號爲0909。

【匯釋】

①蘇意雯（2012）指出《數》簡"輿田"可分成"枲輿田"及種禾的"禾輿田"，當時至少有"輿田""稅田（如簡28/1651）""假田（如簡47/0842）"這三種不同的租稅情形。

②大枲五出（之），中枲六出（之），細〖枲〗七出（之）：**大麻五（乘以）它，中麻六（乘以）它，細麻七（乘以）它**。這是根據麻的種類，分別用該種一尺高的麻的兩數乘以登記的田的平方步數，得出麻的總重量。蕭燦（2010B）聯繫簡22/0888中的"尺五兩"，指出"五之""六之""七之"是指"尺五兩""尺六兩""尺七兩"，即乘以每束枲的單位長度的重量。陳松長（2018：85）採用此說法。日本"中國古算書研究會"（2016：148）：因枲有粗細，扎成綑時，大枲、中枲、細枲的密度各自不同。所以，即使束的直徑相同，枲束也重量各異。於是當時規定三種枲束的換算係數關係爲5：6：7。這是由於每束高1尺的大枲、中枲、細枲的重量各自爲5兩、6兩、7兩。在具體計算上，以束數乘以高，再按照大、中、細的不同，分別乘以換算係數5或6或7，即可求得以兩爲單位的總重量。

③該簡所缺後續字可能是"一"或"一兩"（陳松長，2018：86）。

【算法解析】

日本"中國古算書研究會"（2016：148）：計算法則指出：以該田面積除以"一束步數"，可求得從該田所收穫的總束數。將束數乘以枲的高，再乘以換算係數，可求該田中所有收穫物的重量。以此重量除以15，可求得實物租稅的重量。整個計算過程中有兩次除法運算，但是如果先將"一束步數"乘以15作爲除數的話，就沒有必要做第二次除法運算了。

今按：本題爲不同品種的麻田平方數（總面積）分別乘以對應的每束高一尺的麻的重量，再乘以麻的高度，得出繳納的該品種的麻的兩數（即總重量），除以繳納一束麻所需的田平方步數與十五的積，得出作爲租稅的麻的重量，算法爲：（枲輿田數×每束高一尺的枲的重量×枲高）÷（一束步數×15）＝枲輿田的租稅重量；

（枲輿田數×每束高一尺的枲的重量×枲高）÷一束步數×$\frac{1}{15}$＝枲輿田的租稅重量；

那麼種枲的輿田租稅率爲十五分之一。即（大麻田的平方步數×每束高一尺的大麻的重量5兩×麻的高度）÷（繳納一束大麻所需的田平方步數×15）＝作爲租稅的大麻的重量；（中麻田的平方步數×每束高一尺的中麻的重量6兩×麻的高度）÷（繳納一束中麻所需的田平方步數×15）＝作爲租稅的中麻的重量；（細麻田的平方步數×每束高一尺的細麻的重量7兩×麻的高度）÷（繳納一束細麻所需的田平方步數×15）＝作爲租稅的細麻的重量。

實際上，也可以這樣運算：枲輿田數÷一束步數＝枲束數，（枲束數×每束高一尺的枲的重量×枲高）÷15＝枲輿田的租稅重量。

【今譯】

登記田的麻租稅的算法是：大麻五（乘以）它，中麻六（乘以）它，細（麻）七（乘以）它，用（麻的）高度乘以它們作爲被除數，擺置十五，用（繳納）一束（麻）的（田）平方步數乘以它作爲除數，被除數中與除數相等的，就得。Q7_2_16_0900A

【釋文】

租枲述（術）曰：置輿田〔數〕，大枲也①(一)五屮（之），中枲也六屮（之），細枲〔也七屮（之）〕，以高櫜（乘）屮（之）爲覓（實），左置十五②，以一束步數櫜（乘）十Q7_2_17_1743A五爲法，如法一兩，不盈兩者，以一爲廿四③，櫜（乘）屮（之），如〔法一朱（銖）〕，〔不盈〕朱（銖）者，以法命分④。Q7_2_18_1835A(二)＋1744A

【校記】

（一）此從許道勝（2013A）在"也"後不點斷。

（二）陶安（2016：320）改簡號爲1837。

【匯釋】

①也：句中語氣詞。用於語句主語之後，標記它前面的成分是一個語用上的話題。《詩經·陳風·墓門》："夫也不良，國人知之。"《論語·先進》："柴也愚，參也魯。"許道勝（2013A）：也，語氣助詞。用在句中，表停頓。

②左置十五：**左邊擺置十五**。蕭燦（2010A）：表示"十五"的算籌靠左擺放。古代用算籌計算，表示乘數的算籌擺在表示被乘數的算籌下方偏左的位置。蘇意雯

（2012）："左置十五"，意指將代表十五的算籌置放於左邊。日本"中國古算書研究會"（2016：150）認爲與《算數書》"米出錢題"裏"異直（置）二、三"類似。

③以一爲廿四：把一變爲二十四。即乘以二十四，把一兩換算成二十四銖。

④以法命分：用除數（作爲分母）命名分數。陳松長（2018：86）：用除數作爲分母設置一個分數。許道勝（2013A）：以法命分，亦作"以法命之"，或省作"以命之"。日本"中國古算書研究會"（2016：149）譯爲"記爲以法爲分母的分數"。

【算法解析】

本題跟簡 16/0900 內容接近，算法一致，即（枲輿田數 × 每束高一尺的枲的重量 × 枲高）÷（一束步數 ×15）＝枲輿田的租稅重量。

單位換算部分可作如下理解：

被除數 A ÷ 除數 B ＝ B 的整數倍 ＋ $\dfrac{C}{\text{除數 B}}$（兩），所得商中的 "$\dfrac{C}{\text{除數 B}}$" 小於一兩，一兩等於二十四銖，那麼 "$\dfrac{C}{\text{除數 B}}$" 要乘以二十四，由兩換算成銖，即 $\dfrac{C}{\text{除數 B}} \times 24 = \dfrac{24C}{\text{除數 B}}$（銖）＝ B 的整數倍 ＋ $\dfrac{D}{\text{除數 B}}$（銖），"$\dfrac{D}{\text{除數 B}}$" 小於一銖，那麼不考慮約分的情況下，除數 B 是 "$\dfrac{D}{\text{除數 B}}$" 的分母。

【今譯】

租稅麻的算法是：擺置登記田的田數，大麻五（乘以）它，中麻六（乘以）它，細麻七（乘以）它，用（麻的）高度乘以它們作爲被除數，左邊擺置十五，用（繳納）一束（麻）的（田）平方步數乘以十Q7_2_17_1743A五作爲除數，（被除數中）有與除數相等的，就得一兩，不足一兩的，把一變爲二十四，（即）乘以二十四，（被除數中）有與除數相等的，（成爲）一銖，不足一銖的，用除數（作爲分母）命名分數。Q7_2_18_1835A＋1744A

【釋文】

☐[一]枲五凷（之），中枲六凷（之），細枲七凷（之）[①]。Q7_2_36_1652A[二]

【校記】

（一）許道勝（2013A）在"枲五之"前加"☐"，據改。

（二）陶安（2016：320）改簡號爲 1651。

【匯釋】

①蘇意雯（2012）認爲該簡似可與簡 35/0387 編連。蕭燦（2015：40）：簡 1652 完好，簡下部空白。其内容應屬"臬田"算題的術文部分。今按：據文意，所缺失的前一簡當有"大"字。

【今譯】

☐（大）麻五（乘以）它，中麻六（乘以）它，細麻七（乘以）它。Q7_2_36_1652A

【釋文】

☐［六业（之），細臬七业（之）］☐①Q7_2_C020311A⁽一⁾

【校記】

（一）陶安（2016：326）改簡號爲 C083。

【匯釋】

①許道勝（2013A）未釋出"細"。他據文意，認爲"本殘片或與 35/0387 有關，可能是後者的續簡"。

該簡上端殘斷的内容應有"大臬五业（之），中臬"之類的文字。

【今譯】

☐（中麻）六（乘以）它，細麻七（乘以）它☐Q7_2_C020311A

【釋文】

臬［奧］田六步，大臬高六尺，七步一束，租一兩十七朱（銖）七分朱（銖）一。Q7_2_19_0835A

【算法解析】

今按：本題爲大麻田總面積六平方步乘以每束高一尺的大麻的重量五兩，再乘以大麻的高度六尺，得出繳納的大麻的兩數（即總重量），除以繳納一束麻所需的七平方步田與十五（租稅率爲 $\frac{1}{15}$）的積，得出作爲租稅的大麻的重量。算法爲：根據簡 16/0900，（大麻田的平方步數 × 每束高一尺的大麻的重量 5 兩 × 麻的高度）÷（繳納一束大麻所需的田平方步數 ×15）= 作爲租稅的大麻的重量，即（6×5×6）÷（7×15）= $1\frac{5}{7}$（兩），根據簡 18/1835 + 1744 的算法，$\frac{5}{7}$ 兩換算成銖（一兩等於二十四銖）：$\frac{5}{7}×24 = 17\frac{1}{7}$（銖），則租稅爲 1 兩 17 銖又 $\frac{1}{7}$ 銖。

【今譯】

六平方步的登記的麻田，大麻高六尺，七平方步（田）一束（大麻），一兩十七銖（又）七分之一銖租稅。Q7_2_19_0835A

【釋文】

枲輿田五十步，大枲高八尺，六步一束，租一斤六兩五朱（銖）三分朱（銖）一。Q7_2_20_0890A[一]

【校記】

（一）陶安（2016：320）改簡號爲0891。

【算法解析】

日本"中國古算書研究會"（2016：153）：田面積是 50 平方步。每 6 平方步可收穫大枲 1 束，所以從整塊田收的束數是 $50 \div 6 = \frac{50}{6}$ 束。先將這個 $\frac{50}{6}$ 束乘以高度 8 尺及換算係數 5，然後除以 15（因爲枲之輿田的稅率是 $\frac{1}{15}$），就成以兩爲單位的稅重量了。具體計算爲：$\frac{50}{6} \times 8 \times 5 \div 15 = \frac{200}{9} = 22\frac{2}{9}$ 兩。1 斤爲 16 兩，22 兩爲 1 斤 6 兩。$\frac{2}{9}$ 兩乘 24，即 $\frac{16}{3}$ 銖 $= 5\frac{1}{3}$ 銖，答案爲 1 斤 6 兩 5 銖又 $\frac{1}{3}$ 銖。

今按：本題爲大麻田總面積五十平方步乘以每束高一尺的大麻的重量五兩，再乘以大麻的高度八尺，得出繳納的大麻的兩數（即總重量），除以繳納一束麻所需的六平方步田與十五（租稅率爲 $\frac{1}{15}$）的積，得出作爲租稅的大麻的重量，算法爲：（大麻田的平方步數×每束高一尺的大麻的重量 5 兩×麻的高度）÷（繳納一束大麻所需的田平方步數×15）＝作爲租稅的大麻的重量，即 $(50 \times 5 \times 8) \div (6 \times 15) = \frac{200}{9}$（兩），根據一斤等於十六兩，一兩等於二十四銖，換算如下：$\frac{200}{9} \div 16 = \frac{25}{18} = 1\frac{7}{18}$（斤），$\frac{7}{18} \times 16 = \frac{56}{9} = 6\frac{2}{9}$（兩），$\frac{2}{9} \times 24 = \frac{48}{9} = 5\frac{1}{3}$（銖），則租稅爲 1 斤 6 兩 5 銖又 $\frac{1}{3}$ 銖。

【今譯】

五十平方步的登記的麻田，大麻高八尺，六平方步（田）一束（大麻），一斤六兩五銖（又）三分之一銖租稅。Q7_2_20_0890A

【釋文】

大枲高五尺，枲程八步一束，〔今〕□Q7_2_37_2172A

【今譯】

大麻高五尺，麻的計量標準八平方步（田）一束（大麻的稅），假如
□Q7_2_37_2172A

【釋文】

大枲田三步少半步①，高六尺，六步一束，租一兩二朱（銖）大半朱（銖）②。
Q7_2_21_0849A[一]

【校記】

（一）陶安（2016：320）改簡號爲0847。

【匯釋】

①少半：三分之一。張家山漢簡《算數書》"乘"條："少半乘少半，九分
一也。"

②大半：三分之二。張家山漢簡《算數書》"乘"條："少半乘大半，九分
二也。"

【算法解析】

今按：本題爲大麻田總面積三又三分之一平方步乘以每束高一尺的大麻的重量
五兩，再乘以大麻的高度六尺，得出繳納的大麻的兩數（即總重量），除以繳納一
束麻所需的六平方步田與十五（租稅率爲$\frac{1}{15}$）的積，得出作爲租稅的大麻的重量，
算法爲：（大麻田的平方步數×每束高一尺的大麻的重量5兩×麻的高度）÷（繳納
一束大麻所需的田平方步數×15）＝作爲租稅的大麻的重量，即（$3\frac{1}{3}×5×6$）÷
（$6×15$）＝$\frac{10}{9}=1\frac{1}{9}$（兩），根據一兩等於二十四銖，換算如下：$\frac{1}{9}×24=\frac{8}{3}=2\frac{2}{3}$
（銖），則租稅爲1兩2銖又$\frac{2}{3}$銖。

【今譯】

三平方步（又）三分之一平方步的大麻田，（大麻）高六尺，六平方步（田）
一束（大麻），一兩二銖（又）三分之二銖租稅。Q7_2_21_0849A

【釋文】

大枲田三步大半步，高五尺，尺五兩^①，三步半步一束，租一兩十七朱（銖）廿一分朱（銖）十九。Q7_2_22_0888A

【匯釋】

①尺五兩：一尺（大麻）重五兩。即每束高一尺的大麻的重量爲五兩。

【算法解析】

日本“中國古算書研究會”（2016：156）：有大枲田 $3\frac{2}{3}$ 平方步，每 $3\frac{1}{2}$ 平方步可收穫1束，大枲田可收穫大枲 $3\frac{2}{3} \div 3\frac{1}{2}$ 束。以此數乘以高5尺及換算係數5，再除以15，即得稅的重量。具體計算爲：$3\frac{2}{3} \div 3\frac{1}{2} \times 5 \times 5 \div 15 = \frac{110}{63}$ 兩 $= 1\frac{47}{63}$ 兩 $= 1$ 兩 $\frac{47}{63} \times 24$ 銖 $= 1$ 兩 $17\frac{19}{21}$ 銖。

今按：本題爲大麻田總面積三又三分之二平方步乘以每束高一尺的大麻的重量五兩，再乘以大麻的高度五尺，得出繳納的大麻的兩數（即總重量），除以繳納一束麻所需的三又二分之一平方步田與十五（租稅率爲 $\frac{1}{15}$ ）的積，得出作爲租稅的大麻的重量，算法爲：（大麻田的平方步數×每束高一尺的大麻的重量5兩×麻的高度）÷（繳納一束大麻所需的田平方步數×15）＝作爲租稅的大麻的重量，即 $(3\frac{2}{3} \times 5 \times 5) \div (3\frac{1}{2} \times 15) = \frac{110}{63} = 1\frac{47}{63}$ （兩），根據一兩等於二十四銖，換算如下：$\frac{47}{63} \times 24 = \frac{376}{21} = 17\frac{19}{21}$ （銖），則租稅爲1兩17銖又 $\frac{19}{21}$ 銖。

【今譯】

三平方步（又）三分之二平方步的大麻田，（大麻）高五尺，一尺（大麻）重五兩，三平方步（又）二分之一平方步（田）一束（大麻），一兩十七銖（又）二十一分之十九銖租稅。Q7_2_22_0888A

【釋文】

枲輿田，周廿七步^①，大枲高五尺，四步一束，成田六十步四分步三^②，租一斤九兩七朱（銖）半朱（銖）。Q7_2_23_0411A^{（一）}

【校記】

（一）陶安（2016：320）改簡號爲0410。

【匯釋】

①周：圓周、周長，此指圓形輿田的周長（陳松長，2018：87）。《周髀算經》卷上："其周七十一萬四千里。"《漢書·劉向傳》："（秦始皇帝）墳，其高五十餘丈，周回五里有餘。"

②成田：成爲田地。

【算法解析】

陳松長（2018：87）：已知圓形田周長二十七步，據《數》簡 J07 "周田述（術）" 條 "周乘周，十二成一"，計算得面積爲 $27 \times 27 \times \frac{1}{12} = 60\frac{3}{4}$（平方步），此處相當於用了 "周三徑一" 的原則。

日本 "中國古算書研究會"（2016：157）："周田術" 說：圓田面積 = 周長×周長÷（4×3）= 周長×周長÷12（π 爲 3）。本題的周長爲 27 步，即圓田面積爲：$27 \times 27 \div 12 = 60\frac{3}{4}$ 平方步。因爲田每 4 平方步可收穫大枲 1 束，所以 $60\frac{3}{4}$ 平方步可收穫 $60\frac{3}{4} \div 4$ 束。以此數乘以高度 5 及換算係數 5，再除以 15，即得其稅的重量。具體計算爲：$60\frac{3}{4} \div 4 \times 5 \times 5 \div 15 = 25\frac{5}{16}$ 兩 $= 1$ 斤 $9\frac{5}{16}$ 兩 $= 1$ 斤 9 兩 $\frac{5}{16} \times 24 = 1$ 斤 9 兩 $7\frac{1}{2}$ 銖。

蘇意雯（2012）：據簡 J07 所述的圓面積公式來看，此處應當利用 "周乘周，十二成一" 求出輿田面積 $(27 \times 27) / 12 = 60 + (3/4)$。

（1）今按：根據圓的周長求周田面積有以下三種算法：

①周田面積 = 周長×周長×$\frac{1}{12}$。

可參照簡 65/J07 "周田述（術）曰：周楽（乘）［周，十］二成一"。還可參照北京大學秦簡《算書》甲種 "員（圓）田述（術）：……其一述（術）曰：耤（藉）周自乘殹（也），十二成一" 以及《九章算術·方田》"周自相乘，十二而一"。

②周田面積 = $\frac{周長}{2} \times \frac{周長}{2} \times \frac{1}{3}$。

可參照北大秦簡《算書》甲種 "其一 04-185 述（術）：半周以爲廣從（縱），令相乘殹（也），三成一。04-186"。

③周田面積 = $\frac{周長}{3} \times \frac{周長}{4}$。

可參照北大秦簡《算書》丙種 03-011 "一述（術）曰：參（三）分周爲從（縱），四分周爲廣，相乘即成"。

本題第一部分是已知圓田的周長爲二十七步，求圓田面積，算法爲：周田面

積 = 周長 × 周長 × $\frac{1}{12}$ = $\frac{周長}{2}$ × $\frac{周長}{2}$ × $\frac{1}{3}$ = $\frac{周長}{3}$ × $\frac{周長}{4}$，即 $27 × 27 × \frac{1}{12} = \frac{27}{2} × \frac{27}{2} ×$

$\frac{1}{3} = \frac{27}{3} × \frac{27}{4} = \frac{243}{4} = 60\frac{3}{4}$（平方步）。

（2）今按：本題第二部分爲大麻田總面積六十又四分之三平方步乘以每束高一尺的大麻的重量五兩，再乘以大麻的高度五尺，得出繳納的大麻的兩數（即總重量），除以繳納一束麻所需的四平方步田與十五（租稅率爲$\frac{1}{15}$）的積，得出作爲租稅的大麻的重量，算法爲：（大麻田的平方步數 × 每束高一尺的大麻的重量 5 兩 × 麻的高度）÷（繳納一束大麻所需的田平方步數 × 15）＝作爲租稅的大麻的重量，即 $(60\frac{3}{4} × 5 × 5) ÷ (4 × 15) = \frac{405}{16}$（兩），根據一斤等於十六兩，一兩等於二十四銖，

換算如下：$\frac{405}{16} ÷ 16 = \frac{405}{256} = 1\frac{149}{256}$（斤），$\frac{149}{256} × 16 = \frac{149}{16} = 9\frac{5}{16}$（兩），$\frac{5}{16} × 24 = \frac{15}{2} =$

$7\frac{1}{2}$（銖），則租稅爲 1 斤 9 兩 7 銖又 $\frac{1}{2}$ 銖。

【今譯】

登記的麻田，周長二十七步，（大麻）高五尺，四平方步（田）一束（大麻），形成六十平方步（又）四分之三平方步田，一斤九兩七銖（又）二分之一銖租稅。Q7_2_23_0411A

【釋文】

枲輿田七步半步，中枲高七尺，八步一束，租二兩十五朱（銖）。Q7_2_24_0826A

【算法解析】

日本"中國古算書研究會"（2016：158）：本題中，每 8 平方步可收穫 1 束，$7\frac{1}{2}$ 平方步可收穫 $7\frac{1}{2} ÷ 8$ 束。以此數乘以高度 7 及中枲的換算係數，再乘以 15（因爲輿田的稅率爲$\frac{1}{15}$），即可得其稅的重量。具體計算爲：$7\frac{1}{2} ÷ 8 × 7 × 6 ÷ 15 = \frac{21}{8} = 2\frac{5}{8}$ 兩。$\frac{5}{8} × 24 = 15$ 銖，即得 2 兩 15 銖。

今按：本題爲中麻田總面積七又二分之一平方步乘以每束高一尺的中麻的重量六兩，再乘以中麻的高度七尺，得出繳納的中麻的兩數（即總重量），除以收穫一束麻所需的八平方步田與十五（租稅率爲$\frac{1}{15}$）的積，得出作爲租稅的中麻的重量，算法爲：（中麻田的平方步數 × 每束高一尺的中麻的重量 6 兩 × 麻的高度）÷（繳納一束中麻所需的田平方步數 × 15）＝作爲租稅的中麻的重量，即 $(7\frac{1}{2} × 6 × 7) ÷$

$(8 \times 15) = \dfrac{21}{8} = 2\dfrac{5}{8}$（兩），根據一兩等於二十四銖，換算如下：$\dfrac{5}{8} \times 24 = 15$（銖），則租稅爲 2 兩 15 銖。

【今譯】

七平方步（又）二分之一平方步登記的麻田，（中麻）高七尺，八平方步（田）一束（中麻），二兩十五銖租稅。Q7_2_24_0826A

【釋文】

細枲興田十二步大半步，高七尺，四步一束，租十兩八朱（銖）有（又）十五分朱（銖）四。Q7_2_25_0837A

【算法解析】

日本"中國古算書研究會"（2016：159）：本題中，每 4 平方步可收穫 1 束，$12\dfrac{2}{3}$平方步可收穫 $12\dfrac{2}{3} \div 4$ 束。以此數乘以高度 7 及細枲的換算係數 7，再除以 15（因興田的稅率是$\dfrac{1}{15}$），即爲稅的重量。具體計算爲：$12\dfrac{2}{3} \div 4 \times 7 \times 7 \div 15 = \dfrac{931}{90} = 10\dfrac{31}{90}$兩。$\dfrac{31}{90} \times 24 = \dfrac{124}{15} = 8\dfrac{4}{15}$銖，得 10 兩 8 $\dfrac{4}{15}$銖。

今按：本題爲細麻田總面積十二又三分之二平方步乘以每束高一尺的細麻的重量七兩，再乘以細麻的高度七尺，得出繳納的細麻的兩數（即總重量），除以繳納一束細麻所需的四平方步田與十五（租稅率爲$\dfrac{1}{15}$）的積，得出作爲租稅的細麻的重量，算法爲：（細麻田的平方步數×每束高一尺的細麻的重量 7 兩×麻的高度）÷（繳納一束細麻所需的田平方步數×15）＝作爲租稅的細麻的重量，即 $(12\dfrac{2}{3} \times 7 \times 7) \div (4 \times 15) = \dfrac{931}{90} = 10\dfrac{31}{90}$（兩），根據一兩等於二十四銖，換算如下：$\dfrac{31}{90} \times 24 = \dfrac{124}{15} = 8\dfrac{4}{15}$（銖），則租稅爲 10 兩 8 銖又$\dfrac{4}{15}$銖。

【今譯】

十二平方步（又）三分之二平方步登記的細麻田，（細麻）高七尺，四平方步（田）一束（細麻），十兩八銖又十五分之四銖租稅。Q7_2_25_0837A

【釋文】

細枲田一步少半步，高七尺，尺七兩①，五步半步一束，租十九束〈朱（銖）〉百六十五分朱（銖）一。Q7_2_26_0844A^{（一）}

【校記】

（一）陶安（2016：320）改簡號爲0843。

【匯釋】

①尺七兩：一尺（細麻）重七兩。

【算法解析】

日本"中國古算書研究會"（2016：160）：本題中，每 $5\frac{1}{2}$ 平方步可收穫 1 束，$1\frac{1}{3}$ 平方步可收穫 $1\frac{1}{3} \div 5\frac{1}{2}$ 束。以此數乘以高度 7 及細枲的換算係數 7，再除以 15，即得其稅的重量。具體計算爲：$1\frac{1}{3} \div 5\frac{1}{2} \times 7 \times 7 \div 15 = \frac{392}{495}$ 兩。$\frac{392}{495} \times 24 = \frac{3\,136}{165} = 19\frac{1}{165}$ 銖。

今按：本題爲細麻田總面積一又三分之一平方步乘以每束高一尺的細麻的重量七兩，再乘以細麻的高度七尺，得出繳納的細麻的兩數（即總重量），除以繳納一束麻所需的五又二分之一平方步田乘以十五（租稅率爲 $\frac{1}{15}$）的積，得出作爲租稅的細麻的重量，算法爲：（細麻田的平方步數 × 每束高一尺的細麻的重量 7 兩 × 麻的高度）÷（繳納一束細麻所需的田平方步數 × 15）＝作爲租稅的細麻的重量，即 $(1\frac{1}{3} \times 7 \times 7) \div (5\frac{1}{2} \times 15) = \frac{392}{495}$（兩），根據一兩等於二十四銖，換算如下：$\frac{392}{495} \times 24 = \frac{3\,136}{165} = 19\frac{1}{165}$（銖），則租稅爲 19 銖又 $\frac{1}{165}$ 銖。

【今譯】

一平方步（又）三分之一平方步細麻田，（細麻）高七尺，一尺（細麻）重七兩，五平方步（又）二分之一平方步（田）一束（細麻），十九銖（又）一百六十五分之一銖租稅。Q7_2_26_0844A

【釋文】

枲輿田九步［少半］步，［細枲高丈］一［尺］①，三步［少半］步一束，租十四兩［八朱（銖）廿］五分朱（銖）廿四。Q7_2_27_0475A

【匯釋】

①丈：長度量詞，一丈等於十尺。《說文·十部》："丈，十尺也。"《淮南子·天文訓》："十寸而爲尺，十尺而爲丈。"

【算法解析】

日本"中國古算書研究會"（2016：161）：本題中，每 $3\frac{1}{3}$ 平方步可收穫 1 束，$9\frac{1}{3}$ 平方步可收穫 $9\frac{1}{3} \div 3\frac{1}{3}$ 束。以此數乘以高度 11（1 丈 1 尺 = 11 尺）及細枲的換算係數 7，再除以 15（因爲枲輿田的稅率爲 $\frac{1}{15}$），即得其稅的重量，具體計算爲：

$9\frac{1}{3} \div 3\frac{1}{3} \times 11 \times 7 \div 15 = \frac{1\,078}{75} = 14\frac{28}{75}$ 兩。$\frac{28}{75} \times 24 = \frac{224}{25} = 8\frac{24}{25}$ 銖，因而答案是 14 兩 8 銖又 $\frac{24}{25}$ 銖。

今按：本題爲細麻田總面積九又三分之一平方步乘以每束高一尺的細麻的重量七兩，再乘以細麻的高度一丈一尺（即十一尺），得出繳納的細麻的兩數（即總重量），除以繳納一束細麻所需的三又三分之一平方步田與十五（租稅率爲 $\frac{1}{15}$）的積，得出作爲租稅的細麻的重量，算法爲：（細麻田的平方步數 × 每束高一尺的細麻的重量 7 兩 × 麻的高度）÷（繳納一束細麻所需的田平方步數 × 15）＝作爲租稅的細麻的重量，即 $(9\frac{1}{3} \times 7 \times 11) \div (3\frac{1}{3} \times 15) = \frac{1\,078}{75} = 14\frac{28}{75}$（兩），根據一兩等於二十四銖，換算如下：$\frac{28}{75} \times 24 = \frac{224}{25} = 8\frac{24}{25}$（銖），則租稅爲 14 兩 8 銖又 $\frac{24}{25}$ 銖。

【今譯】

九平方步（又）三分之一平方步登記的細麻田，細麻高一丈一尺，三平方步（又）三分之一平方步（田）一束（細麻），十四兩八銖（又）二十五分之二十四銖租稅。Q7_2_27_0475A

【釋文】

枲稅田卅（冊）五步，細枲也[一]高八尺，七步一束，租廿二斤八兩。Q7_2_28_1651A[二]

【校記】

（一）此處不點斷。

（二）陶安（2016：320）改簡號爲 1652。

【算法解析】

日本"中國古算書研究會"（2016：162）：每 7 平方步可收穫 1 束，45 平方步可收穫 $45 \div 7$ 束。以此數乘以高度 8 及細枲的換算係數 7，即得稅的重量。具體計算爲：$45 \div 7 \times 8 \times 7 = 360$ 兩，即 22 斤 8 兩。

稅田租稅兩數＝減少而成的稅田面積÷一束步數×一束兩數×100%。

今按：從簡 38/0952、39/0758 所載算題可知稅田的租稅率爲百分之百。本題爲用來繳稅的細麻田總面積 45 平方步乘以每束高一尺的細麻的重量 7 兩，再乘以細麻的高度 8 尺，得出繳納的細麻的兩數（即總重量），除以繳納一束細麻所需的 7 平方步田，得出作爲租稅的細麻的重量，算法爲：（用來繳稅的細麻田的平方步數 × 每束高一尺的細麻的重量 7 兩 × 麻的高度）÷繳納一束細麻所需的田平方步數＝作爲租稅的細麻的重量，即（45 × 7 × 8）÷ 7 = 360（兩），根據一斤等於十六兩，換算如下：$360 \div 16 = \frac{45}{2} = 22\frac{1}{2}$（斤），$\frac{1}{2}$ 斤換算成兩：$\frac{1}{2} \times 16 = 8$（兩），則租稅爲 22 斤 8 兩。

【今譯】

四十五平方步用來繳稅的麻田，細麻高八尺，七平方步（田）一束（細麻的稅），二十二斤八兩租稅。Q7_2_28_1651A

【釋文】

禾［輿田］十一［畝］（畝），［兌］（稅）二［百］六十四步，五步半步一［斗］，［租四石八斗，其］述（術）曰：［佰（倍）⁽⁻⁾二百六十四步爲］①▢
Q7_2_40_1654A

【校記】

（一）陳松長（2018：88）作"倍"，此改爲"佰（倍）"，後文同。

【匯釋】

①佰：同**"倍"**，加倍。《集韻·隊韻》："倍，加也。"

【算法解析】

陳松長（2018：88）：本題術文應是由於"五步半步"中有分數，所以以半步爲一，化爲整數，相應地，實"二百六十四步"也要乘以二。故依現存術文推測算式如下：$(264 \times 2) \div (5\frac{1}{2} \times 2) = 48$（斗），即四石八斗。

今按：本題爲登記的糧食作物田十一畝（即 2 640 平方步），其中二百六十四平方步用來繳稅，那麼禾輿田的租稅率爲十分之一，每五又二分之一的稅田收一斗糧食作物作爲租稅，得出應繳納的糧食作物的重量，爲避免做除數是分數的除法，除數 $5\frac{1}{2}$、被除數 264 都加倍，算法爲：$(264 \times 2) \div (5\frac{1}{2} \times 2) = 48$（斗），根據一石等於十斗，則租稅爲四石八斗。

【今譯】

十一畮登記的糧食作物的田，二百六十四平方步租稅（田），五平方步（又）二分之一平方步（田）一斗（糧食作物），四石八斗租稅，它的算法是：加倍二百六十四平方步爲□Q7_2_40_1654A

【釋文】

稅田三步半步，七步少半〚步〛一斗，租四升廿四〈二〉分升十七。Q7_2_41_0847A^{(一)①}

【校記】

（一）陶安（2016：320）改簡號爲41－1/0846－1。

【匯釋】

①陶安（2016：321）將簡185/0845後半段空白簡拼在此，改簡號爲41－2/0846－2，認爲蕭燦誤拼。

【算法解析】

今按：本題爲三平方步又二分之一平方步用來繳稅的田，每七平方步又三分之一平方步田收取一斗稅，計算應繳納的稅，算法爲：$3\frac{1}{2} \div 7\frac{1}{3} = \frac{21}{44}$（斗），根據一斗等於十升，換算如下：$\frac{21}{44} \times 10 = 4\frac{17}{22}$（升），根據計算結果，可知"廿四"爲"廿二"之誤。

【今譯】

三平方步（又）二分之一平方步用來繳稅的田，七平方步（又）三分之一（平方步田）一斗（稅），四升（又）二十二分之十七升租稅。Q7_2_41_0847A

【釋文】

爲積二千五百五十步①，除田十畮（畝）②，田多百五十步，其欲減^(一)田③，耤（藉）令十三〚步一〛斗④，今禾美⑤，租輕田步⑥，欲減田，Q7_2_42_0813A^(二)令十一步一斗，即以十〚一〛^(三)步棄（乘）十畮（畝）⑦，租二石者，積二千二百步，田少二百步⑧。Q7_2_43_0785A

【校記】

（一）陳松長（2018：89）作"減"，據圖版改爲"減"，後文同。

（二）陶安（2016：321）改簡號爲0814。

（三）此補"一"。

【匯釋】

①積：**面積**。《九章算術·方田》："方田術曰：廣從步數相乘得積步。"李淳風注"其言積者舉眾步之都數"，即積指的是它所包含面積單位（平方步）的總數。陳松長（2018：89）訓"面積"。許道勝（2013A）訓"面積"，認爲也可訓"累積"。

爲積：**成爲面積**。可參見簡0996"城下后（厚）三丈，上后（厚）二丈，高三丈，〔袤丈，爲積尺七千五百尺〕"。

②除：**減去**（陳松長，2018：89；謝坤，2014）。《算數書》簡17："約分術曰：以子除母，母亦除子，子母數交等者，即約之矣。"許道勝（2013A）訓"除"爲"相減"，認爲也可訓"開、啟"，有開闢意。

③其：**如果，假使，假設連詞**。清人王引之《經傳釋詞》卷五："其，猶若也。"《詩經·小雅·小旻》："謀之其臧，則具是違；謀之不臧，則具是依。"

④陳松長（2018：89）引于振波2010年12月3日郵件內容認爲"秸令十三斗"，應是"秸令十三步一斗"。謝坤（2014）參照"令十一步一斗"格式，認爲"秸令十三斗"中應補"步一"二字。

⑤美：**茂盛，此處指禾茂盛，大豐收**。《管子·國蓄》："歲適美則市糴無予，而狗彘食人食。"《管子·禁藏》："歲無美惡，畝取一石，則人有三十石。"許道勝（2013A）認爲"美"指禾的品質好，也可解釋爲豐收。

⑥輕：**減少**（陳松長，2018：89）。《管子·權修》："有萬乘之號，而無萬乘之用，而求權之無輕，不可得也。"《商君書·壹言》："而不明世俗之變，不察治民之情，故多賞以致刑，輕刑以去賞。"

⑦參見簡6/0460"亦直（置）所取三步者"指"三步一斗"，即繳納一斗禾所需的三平方步田，疑"即以十步乘十畝"中"步"前脫"一"，"十一步"指"十一步一斗"，即繳納一斗禾所需的十一平方步田。

⑧日本"中國古算書研究會"（2016：166）認爲整理者未能舉出綴合證據，所以將簡42/0813和簡43/0785分開。許道勝（2013A）將此題歸入"面積"算題中的"里田、減田"。

【算法解析】

（1）今按：二千五百五十平方步的田，減去減少了的十畝（一畝等於二百四十平方步）田，得到二者相差多少，算法爲：原來的田的面積－減少了的田的面積＝現在的田的面積，即 $2\,550 - 240 \times 10 = 150$（平方步）。

（2）整理者（2011：54）、陳松長（2018：89）引用鄒大海意見："令十一步一斗"是指單產。租二石即20斗時，田產量應該爲20乘以10，即200斗，所以田面積爲 200 乘以 11 步即 2 200 步，那麼輿田數比 10 畝（2 400 步）少了 200 步（所謂"田少二百步"）。

蘇意雯（2012）：租二石＝20 斗，故禾輿田總產量爲 20×10＝200（斗）。令十一步一斗，所以田地面積爲 200×11＝2 200（平方步），與田十畝相比，2 400－2 200＝200（平方步），故田少二百步。

日本"中國古算書研究會"（2016：168）：若以可得 1 斗的田爲 11 平方步的話，爲了得到租 2 石（20 斗），需要 11 平方步×20 斗×10＝2 200 平方步的輿田，這塊輿田比田 10 畝少 200 平方步。

今按：可參見簡 38/0952 與 39/0758 所記的"奭枲步數之術"，本題假設禾茂盛，所以現在每十一平方步收一斗的租稅，一共有十畝田（一畝等於二百四十平方步），每畝收租稅兩石（一石等於十斗），那麼十畝所收的租稅是二十石。

減少而成的禾田面積＝一斗步數×租稅斗數＝一斗步數×田畝數×每畝所收的租稅斗數，即 11×10×20＝2 200（平方步），10×240＝2 400（平方步）。

原來的田的面積－減少而成的田的面積＝減少了的田的面積，即 2 400－2 200＝200（平方步）。

【今譯】

成爲面積二千五百五十平方步，減去十畝田，田多了一百五十平方步，如果想要減少田，假如十三（平方步田一）斗（禾），假設禾茂盛，收租稅時減少田平方步數，想要減少田，Q7_2_42_0813A 假如十一平方步（田）一斗（禾），就用十（一）平方步乘以十畝，（每畝收）租稅兩石的禾，積是二千二百平方步，田減少二百平方步。Q7_2_43_0785A

【釋文】

田五步，租一斗一升七分升一，今欲求一斗步數，得（得）田幾可（何）？曰：四步卅（卅）九分步出（之）十九。述（術）曰：耤（藉）直（置）一斗升數[①]，以五步 Q7_2_44_0899A[(一)]

【校記】

（一）陶安（2016：321）改簡號爲 0908。

【匯釋】

①耤直：在旁邊擺置（算籌）。即做算法時，分置被乘數和乘數，也就是讓擺置一升步數，用五平方步乘以它。譚競男（2015A）："耤直（置）八寸"是置八寸爲另行（相當於另起一行，因爲算籌做乘法是將被乘數與乘數分置上下行，積置中行）……簡 44/0899、197/J25"耤直（置）"與《九章算術》中的"副置"意思相近，副置即在旁邊佈置算籌。

一斗升數：**一斗的升數，即十升**。因爲所求的是每斗稅所需的田的面積，除數十一又七分之一升需要再除以十，升換算成斗，即一斗一升七分升一，那麼也就相當於五平方步田需乘以十，也就是乘以"一斗升數"。日本"中國古算書研究會"（2016：178）："一斗升數"者，將一斗換成升的數，即十升。

【算法解析】

陳松長（2018：89）：$10 \times 5 \div (10 + 1 + \frac{1}{7}) = \frac{175}{39} = 4\frac{19}{39}$（步），推測後續簡文可能是乘之以爲實，以租數（一斗一升七分升一）爲法，如法一步。

日本"中國古算書研究會"（2016：170）：本題是由稅田總面積與租額求得一斗的單位步數（得到一斗所需田的單位步數）的問題。由於求租額的計算爲：稅田的總面積÷一斗的單位步數＝租額，所以本題將此公式變換爲：一斗的單位步數＝稅田的總面積÷租額。但是，所謂"租一斗一升七分升一"，先換算爲以斗爲單位的數字$\frac{78}{70}$斗。因而計算爲：$5 \div \frac{78}{70} = \frac{175}{39} = 4\frac{19}{39}$平方步。但從所謂"述（術）曰：楛（藉）直（置）一斗升數"來看，實際的計算是先將"一斗一升七分升一"換算爲以升爲單位的分數$\frac{78}{7}$升，然後進行運算的。在這種情況下，對田總面積5也必須乘以10，於是有了下面的所謂"以五步……"的內容。具體計算爲：$5 \times 10 \div \frac{78}{7}$。

今按：本題爲已知田的面積五平方步和應繳納的租稅一斗一升七分之一升（一斗等於十升，即十一升又七分之一升），得出每斗稅所需的田的面積，算法爲：田的面積÷（繳納的租稅升數÷一斗升數）＝每斗稅所需的田的平方步數，一斗升數×田的面積÷繳納的租稅升數＝每斗稅所需的田的平方步數，即 $10 \times 5 \div 11\frac{1}{7} = \frac{175}{39} = 4\frac{19}{39}$（平方步）。

【今譯】

五平方步田，一斗一升（又）七分之一升租稅，假如想要求一斗（稅）（所需的田）平方步數，得到多少田？（答案）是：四平方步（又）三十九分之十九平方步。算法是：在旁邊擺置一斗的升數，用五平方步Q7_2_44_0899A

【釋文】

田廿步，租十六升，今有租五升七分升出（之）二，得（得）田幾可（何）？曰：六步有（又）廿八分步出（之）十七。述（術）曰：以十六爲法，直（置）五升有（又）Q7_2_45_0953A七分升出（之）二而七出（之），亦七其法[1]，以廿步桼（乘）五升有（又）七分二〖爲實〗[（一）]，如法而成一步。Q7_2_46_0932A[（二）]

【校記】

（一）此從許道勝（2013A）依文意、文例補"爲實"。

（二）陶安（2016：321）改簡號爲0933。

【匯釋】

①七其法：（用）七（乘以）算式的除數。整理者（2011：56）、陳松長（2018：90）："以七乘以除數（或分母）。"

【算法解析】

日本"中國古算書研究會"（2016：172）：本題中有田面積 20 平方步時，可收租額 16 升。現在租額爲 $5\frac{2}{7}$ 升，問田面積是多少？比例公式爲 $20：16 = x：5\frac{2}{7}$，即 $x = 20 \times 5\frac{2}{7} \div 16 = \frac{185}{28} = 6\frac{17}{28}$ 平方步。在實際計算中，爲了消去 $5\frac{2}{7}$ 的分母 7，先讓 $5\frac{2}{7}$ 乘以 7，將實改爲 20×37，相應地對 16 也乘以 7。所謂"直（置）五升有（又）七分升之二而七之""亦七其法"，表述的正是這一計算過程。而"以廿步乘五升有（又）七分二"的"五升有（又）七分二"，其實就是 $5\frac{2}{7}$ 乘以 7 得出的答案 37。

今按：本題爲根據二十平方步田所繳納的租稅是十六升，推算五升又七分之二升的租稅所需要的田的平方步數，爲了把五升又七分之二升化爲整數，分子和分數同時乘以七，算法爲：原本的租稅÷原本的田的平方步數＝現在的租稅÷現在的田的平方步數，現在的租稅×原本的田的平方步數÷原本的租稅＝現在的田的平方步數，（現在的租稅×7×原本的田的平方步數）÷（原本的租稅×7）＝現在的田的平方步數，即 $(5\frac{2}{7} \times 7 \times 20) \div (16 \times 7) = \frac{185}{28} = 6\frac{17}{28}$（平方步）。

【今譯】

二十平方步田，十六升租稅，假如有五升（又）七分之二升租稅，得到多少田？（答案）是：六平方步又二十八分之十七平方步。算法是：用十六作爲除數，擺置五升又Q7_2_45_0953A七分之二升，然後七（乘以）它，也（用）七（乘以）算式的除數，用二十平方步乘以五升又七分之二升（作爲被除數），（被除數）與除數相等的，就得一平方步。Q7_2_46_0932A

【釋文】

爲法，亦直（置）三步而三出（之），凡九^(一)①。即十出（之），令廿二而成

一步，步居［二升⁽二⁾有（又）九分］⁽三⁾出（之）四②，今四步廿二分步二而成一斗③。Q7_2_49_0474A

【校記】

（一）此從日本"中國古算書研究會"（2016：173）"凡九"後斷讀。

（二）整理者（2011：58）、陳松長（2018：90）作"斗"。此字模糊，此從日本"中國古算書研究會"（2016：174）據計算結果作"升"。

（三）許道勝（2013A）依文意及文例在"分"後補"斗"。

【匯釋】

①凡：**總共，總計**。《易·繫辭上》："乾之策二百一十有六，神之策百四十有四，凡三百有六十。"《史記·陳涉世家》："陳勝王凡六月。"

句讀有三說：一、作"亦直（置）三步而三之，凡九"（日本"中國古算書研究會"（2016：173）。二、"凡九"屬上讀，作"亦直（置）三步而三之凡九"（許道勝，2013A）。三、"凡九"與"即十之"連讀，作"凡九即十之"（陳松長，2018：90）。

②居：**佔據**。《廣雅·釋言》："居，據也。"《商君書·算地》："故爲國任地者，山林居什一，藪澤居什一，溪谷流水居什一，都邑蹊道居什四，此先王之正律也。"《禮記·王制》："其有中士、下士者，數各居其上之三分。"鄭玄注："居，猶當也。"

③蕭燦（2015：45）認爲簡49/0474完好，是算題的術文部分，上接簡缺失。

【算法解析】

日本"中國古算書研究會"（2016：174）：本題的前部分有缺文，試將缺文部分復原如下："現在有稅田3平方步，可收租$\frac{22}{3}$升，問多少平方步而1斗"。在這個假定條件下，應該先把$\frac{22}{3}$升換算成以斗爲單位的數，即$\frac{22}{3 \times 10}$斗。於是求稅田租額的計算爲：3平方步÷x平方步=$\frac{22}{3 \times 10}$斗。即$x = 3 \div \frac{22}{3 \times 10} = 3 \times \frac{3 \times 10}{22}$。计算中"3×3×10"是實，"22"是法。實的"3×3×10"相當於本題的"亦直（置）三步而三之，凡九。即十之"，除以法的"22"相當於"令廿二而成一步"。如此，上述復原正與本題順利銜接。具體計算爲：$90 \div 22 = 4\frac{2}{22}$平方步。

日本"中國古算書研究會"（2016：174）：所謂"步居二升有（又）九分之四，今四步廿二分步二而成一斗"，是另一道題，題意爲：如稅田每平方步收穫$2\frac{4}{9}$升的話，那麼收穫1斗需要田多少平方步？比例公式爲：1平方步：$2\frac{4}{9}$升=x平方步：1

斗（10升）。求得 x 的計算爲：$x = 1$ 平方步 $\times 10$ 升 $\div 2\frac{4}{9}$ 升 $= 4\frac{2}{22}$ 平方步。

今按：日本"中國古算書研究會"（2016：174）的說法可從。本題爲繳納一斗稅所需的田步數保持不變，然後變換田步數和繳納的租稅。一共有三種情況：第一種是三平方步田，由於前面的簡缺失，所繳納的租稅祇能根據後文推算；第二種是一平方步田，所繳納的租稅是二又九分之四升；第三種是四又二十二分之二平方步，所繳納的租稅是一斗。

田的平方步數 $\div$ 所繳納的租稅 $=$ 繳納一斗稅所需的田步數，即 $4\frac{2}{22} \div 1 = 4\frac{2}{22}$（平方步），則每 $4\frac{2}{22}$ 平方步繳納一斗稅。

一平方步田所繳納的租稅爲：$1 \div 4\frac{2}{22} = \frac{22}{90}$（斗），根據一斗等於十升，換算爲 $\frac{22}{90} \times 10 = \frac{22}{9} = 2\frac{4}{9}$（升）。

三平方步田所繳納的租稅爲：$3 \div 4\frac{2}{22} = \frac{11}{15}$（斗），根據一斗等於十升，換算爲 $\frac{11}{15} \times 10 = \frac{22}{3}$（升）。

已知三平方步田和所繳納的 $\frac{22}{3}$ 升稅，參考簡 44/0899 "田的面積 $\div$（繳納的租稅升數 $\div$ 一斗升數）$=$ 每斗稅所需的田的平方步數"，那麼，$3 \div (\frac{22}{3} \div 10) = 3 \div \frac{22}{3} \times 10 = 3 \times \frac{3}{22} \times 10 = 3 \times 3 \times 10 \div 22 = 4\frac{2}{22}$（平方步），也就是簡文所言"爲法，亦直（置）三步而三屮（之），凡九。即十屮（之），令廿二而成一步"。

【今譯】

作爲除數，也擺置三平方步然後三（乘以）它，總計九。就十乘以它，讓二十二平分一平方步，一平方步佔據二升又九分之四升，如今四平方步又二十二分之二平方步，繳納一斗（稅）。Q7_2_49_0474A

【釋文】

取禾程，三步一斗，今得（得）粟四升半升①，問：幾可（何）步一斗？得（得）曰：十一步九分步一而一斗。爲屮（之）述（術）曰②：直（置）所得（得）四升Q7_2_5_0388A⁽一⁾［半升者］，［曰：⁽二⁾半者］佰（倍）爲［九］③，［有（又）］三［佰（倍）］⁽三⁾屮（之）爲［廿七］④，［以］爲法。亦直（置）所取三步者，〖倍之〗⁽四⁾⑤，十而五屮（之）爲三百⑥，即除廿七步而得（得）一步⑦。Q7_2_6_0460A

【校記】

（一）陶安（2016：320）改簡號爲0387。

（二）此加冒號。

（三）陳松長（2018：90）作"□"，此改爲"佲（倍）"。

（四）此據陳松長（2018：90）注釋補"倍之"。

【匯釋】

①粟：**此處指未舂的禾**。許道勝（2013A）引李籍《九章算術音義》"粟者，禾之未舂"。

蕭燦（2015：30）根據"十一步九分步一而一斗"算得"得粟四升半升"所需田爲"五步"，認爲"今"與"得粟"之間似應補"五步"。

②爲：**求取**（許道勝，2013A）。

③曰：**相當於"是"**。許道勝（2013A）：曰，助詞，用於句首。今按：認爲"曰"是"句首助詞"之說不可從，在《數》中，基本是在"曰"後面引入相關算法或計算結果。此外，在《數》中，同一條簡當中出現兩個"曰"以引入算法的用法並非沒有。可參見簡175/0498"［倉廣］二丈五尺，問衺幾可（何）容禾［萬石］？曰：衺卌（卅）丈。術（術）曰：以廣椉（乘）高〖爲〗法，即曰，禾石居十二尺，萬石，十二萬"。

半者佲（倍）爲九：**帶有二分之一的數加倍成爲九**。陳松長（2018：90）採納郭書春2010年11月18日郵件內容，認爲"這是爲避免做除數是分數的除法，將除數、被除數都加倍"。日本"中國古算書研究會"（2016：177）認爲"因爲希望將'實÷法'變爲'整數÷整數'的形式，所以最終的計算，要把算題中出現的分數都化爲整數"。許道勝（2013A）認爲"半者"應是指"四升半升"，"曰半者"或爲衍文。今按：許說恐不確。參見《算數書·分當半者》簡14"分當半者，諸分之當半者倍其母。當少半者三其母。當四分者四其母。當五分者，五其母"和《夏侯陽算經卷上·明乘除法》"子可半者半之，不可半者倍母而入之"，均寫明運算時遇到分母是分數，應對分母進行加倍。

④有：**通"又"，重複、再次，表示重複連續**。《詩經·邶風·終風》："終風且曀，不日有曀。"鄭玄箋："有，又也。"

佲：**加倍**。該字殘泐，僅存殘畫，疑爲"倍"。陳松長（2018：90）據字形推測此字是"分"而非"乘"，並根據包山楚簡竹牘"一䡋正車"簡271作"一輠（乘）韋車"，簡275作"一輠（乘）羊車"，"䡋"與"輠"對應，疑"分"有"乘"意。謝坤（2014）反對將"分"理解爲"乘"。日本"中國古算書研究會"（2016：176）認爲"分"之說不合理。今按：《數》"佲（倍）"作 （簡0756）、 （簡0459）、 （簡0971）等形，殘畫 與右上所從"不"的豎畫有相似之處。可參見簡215/0889"置一人而四佲（倍）［出（之）爲］廿一"，都是"數詞＋倍＋之爲＋數詞"。

⑤今按：“亦直（置）所取三步者，十而五出（之）爲三百”，即 $3 \times 10 \times 5 = 150$，因爲除數 $4\frac{1}{2}$ 乘以 2 以變爲整數，所以被除數也要乘以 2，所以 $3 \times 10 \times 5 \times 2 = 300$，故疑原簡脫“倍之”。

⑥十而五出（之）：乘以十再乘以五。一斗爲十升，所以要乘以十。

⑦而得一步：就得到平方步數。日本“中國古算書研究會”（2016：175）譯爲“可得以平方步爲單位的答案”。

今按：日本“中國古算書研究會”（2016：175）斷句爲“即除。廿七步而得一步”，不妥。

【算法解析】

蘇意雯（2012）：若此處的禾程三步一斗是指粟，那麼，今得粟四升半升，則祇要列式 $\dfrac{10 \times 3}{4\frac{1}{2}} = \dfrac{10 \times 3 \times 2}{4\frac{1}{2} \times 2} = \dfrac{10 \times 3 \times 2}{9} = \dfrac{20}{3} = 6\frac{2}{3}$ 即可，也就是答案爲六步三分步二。但是，本題答案卻爲十一步九分步一而一斗。如果此答案無誤，由簡 0460 的解答，我們或可以作如下的推測：因爲禾一石爲粟十六斗大半斗，因此，先依照比例把禾換爲粟，如此可以列式爲：$\dfrac{3 \times 10 \times 5}{4\frac{1}{2} \times 3} = \dfrac{3 \times 10 \times 5 \times 2}{4\frac{1}{2} \times 3 \times 2} = \dfrac{300}{27} = 11\frac{1}{9}$，就得到簡 0388 的答案。

日本“中國古算書研究會”（2016：176）指出：先把粟 $4\frac{1}{2}$ 升換算爲糯米，即 $4\frac{1}{2} \times \dfrac{3}{5}$ 升，所以 x 平方步所得糯米 1 斗 = 10 升的比例爲：$3 : 4\frac{1}{2} \times \dfrac{3}{5} = x : 10$，其計算公式爲：$x = 3 \times 10 \div \left(4\frac{1}{2} \times \dfrac{3}{5}\right) = 11\frac{1}{9}$。“爲之述（術）曰”以下的內容是簡便的計算方法：即先以 $4\frac{1}{2}$ 乘 2 得 9，再以 9 乘 $\dfrac{3}{5}$ 的分子 3 得 27，以 27 爲法。對於 $\dfrac{3}{5}$ 的分母 5，進行將實的 3×10 乘 5 的處理之後，使實變成 $3 \times 10 \times 5$。並將法的 $4\frac{1}{2}$ 乘以 2，使之變成 9，相應地將 $3 \times 10 \times 5$ 也乘 2，即將實變成 $3 \times 10 \times 5 \times 2$，然後實除以法，得 $3 \times 10 \times 5 \times 2 \div 27 = \dfrac{300}{27} = 11\frac{1}{9}$ 步。

蕭燦（2015：29–30）認爲在把初收割的禾去掉莖稈、曬乾得到粟穀的過程中，禾加工的耗損比率算法爲：$\dfrac{禾}{步} : \dfrac{粟}{步} = \dfrac{1}{3} : \dfrac{1}{11\frac{1}{9}} = \dfrac{100}{27}$。蕭燦（2010A）根據“十一步九分步一而一斗”（即十升粟需要田 $11\frac{1}{9}$ 平方步）計算出四升半升粟所需田的平方步是：$4\frac{1}{2} \div (10 \div 11\frac{1}{9}) = 5$（平方步），據此認爲簡文似有脫文，在"今"與"得粟"之間可補"五步"。

今按：本題爲已知四又二分之一升粟，三平方步田繳納一斗（即十升）禾，推算繳納一斗粟所需的田的平方步數，算法爲：繳納的粟的升數轉化成禾的升數：禾＝粟$\times \frac{3}{5} = 4\frac{1}{2} \times \frac{3}{5}$；參考簡44/0899"田的面積÷（繳納的租稅升數÷一斗升數）＝每斗稅所需的田的平方步數"，$3 \div (4\frac{1}{2} \times \frac{3}{5} \div 10) = 3 \times \frac{5}{3} \times 10 \div 4\frac{1}{2}$；被除數和除數同時乘以2，讓除數中的$4\frac{1}{2}$化爲整數，被除數和除數同時乘以3，讓被除數中的$\frac{5}{3}$化爲整數，這樣整個式子都是整數運算，即$3 \times \frac{5}{3} \times 10 \div 4\frac{1}{2} = 3 \times \frac{5}{3} \times 10 \times 2 \times 3 \div (4\frac{1}{2} \times 2 \times 3) = 3 \times 2 \times 10 \times 5 \div (4\frac{1}{2} \times 2 \times 3) = \frac{300}{27} = 11\frac{1}{9}$（平方步），$11\frac{1}{9}$平方步田繳納一斗粟，五平方步田需繳納$5 \div 11\frac{1}{9} = \frac{9}{20}$斗粟，即$\frac{9}{20} \times 10 = 4\frac{1}{2}$升粟。

【今譯】

求取糧食作物的計量標準，三平方步（田）一斗糧食作物，假如得到四升半的粟，問：多少平方步（田）（繳納）一斗（粟）？得到是：十一平方步（又）九分之一平方步（田）（繳納）一斗粟。求取它的算法是：擺置得到的四升（又）Q7_2_5_0388A二分之一升，（算法）是：帶有二分之一的數加倍成爲九，再把它擴大三倍成爲二十七，作爲除數。也擺置求取的三平方步田，（加一倍），（乘以）十再五（乘以）它，成爲三百，就除以二十七平方步（田），（若被除數與除數相等）就得到一平方步。Q7_2_6_0460A

【釋文】

☐［而一斗］。述（術）曰：以［受］米爲法①，以一斗升數枀（乘）取程步數Q7_2_7_2116A爲［賈（實）］，［賈（實）］如法得（得）一步，不盈步者，以【法命屮（之）】$^{（一）}$☐Q7_2_8_2185A

【校記】

（一）此從陳松長（2018：90）注釋依現存簡文補"法命之"或"法命分"。

【匯釋】

①受：收取。

米：**去皮後的糧食作物的子實**。《數》中常特指由粟類穀物舂出的糯米，其比例爲粟：糯＝5：3（陳松長，2018：98）。李籍《九章算術音義》：“米者，穀食之無殼。”日本“中國古算書研究會”（2016：178）訓“糯米”。今按：在《數》中，可見以“米”求“粟”（簡85/0823）、“粺”（簡85/0823）、“麥”（簡93/0647）、“毇（毇）”（簡96/0987），“以稻米求毇（毇）粲米”（簡87/0756）、“村（叔—菽）”（簡97/0459）、“荅”（簡101/0776）。

【算法解析】

日本“中國古算書研究會”（2016：178）：本應“每 a 平方步能收取 1 斗”的糯米，但實際上收取的是 y 斗的糯米。問：爲了得到糯米 1 斗（即 10 升），需要有田多少（x）平方步？比例是：x 平方步：y 升＝z 平方步：10 升，因而其計算是：$z = x \times 10 \div y$。本題的“以受米爲法”即 y，“以一斗升數乘取程步數（爲實）”即 $x \times 10$。“一斗升數”者，將 1 斗換成升的數，即 10。“取程步數”即 x。

今按：與簡 44/0899 算法相同，因爲所求的是每斗稅所需的田面積，除數米以升爲單位，還要再除以 10，換算成斗，那麼就相當於田的平方步數需乘以十，也就是乘以“一斗升數”。

田步數÷（受米÷一斗升數）＝一斗步數，一斗升數×田步數÷受米＝一斗步數，即一斗米的升數×田平方步數÷收取的米的升數＝每斗米所需的田的平方步數。

【今譯】

☐一斗。算法是：把收取的糯米（升數）作爲除數，用一斗的升數乘以求取計量標準的平方步數Q7_2_7_2116A作爲被除數，被除數中與除數相等的就得一平方步，不足一平方步的，用（除數命名它）☐Q7_2_8_2185A

【釋文】

秏（耗）[一]程[1]。以生藾（實）爲法[2]，如法而成一。今有禾[3]，此一石舂出（之）爲米七斗[4]，當益禾幾可（何）[5]？其得（得）曰：益禾四斗有（又）七分Q7_2_9_0809A[二]斗出（之）二，爲出（之）述（術）曰：取一石者[6]，十出（之），而以七爲法[7]。它秏（耗）程如此[8]。Q7_2_10_0802A[三]

【校記】

（一）陳松長（2018：91）作“秏”，此改爲“秏（耗）”，後文同。
（二）陶安（2016：320）改簡號爲0810。
（三）陶安（2016：320）改簡號爲0803。

【匯釋】

①秏：同**“耗”，損耗**。《周禮·考工記·㮚氏》：“㮚氏爲量，改煎金錫則不

耗。”賈公彥疏：“耗，減也。”《廣韻·號韻》：“耗，減也。俗作秏。”

耗程：**損耗的計量標準。**蘇意雯（2012）：此題表示穀物有耗損時的計算。陳松長（2018：91）：耗程，或可能爲題名。

②生君（實）：**新鮮的子實。**指去皮後的糧食作物的子實。許道勝（2013A）訓“剛收穫的禾（粟）”。

③禾：**泛指糧食作物。**日本“中國古算書研究會”（2016：181）認爲“禾”是“已舂爲糲米的禾米，而且在這種禾米之中含有標準米（即‘米七斗’）及耗米”。

④此：**這，指示代詞，指代“禾”（即“糧食作物”），作主語。**許道勝（2013A）疑“此”訓“其”，指示代詞，指禾。

石：容量單位，十斗爲一石。《漢志》：“十斗曰石。”《史記·伍子胥列傳》：“楚國之法，得伍胥者賜粟五萬石。”蕭燦（2010A）參見鄒大海（2009）指出：據睡虎地秦簡《倉律》簡41—43可知，禾一石爲粟十六斗大半斗（即 $16\frac{2}{3}$ 斗）；稻禾一石爲粟二十斗，舂爲米十斗；荅、麻、菽、麥十五斗爲一石。

舂：**舂打，即用杵臼搗去穀物的皮殼。**《說文·臼部》：“舂，擣粟也。”《詩經·大雅·生民》：“或舂或揄，或簸或蹂。”《論衡·量知》：“穀之始熟曰粟，舂之於臼，簸其秕糠。”

⑤益：**增加**（整理者，2011：37；蘇意雯，2012）。《廣韻·昔韻》：“益，增也。”《莊子·秋水》：“禹之時，十年九潦，而水弗爲加益。”《國語·周語下》：“（邵氏）有是寵也，而益之以三怨，其誰能忍之！”韋昭注：“益，猶加也。”《廣雅·釋詁二》：“益，加也。”

⑥取一石者：**拿一石的粮食作物。**日本“中國古算書研究會”（2016：181）：指從 1 石米去除標準米之後的耗米，也就是說，從 1 石米減去標準米 7 斗的餘數 3 斗。

⑦蕭燦（2015：30）斷句爲“取一石者十之而以七爲法”。

⑧它耗程如此：**其他損耗的計算標準如同這樣。**蕭燦（2010C）：或可能爲題名。《數》的算題大多無題名。日本“中國古算書研究會”（2016：180）：其他的耗程亦如此計算。謝坤（2014）：計算其他的損耗也用此種方法。

【算法解析】

整理者（2011：37）列式：$(10 \times 10) \div 7 = 14\frac{2}{7}$（斗），$14\frac{2}{7} - 10 = 4\frac{2}{7}$（斗）。

日本“中國古算書研究會”（2016：181）認爲題意是“舂打標準米和非標準米混合的禾米 1 石，得到標準米 7 斗。此 7 斗加標準米 3 斗可得標準米 10 斗。問：爲了得到標準米 3 斗，還要增加標準米和耗米混合的禾米多少斗？”根據 1 石（即 10 斗）“禾米”得到 7 斗“標準米”，推算增加 x 斗“禾米”可多得 3 斗“標準米”，算法爲：10 斗∶7 斗＝x 斗∶3 斗。$x＝（3×10）÷7＝\dfrac{30}{7}＝4\dfrac{2}{7}$。

蘇意雯（2012）、謝坤（2014）根據 1 石（即 10 斗）禾舂出 7 斗米，推算 10 斗禾要再增加 x 斗才能得到 10 斗米，算法爲：$\dfrac{10}{7}＝\dfrac{10+x}{10}$，$x＝4\dfrac{2}{7}$。

鄒大海則認爲這個計算方法存在問題〔蕭燦（2015∶31－32）引鄒大海 2010 年 8 月 22 日的電子郵件中對算題（簡 0809＋0802）的意見〕：由 10 斗禾舂出 7 斗米，出米率就遠高於由粟舂出糲米的比例 $16\dfrac{2}{3}∶10＝10∶6$，與“耗”這一題設不符。此題應理解爲：正常情況下 1 石（即 $16\dfrac{2}{3}$ 斗）禾（粟）舂 1 石（即 10 斗）米，現在由於有損耗，所以 1 石禾祇舂出 7 斗米，那麼要得到正常舂出的 1 石米，應該增加多少損耗的禾。先計算 $\left(16\dfrac{2}{3}×10\right)÷7$，便是在有損耗的情況下，要獲得正常舂出的一石米所需要的禾的數量，再從中減去 $16\dfrac{2}{3}$，便是“當益禾”的數量，算出來是 $7\dfrac{1}{7}$ 斗，這與原簡答案不合。如果原題沒抄錯，則可能爲設題者搞錯了，或者在流傳過程中被改錯了。

今按：本題爲根據一石（即十斗）禾所對應的舂打而成的七斗子實（即“米”）推算十斗米所對應的禾的斗數，算法爲：$（10×10）÷7＝14\dfrac{2}{7}$（斗）。

十斗舂打而成的米所對應的禾的斗數減去十斗米，得出在舂禾過程中的耗損，算法爲：$14\dfrac{2}{7}－10＝4\dfrac{2}{7}$（斗）。

【今譯】

損耗的計算標準，用新鮮的子實作爲除數，（被除數中）有與除數相等的，成爲一（斗）。假如有糧食作物，這一石把它舂打成爲七斗糲米，應當增加多少糧食作物（以得到一石糲米）？計算得到是：增加四斗又七分Q7_2_9_0809A之二斗的糧食作物，求取它的算法是：拿一石的糧食作物，十（乘以）它，然後用七作爲除數，其他損耗的計算標準如同這樣。Q7_2_10_0802A

【釋文】

▢〔粟一石〕爲米八斗二升①，問：米一石爲粟幾可（何）？曰②：廿斗百廿三分斗卅（冊）爲米一石，术（術）曰：求粟③【宀（之）法以八斗二升】▢Q7_2_115_2173A＋0137A爲法，以十斗乘（乘）粟十六斗大半斗爲霣（實），霣（實）如法得（得）粟一斗。Q7_2_116_0650A⁽⁻⁾

【校記】

（一）陶安（2016：321）改簡號爲0649。

【匯釋】

①石：**容積單位**。

爲：（舂打）成爲。蘇意雯（2012）認爲訓"交易"或"交換"。

②許道勝、李薇（2010B）在"曰"上補"得"字。

③關於簡115的復原，有八說：一、"求粟"後補"之法以八斗二升"，認爲"之法"可換成"之术""者"等（整理者，2011：92；陳松長，2018：91－92）。許道勝（2013A）疑該種方案校補後的簡文書寫過密，不可信。二、祇補"以八斗二升"（日本"中國古算書研究會"，2016：183）。三、"粟一石"前補"稟"字，"求粟"後補"者，以八斗二升"［蕭燦（2010C）轉述鄒大海2010年8月23日的電子郵件中談到的六種復原方案］。四、"粟一石"前補"稟"字，"求粟"後補"也者，以八斗二升"（蕭燦，2010C）。五、"粟一石"前補"稟"字，"求粟"後補"之法，以八斗二升"（蕭燦，2010C）。六、"求粟"後補"爲米者，以八斗二升"（蕭燦，2010C）。七、"求粟"後補"爲米一石者，以八斗二升"（蕭燦，2010C）。八、"求粟"後補"之爲米一石者，以八斗二升"（蕭燦，2010C）。

【算法解析】

陳松長（2018：91）列式：$\left(16\frac{2}{3}斗 \times 10斗\right) \div 8斗2升 = 20\frac{40}{123}斗$。

蕭燦（2015：132－133）轉述鄒大海2010年8月20日至23日的電子郵件：已知粟一石（十六斗大半斗）能得到米八斗二升，問要得到一石（十斗）米相應需要多少粟？（答）曰：（粟）廿斗又一百廿三分斗之卌能得到一石（十斗）米。術曰：要求粟（之得一石米者），（以八斗二升）爲除數（法），以（一石米的斗數）十斗乘粟（一石的斗數）十六斗大半斗爲被除數（實），被除數中與除數相同的部分就得到一斗（實如法得粟一斗）（或者說被除數除以除數）。……$10斗 \times 16\frac{2}{3} \div 8$斗2升。

蘇意雯（2012）：以重量一石的粟（其容積$16\frac{2}{3}$斗）可交換（交易）米八斗二升，問米10斗可交換多少的粟？……粟$16\frac{2}{3}$斗：米8斗2升＝粟x斗：米10斗，可得$x = \left(16\frac{2}{3}斗 \times 10斗\right) \div 8$斗2升$= 20\frac{40}{123}$斗。

日本"中國古算書研究會"（2016：183）：本題的"粟一石"表示重量1石的

粟，換算爲容積即爲$\frac{50}{3}$斗。本題的意思如下：本來由粟容量$\frac{50}{3}$斗可舂爲糯米 10 斗。但因粟中含有"耗米"，所以祇能舂得糯米 8 斗 2 升。若有此含"耗米"的粟若干，能舂得糯米 1 石（10 斗）嗎？比例式爲：粟$\frac{50}{3}$斗：糯米 8 斗 2 升 = 粟 x 斗：糯米 10 斗。具體計算爲：$x = \frac{50}{3} \times 10 \div 8\frac{2}{10} = 20\frac{40}{123}$斗。

今按：可參見《算數書》"舂粟"題："稟粟一石，舂之爲八斗八升。當益耗（耗）粟幾何？曰：二斗二升十一分升八。术（術）曰：直（置）所得米升數以爲法，有（又）直（置）一石48米粟升數，而以耗（耗）米升數乘之，如法得一升。49"

《睡虎地秦墓竹簡·秦律十八種·倉律》："禾黍一石爲粟十六斗大半斗，舂之爲糯米一石。"《九章算術·粟米》："粟米之法：粟率五十，糯米三十。"《算數書》"程禾"題"禾黍一石爲粟十六斗泰半斗，舂之爲糯米一石"。一石重的粟的容積爲十六又三分之二斗。

今按：本題根據一石重的粟可以舂打成容積八斗二升（一斗等於十升，則八斗二升即$8\frac{1}{5}$斗）的子實（即"米"），推算得到舂打而成的一石重（容積爲十斗）的米所需的粟的容積，算法爲：$\frac{一石重的粟的容積}{一石重的粟舂打而成的米的容積}$ = $\frac{粟的容積}{舂打而成的一石重的米的容積}$，粟的容積 = 舂打而成的一石重的米的容積 × 一石重的粟的容積 ÷ 一石重的粟舂打而成的米的容積，即 $10 \times 16\frac{2}{3} \div 8\frac{1}{5} = \frac{2\,500}{123} = 20\frac{40}{123}$（斗）。

【今譯】

☑一石（重）的粟（舂打）成爲（容積）八斗二升的糯米，問：（容積）一石的糯米等於多少粟？（答案）是：（容積）二十斗一百二十三分之四十斗（粟）等於（容積）一石的糯米，算法是：求取粟（的算法用八斗二升）☑ Q7_2_115_2173A ＋0137A作爲除數，用（容積）十斗（的糯米）乘以（容積）十六斗（又）三分之二斗的粟作爲被除數，被除數中與除數相等的就得一斗粟。Q7_2_116_0650A

【釋文】

☑□七分步五而一束[1]。Q7_2_50_0986A

【匯釋】

①蕭燦（2015：45）：簡 0986 上端殘壞，因現存簡長約 24.7 釐米，所以殘字不多。簡下部空白。上接簡缺失。

今按：《數》簡量詞"束"常與"枲"搭配，此處譯爲"一束麻"。

【今譯】

☑□七分之五平方步一束（麻的稅）。Q7_2_50_0986A

二、面積類算題

【釋文】

田方十五步［半］步①，爲田一［畝（畮）四分步］一②。Q7_2_52_1100A

【匯釋】

①方：指正方形的邊長。古代計量面積用語，後加表示長度的數字或數量詞，表示縱橫若干長度。《論語・先進》："方六七十，如五六十，求也爲之，比及三年，可使足民。"

田方：（正方形）田的邊長。蘇意雯（2012）、謝坤（2014）：正方形田地之邊長。許道勝（2013A）：田方，據文意，指廣、縱相等的正方形田地。

步：六尺爲一步。此處爲長度單位，參簡1/0956注③。許道勝（2013A）：秦1尺約合今23.1釐米。故1步約合今138.6釐米。

②許道勝（2013A）將該算題歸入"面積"類的"田方"。

【算法解析】

今按：本題爲根據方形田的邊長爲十五又二分之一步，得出田的面積，算法爲：方形田的邊長×方形田的邊長＝方形田的面積，即 $15\frac{1}{2} \times 15\frac{1}{2} = \frac{961}{4} = 240\frac{1}{4}$（平方步），$240\frac{1}{4}$ 平方步換算成畝：$240\frac{1}{4} \div 240 = 1\frac{1}{960}$（畝），$\frac{1}{960}$ 畝換算成平方步：$\frac{1}{960} \times 240 = \frac{1}{4}$（平方步），則田的面積爲 1 畝 $\frac{1}{4}$ 平方步。

【今譯】

（正方形）田的邊長十五步（又）二分之一步，成爲一畝四分之一平方步田。Q7_2_52_1100A

【釋文】

【田方】⁽一⁾五步半步、⁽二⁾三分步一、四分步一、五分步一、六分步一、七分步一，成田卅（卅）三步萬九千六百【分步屮（之）九千百廿九】①。Q7_2_59_0935A⁽三⁾

【校記】

（一）陳松長（2018：92）作"☐"。參見簡 52/1100 和簡 60/1827 + 1638，此可補"田方"或"有田"。

（二）此在"五步半步"後斷讀。

（三）陶安（2016：321）改簡號爲 0929。

【匯釋】

①蕭燦（2015：52）指出簡 0935 現存長度 25.2 釐米，簡首殘，下段留有空白，推測可能的復原方案爲"【田方】五步半步、三分步一、四分步一、五分步一、六分步一、七分步一，成田卅三步萬九千六百【分步之九千百廿九】"。

日本"中國古算書研究會"（2016：25）：開頭的缺文中可能有"田方"或"有田"的文字。簡文"成田卅三步萬九千六百"後面有 7~8 字間距的空白，由上述計算來看，本應有"分步之九千百廿九"一句，不知爲何沒有寫出完整答案。許道勝（2013A）依計算結果，推測未書寫完的簡文或是"分步之九千百廿九"。

【算法解析】

今按：本題爲根據方形田的邊長爲五步（又）二分之一步、三分之一步、四分之一步、五分之一步、六分之一步、七分之一步，得出田的面積，算法爲：

$$\left(5\frac{1}{2} + \frac{1}{3} + \frac{1}{4} + \frac{1}{5} + \frac{1}{6} + \frac{1}{7}\right) \times \left(5\frac{1}{2} + \frac{1}{3} + \frac{1}{4} + \frac{1}{5} + \frac{1}{6} + \frac{1}{7}\right) = \left(\frac{923}{140}\right)^2 = \frac{851\,929}{19\,600} = 43\frac{9\,129}{19\,600}$$

（平方步）。

【今譯】

（田的邊長）是五步（又）二分之一步、三分之一步、四分之一步、五分之一步、六分之一步、七分之一步，成爲四十三平方步（又）一萬九千六百（分之九千一百二十九平方步）田。 Q7_2_59_0935A

【釋文】

甲〈田〉廣三步四分步三①，從（縱）五步三分步二②，成田廿一［步］有（又）四分步屮（之）一③。 Q7_2_53_0764A

【匯釋】

①甲："田"的訛字（陳松長，2018：92）。謝坤（2014）：根據題意，該題爲"方田算題"，故題設應爲"方田"。"甲"應爲"田"字誤寫，因中間的一豎拉得過長而致。

廣：**寬度，表示物體東西兩端間的寬度**（謝坤，2014）。整理者（2011：60）

訓"寬度"。蘇意雯（2012）訓"東西向長度"。

②從：通"縱"，長度，表示物體南北兩端間的長度（謝坤，2014）。《集韻·鍾韻》："從，東西曰衡，南北曰從，或从糸。"

③許道勝（2013A）將該算題歸入"面積"類的"大廣田"算題。

【算法解析】

今按：本題爲根據田的寬度三步又四分之三步和長度五步又三分之二步，得出田的面積：田的寬度×田的長度＝田的面積，即 $3\frac{3}{4} \times 5\frac{2}{3} = 21\frac{1}{4}$（平方步）。

【今譯】

田寬度三步（又）四分之三步，長度五步（又）三分之二步，成爲二十一平方步又四分之一平方步田。Q7_2_53_0764A

【釋文】

☐【田】廣十五步大半(一)、半步①，從（縱）十六步少半(二)、半〖步〗②，成田〖一畝（畞）〗卅（卅）二步卅（卅）六分步五。述（術）曰：同母③，子相從④，以分〖母〗(三)子〖各〗(四)相棄（乘）⑤。Q7_2_54_0829A

【校記】

（一）許道勝、李薇（2010B），許道勝（2013A）"大半"後補"步"，並加頓號。此加頓號斷開。

（二）許道勝、李薇（2010B），許道勝（2013A）"少半"後補"步"，並加頓號。此加頓號斷開。

（三）此從陳松長（2018：92）注釋，在"子"前或後補"母"。

（四）此從陳松長（2018：92）注釋，在"相"前補"各"。

【匯釋】

①十五步大半、半步：十五步（又）三分之二、二分之一步，即 $16\frac{1}{6}$ 步。

②十六步少半、半〖步〗：十六步（又）三分之一、二分之一步，即 $16\frac{5}{6}$ 步。

③同：相同、一樣。《易·乾》："同聲相應，同氣相求。"
母：分數中的分母。
同母：（通分）使分母一樣。陳松長（2018：92）：通分使兩個分數的分母相同。

④子：分數中的分子。

⑤〖各〗：各自。《尚書·湯誥》："各守爾典，以承天休。"

許道勝（2013A）將該算題歸入"面積"類的"大廣田"算題。

【算法解析】

今按：可參照張家山漢簡《算數書》"大廣"條"大廣術曰，直（置）廣從（縱）而各以其分母乘其上全步，令分子從之，令相乘也爲實，有（又）各令分母相乘爲法，如法得一步，不盈步以法命之"。還可參照《九章算術·方田》"大廣田術曰：分母各乘其全，分子從之，相乘爲實，分母相乘爲法，實如法而一"。

本題爲根據田的寬度十五步又三分之二步、二分之一步和長度十六步又三分之一步、二分之一步，得出田的面積。算法爲：帶分數 $\left(15+\dfrac{2}{3}+\dfrac{1}{2}\right)$、$\left(16+\dfrac{1}{3}+\dfrac{1}{2}\right)$ 先各自通分，使得帶分數內的分母相同，帶分數分子相加，分別化爲假分數，再使兩個帶分數的分子與分母分別相乘，即 $\left(15+\dfrac{2}{3}+\dfrac{1}{2}\right)\times\left(16+\dfrac{1}{3}+\dfrac{1}{2}\right)=\left(\dfrac{90}{6}+\dfrac{4}{6}+\dfrac{3}{6}\right)\times\left(\dfrac{96}{6}+\dfrac{2}{6}+\dfrac{3}{6}\right)=\dfrac{97}{6}\times\dfrac{101}{6}=\dfrac{9\,797}{36}$（平方步），根據一畝等於二百四十平方步，換算如下：$\dfrac{9\,797}{36}\div240=1\dfrac{1\,157}{8\,640}$（畝），$\dfrac{1\,157}{8\,640}\times240=\dfrac{1\,157}{36}=32\dfrac{5}{36}$（平方步），則田的面積爲 1 畝 $32\dfrac{5}{36}$ 平方步。

【今譯】

□田寬度十五步（又）三分之二（步）、二分之一步，長度十六步（又）三分之一（步）、二分之一（步），成爲（一畝）三十二平方步（又）三十六分之五平方步田。算法是：（通分）使分母一樣，分子相加，用（分母）、分子（各自）相乘。Q7_2_54_0829A

【釋文】

田廣六步［半］步、^{（一）}四分步三，從（縱）七步大半步、^{（二）}五分步三，成田五十九［步有（又）］十五分步出（之）十四。Q7_2_55_1742A

【校記】

（一）此從許道勝（2013A）補頓號。

（二）同（一）。

【算法解析】

今按：本題爲根據田的寬度六步又二分之一步、四分之三步和長度七步又三分之二步、五分之三步，得出田的面積，參照簡 54/0829，算法爲：$\left(6+\dfrac{1}{2}+\dfrac{3}{4}\right)\times$

$$\left(7+\frac{2}{3}+\frac{3}{5}\right)=\left(\frac{24}{4}+\frac{2}{4}+\frac{3}{4}\right)\times\left(\frac{105}{15}+\frac{10}{15}+\frac{9}{15}\right)=\frac{29}{4}\times\frac{124}{15}=\frac{899}{15}=59\frac{14}{15}\ (平方步)。$$

【今譯】

田寬度六步（又）二分之一步、四分之三步，長度七步（又）三分之二步、五分之三步，成爲五十九平方步又十五分之十四平方步田。Q7_2_55_1742A

【釋文】

田廣十六步大半、^{（一）}半步，從（縱）十五步少半、^{（二）}半步，成田一畝（畮）卅（卅）一步有（又）卅（卅）六分步屮（之）廿九。^①Q7_2_56_0954A

【校記】

（一）許道勝（2013A）"大半"後補"步"，並加頓號。此補頓號。

（二）許道勝（2013A）"少半"後補"步"，並加頓號。此補頓號。

【匯釋】

①蘇意雯（2012）：簡0976與簡0954的算題相同，僅在"縱"的分數加法表述中相反。是抄寫者的失誤，亦或是有不同的母本，我們不得而知。

【算法解析】

今按：本題爲根據田的寬度十六步又三分之二步、二分之一步和長度十五步又三分之一步、二分之一步，得出田的面積，參照簡54/0829，算法爲：

$$\left(16+\frac{2}{3}+\frac{1}{2}\right)\times\left(15+\frac{1}{3}+\frac{1}{2}\right)=\left(\frac{96}{6}+\frac{4}{6}+\frac{3}{6}\right)\times\left(\frac{90}{6}+\frac{2}{6}+\frac{3}{6}\right)=\frac{103}{6}\times\frac{95}{6}=\frac{9\,785}{36}$$

（平方步），根據一畝等於二百四十平方步，換算如下：$\frac{9\,785}{36}\div240=1\frac{1\,145}{8\,640}$（畝），

$\frac{1\,145}{8\,640}\times240=\frac{1\,145}{36}=31\frac{29}{36}$（平方步），則田的面積爲 1 畝 $31\frac{29}{36}$平方步。

【今譯】

田寬度十六步（又）三分之二（步）、二分之一步，長度十五步（又）三分之一（步）、二分之一步，成爲一畝三十一平方步又三十六分之二十九平方步田。Q7_2_56_0954A

【釋文】

田廣十六步大半、^{（一）}半步，從（縱）十五步半步、少半步，成田一畝（畮）卅（卅）一步卅（卅）六分步廿九。^①Q7_2_57_0976A

【校記】

（一）許道勝（2013A）"大半"後補"步"，並加頓號。此補頓號。

【匯釋】

①陳松長（2018：93）：簡0976與簡0954所記算題相同，祇在"從（縱）"的表述上有區別。簡0954記爲"從（縱）十五步少半、（半）步"，簡0976記爲"從（縱）十五步半步、少半步"。

【算法解析】

今按：本題爲根據田的寬度十六步又三分之二步、二分之一步和長度十五步又二分之一步、三分之一步，得出田的面積，參照簡54/0829，算法爲：

$$\left(16 + \frac{2}{3} + \frac{1}{2}\right) \times \left(15 + \frac{1}{2} + \frac{1}{3}\right) = \left(\frac{96}{6} + \frac{4}{6} + \frac{3}{6}\right) \times \left(\frac{90}{6} + \frac{3}{6} + \frac{2}{6}\right) = \frac{103}{6} \times \frac{95}{6} = \frac{9\,785}{36}$$

（平方步），根據一畝等於二百四十平方步，換算如下：$\frac{9\,785}{36} \div 240 = 1\frac{1\,145}{8\,640}$（畝），

$\frac{1\,145}{8\,640} \times 240 = \frac{1\,145}{36} = 31\frac{29}{36}$（平方步），則田的面積爲 1 畝 $31\frac{29}{36}$平方步。

【今譯】

田寬度十六步（又）三分之二（步）、二分之一步，長度十五步（又）二分之一步、三分之一步，成爲一畝三十一平方步（又）三十六分之二十九平方步田。Q7_2_57_0976A

【釋文】

有田五分步四①、^{（一）}六分步五、^{（二）}七分步六②，成田二步有（又）二百一【十分步】［出（之）］百三③。Q7_2_60_1827A + 1638A^{（三）}

【校記】

（一）此從許道勝（2013A）改逗號爲頓號。

（二）同（一）。

（三）陶安（2016：321）改簡號爲1639。

【匯釋】

①有：存有，與"無"相對，表示存在。《詩經·大雅·瞻卬》："人有土田，女反有之。"

②有兩說：一、"有田五分步四、六分步五、七分步六"指的是田面積。日本"中國古算書研究會"（2016：32）因"本題開頭已經有'有田'二字"，認爲它們是"各自用平方步表示的田面積"。許道勝（2013A）贊成該觀點。二、"有田五分

步四、六分步五、七分步六”是矩形田的邊長，另一邊長是一步（蘇意雯，2012；蕭燦，2015：52）。今按：日本“中國古算書研究會”和許道勝的説法可從，《數》中矩形田的面積算題都會講明“田廣”“從（縱）”分別是多少，此題並沒有講到“五分步四、六分步五、七分步六”是“田廣”還是“從（縱）”，而且此題開頭爲“有田”二字。

③整理者（2011：65）“二百一”後作“⊡”。蕭燦（2015：52）據計算結果補全簡文爲“成田二步有（又）二百一〔十分步〕之百三”，推測簡1827與簡1638可拼綴爲一枚簡。

【算法解析】

今按：本題爲根據田的面積分別爲五分之四平方步、六分之五平方步、七分之六平方步，得出田的總面積，算法爲：$\frac{4}{5}+\frac{5}{6}+\frac{6}{7}=\frac{168}{210}+\frac{175}{210}+\frac{180}{210}=\frac{523}{210}=2\frac{103}{210}$（平方步）。

【今譯】

有田五分之四平方步、六分之五平方步、七分之六平方步，成爲二平方步又二百一（十分）之一百零三（平方步）田。Q7_2_60_1827A+1638A

【釋文】

［啟］(一)田㞷（之）述（術）曰①：以從（縱）二百卅（卌）步者，除廣一步②，得（得）田一畝（畞），除廣十步，得（得）田十畝（畞），除廣百步，得（得）田一頃③，除廣千步，得（得）田Q7_2_63_1714A〖十頃〗。

【校記】

（一）整理者（2011：66）作“□”。張顯成、謝坤（2013）和陳松長（2018：93）作“箕”。此據魯家亮（2012A）改爲“啟”。

【匯釋】

①啟：有三説：一、釋爲“啟”。魯家亮（2012A）認爲該字是“啟”，將 ▨（簡63/1714）與 ▨（《睡虎地秦墓竹簡·編年記》簡32“啟”）、▨（《睡虎地秦墓竹簡·法律答問》簡30）、《張家山漢墓竹簡·算數書》簡159的 ▨、▨ 進行對比，並引《算數書》簡159“啟廣田從（縱）卅步，爲啟廣幾何而爲田一畝？曰：啟【廣】八步。術曰：以卅步爲法，以二百卌步爲實。啟從（縱）亦如此”。二、**釋爲“箕”**。張顯成、謝坤（2013）：▨字跡略殘，上半部分不清，下半部分似“其”字。陳松長（2018：93）採用。三、**釋爲“除”**（蕭燦，2015：53）。今按：從圖版上看，▨（簡63/1714）字形更接近“啟”，而與 ▨（簡64/0936“箕”）不

同，而且可跟"除"同訓"開闢"。《詩經·魯頌·閟宮》："大啟爾宇，爲周室輔。"《韓非子·有度》："齊桓公併國三十，啟地三千里。"張家山二四七號漢墓竹簡整理小組（2001：269）：啟，開。啟廣，已知一畝田的步數和長度而求其寬。彭浩（2001：115）：《算數書》中"啟從（縱）"算題，是"已知矩形土地的面積及廣邊，求縱邊之長"。

②除：有四說：一、訓"開、啟"，有開闢義（許道勝，2013A）。整理者（2011：66）："除"音 zhù，開、啟之意。二、訓"給予、給出"（整理者，2011：66）。三、訓"張開、伸展"（整理者，2011：66）。四、訓"切除、切開"（日本"中國古算書研究會"，2016：33）。今按：許說可從。"除"可訓"開闢、修治"。《玉篇·阜部》："除，開也。"《六書故·地理二》："闢艸移地爲除。……凡除治皆取此義。"

③頃：土地面積單位，一頃等於一百畝。四川青川郝家坪 50 號墓出土木牘（M50：16）秦律："百畝爲頃。"

【算法解析】

今按：可參見簡 63/1714 "啟田㞷（之）述（術）曰：以從（縱）二百卌（冊）步者，除廣一步，得田一畮（畝），除廣十步，得田十畮（畝），除廣百步，得田一頃，除廣千步，得田〖十頃〗"。《九章算術·方田》："廣從（縱）相乘得積步，以畝法二百四十步除之，即畝數，百畝爲一頃。"

本題爲已知矩形田的固定長度，根據田的不同寬度，得出田的相應面積，算法爲：根據一畝等於二百四十平方步，一頃等於一百畝，則 $240 \times 1 = 240$（平方步）$= 1$（畝），$240 \times 10 = 2\,400$（平方步）$= 10$（畝），$240 \times 100 = 24\,000$（平方步）$= 100$（畝）$= 1$（頃），$240 \times 1\,000 = 240\,000$（平方步）$= 1\,000$（畝）$= 10$（頃）。

【今譯】

開拓田地的算法是：用長度二百四十步的田，開闢寬度一步（的田），得到一畝田，開闢寬度十步（的田），得到十畝田，開闢寬度一百步（的田），得到一頃田，開闢寬度一千步（的田），得到Q7_2_63_1714A（十頃）田。

【釋文】

算田曰①：并舌、墥（踵）⁽一⁾步數而半㞷（之）②，以爲廣③，道舌中丈剟（徹）墥（踵）中④，以爲從（縱）⑤，相棄（乘）即成積步⑥。Q7_2_64_0936A

【校記】

（一）整理者（2011：67）、陳松長（2018：93）作"墥"，此改爲"墥（踵）"。

【匯釋】

①箕田：**形像簸箕的田。此即指等腰梯形田**（陳松長，2018：93）。《說文》："箕，簸也。"李籍《九章算術音義》："箕田者，有舌有踵，其形哆哆，如有箕然。"

②并：**使……合在一起，即相加。**

舌：**簸箕外伸的寬廣的部分，喻指梯形的較長的底。**蘇意雯（2012）："舌"與"踵"應指等腰梯形之上底與下底。許道勝（2013A）：舌，即箕舌，指簸箕底伸展向前之寬廣處，其狀如箕舌也。

踵：**同"踵"，簸箕底部的狹窄的部分，喻指梯形的較短的底。**李籍云："箕田者，有舌有踵，其形哆哆，如有箕然。"陳松長（2018：93）：踵，通"踵"。舌和踵指梯形的上底和下底。許道勝（2013A）：踵，即箕踵，指簸箕的底部。箕底前寬後狹，用以喻相似之物。日本"中國古算書研究會"（2016：35）：在《九章算術·方田》中"舌""踵"各指等腰梯形之平行邊的長邊及短邊。

③廣：**寬度，表示物體東西兩端間的寬度**（謝坤，2014）。許道勝（2013A）：此處的"廣"等於"$\frac{1}{2}×$（舌之步數 + 踵之步數）"。

④道：**從、由，介詞**（整理者，2011：67）。楊樹達《詞詮》卷二："道，介詞。由也，從也。"日本"中國古算書研究會"（2016：35）："道"是介詞，與"從"同義。

丈：**丈量。**《左傳·襄公九年》"巡丈城"，杜預注："丈，度量。"《睡虎地秦墓竹簡·法律答問》："復丈，高六尺七寸。"

勶：**同"徹"，到達。**《睡虎地秦墓竹簡·治獄程式》："今旦起啟戶取衣，人已穴房內，勶內中，結衣不得。"《國語·魯語上》"既其葬也，焚，煙徹於上"，韋昭注："徹，達也。"陳松長（2018：94）訓"通""穿"。許道勝（2013A）：通"徹"，達、到義。**有三說：一、隸定爲"勶"**（許道勝，2013A；陳松長，2018：93）。**二、隸定爲"徹"**（整理者，2011：67）。**三、隸定爲"敵"**（許道勝、李薇，2010B）。

道舌中丈勶（徹）踵（踵）中：**從梯形的舌的中點丈量到達梯形的踵的中點的距離即梯形的高，可稱爲"正縱"。**日本"中國古算書研究會"（2016：35）："丈徹"是指"杖徹"，垂直貫通"舌""踵"的中點而進行測量的意思。具體地說：將等腰梯形的上邊及下邊之中點間的距離作爲高度。

⑤從：**通"縱"，長度，指梯形的高。即《九章算術》的"正縱"。**

⑥積步：**面積的平方步數。**《九章算術·方田》："廣從相乘得積步。"許道勝（2013A）：田步，指田的積步，即田的面積。

【算法解析】

蘇意雯（2012）：從本題的敘述來看，公式的推導應該是使用中國古算術中常見的"以盈補虛"法則，從等腰梯形上下底中點連綫切開，將其中一半翻轉後，使其與另一半在兩腰處合併成爲一長方形，即可看出術文的正確性。

今按：可參見《九章算術·方田》的"箕田"算題"……術曰：并踵、舌而半之，以乘正從（縱）。畝法而一"，算法爲：（踵廣＋舌廣）$\times \frac{1}{2} \times$正從（縱）＝箕田面積。

《算書》甲種用"廣"或"耑"統稱梯形的上底和下底，"箕田述（術）：并其兩廣而半之，以乘從（縱），即成步殿（也）"（04－181）。"今有田一耑（端）十步，一耑（端）廿步，從（縱）廿步，爲田一畝六十步"（04－182）。算法爲：（廣$_1$＋廣$_2$）$\times \frac{1}{2} \times$正從（縱），（耑$_1$＋耑$_2$）$\times \frac{1}{2} \times$從（縱）。

本題爲根據梯形田的上底和下底，推算梯形田的面積，算法爲：（踵步數＋舌步數）$\times \frac{1}{2} \times$從（縱）＝積步，即（上底＋下底）$\times \frac{1}{2} \times$高＝梯形田的面積。

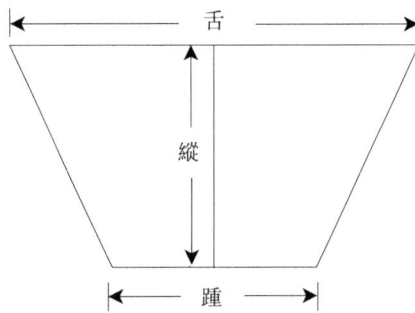

【今譯】

梯形田的（算法）是：使梯形的舌與踵的步數合在一起，然後二分之一（乘以）它，作爲寬度，從梯形舌的中點丈量到達梯形踵的中點，作爲長度，（寬度與長度）相乘就成爲面積的平方步。Q7_2_64_0936A

【釋文】

☑□步少半、半步①，成田五步有（又）四百卅（卅）二分之（之）$^{（一）}$☑^{②} Q7_2_61_C010108$^{（二）}$＋1524A

【校記】

（一）陳松長（2018：94）在"四百卅（卅）二分之（之）"後補"卅（卅）九"，不知其校補之由。此暫從整理者（2011：64）。

（二）陶安（2016：326）改簡號爲 C030。

【匯釋】

①許道勝（2013A）、陳松長（2018：94）在"步"前補"□"。

②簡 C010108 下端殘，整理者（2011：155）作"□步少半半步□"。蔡丹（2013）、陳松長（2018：94）將簡 C010108 與簡 1524 綴合。簡 C010108 下端殘，簡 1524 上端殘，二簡殘斷處吻合，且可以補全"步"字。

【今譯】

□□步三分之一（步）、二分之一步，成爲田五平方步又四百三十二分之□

Q7_2_61_C010108＋1524A

【釋文】

里田述（術）曰①：里㮰（乘）里，里也②，因而參出（之）③，有（又）[參] 五出（之）④，爲田三頃七十五畝（畝）。Q7_2_62_0947A

【匯釋】

①里：**長度單位，秦制一里爲三百步。古算數書中常把面積單位"平方里"也稱爲"里"**（陳松長，2018：94）。

里田述（術）：**將邊長以里爲單位的田的面積換算成以頃、畝爲單位的算法。**陳松長（2018：94）：把里（平方里）換算爲頃、畝的方法。韓巍（2013）："里田術"是將邊長單位爲"里"的矩形土地面積換算成以"頃""畝"爲單位的算法。日本"中國古算書研究會"（2016：37）："里田術"是將以里爲邊長單位的土地面積換算爲頃或畝的方法。

②許道勝、李薇（2010B）據張家山漢簡《算數書》"里田術"術文，在"里也"後補"廣、從（縱）各一里，即直（置）一"。

③因而：**結果連詞。**《戰國策·齊策四》："今君有區區之薛，步拊愛子其民，因而賈利之。"日本"中國古算書研究會"（2016：92）則引《算數書》"徑分"題"術曰：下有半，因而倍之。下有三分，因而三之。下有四分，因而四之"，指出"因而"在算術上的使用是引出乘法的用語。

④參五出（之）：**三次用五乘以它。**整理者（2011：66）："參"用爲動詞，即三次用五乘之，相當於以五的三次方乘之。

【算法解析】

日本"中國古算書研究會"（2016：37）：各邊長 300 步的正方形。因而，1 平方里 ＝90 000 平方步 ＝375 畝 ＝3 頃 75 畝。

今按："里田術"有以下四種算法：

①田的面積 ＝廣×縱×3×5×5×5，本題所載算法與此同。《算數書》"里田"分廣、縱各爲一里（即邊長一里的方形田）和廣、縱不相等（即矩形田）兩種情

況："里田术（術）曰：里乘里，里也，廣、從（縱）各一里，即直（置）一因而三之，有（又）三五之，即爲田三頃七十五畝。其廣、從（縱）不等者，先以里相乘，已，187 乃因而三之，有（又）三五之，乃成。"《算數書》簡190 "一曰：里而乘里，里也，壹三，而三五之，即頃畝數也"。還可參照北大秦簡《算書》丙種："里乘里，里也，壹三有（又）三五之，即成田畝數，爲田三頃七十五畝。積四里爲田十五頃。03－047"，北大秦簡《算書》甲種 "其一述（術）曰：里乘里，里殹（也），壹參（三）之，有（又）參（三）五之，即頃畝數殹（也）04－096"。

②廣×縱＝1 里×1 里＝1 平方里，1 放在百位，後添加2、5 分別放在十位和個位，成爲125，125×3＝375（參考日本 "張家山《算數書》研究會"《張家山漢墓〈算數書〉譯注稿（1）》的算法解析）。

參照《算數書》簡190 "有（又）曰：里乘里，里也；見［按：從譚競男（2015B）改］里之下即予廿五，因而三之，亦其頃畝數也。曰：廣一里、從（縱）一里，爲田三頃七十五畝"。

③廣×縱＝1 里×1 里＝1 平方里，1 添加2（成爲12），2 添加4（成爲124），4 加1（即125），那麼 125×3＝375 畝＝3 頃 75 畝（參照大川俊隆 2015 的算法解析）。

參照北大秦簡《算書》甲種："里田述（術）曰：里乘里，一殹（也），見一鼠（予）二，見二鼠（予）四，四者加一，因而三之，即頃畝殹（也）。04－081 其一述（術）曰：里乘里，里殹（也），壹參（三）之，有（又）參（三）五之，即頃畝數殹（也）04－096。"

④田的面積＝廣×縱×375，參照《九章算術·方田》 "今有田廣一里，從（縱）一里。問：爲田幾何？答曰：三頃七十五畝。……里田術曰：廣從（縱）里數相乘得積里。以三百七十五乘之，即畝數"。

本題根據邊長一里的正方形田，得出田的面積，然後將田的面積從以里爲單位換算成以頃、畝爲單位，算法爲：里×里＝平方里，1 里×1 里＝1（平方里），1×3×5×5×5＝375（畝），根據一頃等於一百畝，換算如下：375÷100＝3$\frac{75}{100}$（頃），$\frac{75}{100}$×100＝75（畝），則田的面積爲 3 頃 75 畝。

【今譯】

（邊長）以里爲單位的田的算法是：里乘以里是平方里，因而三（乘以）它，又三次用五乘以它，（答案）是三頃七十五畝田。Q7_2_62_0947A

【釋文】

周田述（術）曰①：周椉（乘）［周②，十］二成一③；其一［述（術）曰④:⁽⁻⁾半周〖椉（乘）〗半］徑⑤，田［即定⑥;⁽⁻⁾徑椉（乘）］周⑦，四成一；半徑椉（乘）周，二成一。Q7_2_65_J07A

【校記】

（一）此改逗號爲冒號。

（二）此改逗號爲分號。

【匯釋】

①周田：**圓形田地**（陳松長，2018：94）。許道勝（2013A）：與《九章算術·方田》所載的"圓田"相當。周，圓周的省稱。

②周：**周長**。

③成：**成爲**。

十二成一：**十二成爲一**。即除以十二。

④其：**其中的**，指示代詞。《莊子·山木》："其一能鳴，其一不能鳴，請奚殺？"

⑤半徑：**直徑的一半**。即連接圓心和圓周上任意一點的直綫。

整理者（2011：68）認爲"半周半徑"當作"半周乘半徑"。蘇意雯（2012）認爲"半周半徑"應爲"半周乘半徑"，或仿《九章算術》的"半周半徑相乘"。

⑥定：**確定、規定**。《尚書·大禹謨》："朕志先定，詢謀僉同，鬼神其依，龜筮協從。"《禮記·王制》："論進士之賢者，以告於王，而定其論。"

⑦俓：**同"徑"，直徑**，即連接圓周上兩點並通過圓心的直綫。《周髀算經》卷上"此夏至日道之徑也"，趙嬰注："其徑者，圓中之直者也"。整理者（2011：68）作"徑"，許道勝、李薇（2010B）和陳松長（2018：94）作"俓（徑）"。

【算法解析】

今按：本題所列圓形田地面積的四種算法爲：

①周田面積＝周長×周長×$\frac{1}{12}$。

可參照北大秦簡《算書》甲種04－185"其一述（術）曰：耤（藉）周自乘殹（也），十二成一"。還可參照《九章算術·圓田》"周自相乘，十二而一"。

②周田面積＝$\frac{周長}{2}$×半徑。

可參照《算書》甲種04－185"員（圓）田述（術）：半周半徑相乘殹（也），田即定"，《算書》丙種03－016"半周半徑相乘即成"。還可參照《九章算術·方田》"半周半徑相乘得積步"。

③周田面積＝直徑×周長×$\frac{1}{4}$。

可參照《算書》丙種03－011"徑乘周，四而成一"。還可參照《九章算術·方田》"又術曰：周、徑相乘，四而一"。

④周田面積＝半徑×周長×$\frac{1}{2}$，此爲《九章算術》《算書》所無。

以下三種算法爲《數》所無：

①周田面積＝$\frac{周長}{2}$×$\frac{周長}{2}$×$\frac{1}{3}$。

可參照《算書》甲種"其一 04－185 述（術）：半周以爲廣從（縱），令相乘殹（也），三成一。04－186"。

②周田面積＝$\frac{周長}{3}$×$\frac{周長}{4}$。

可參照《算書》丙種 03－011"一述（術）曰：參（三）分周爲從（縱），四分周爲廣，相乘即成"。

③周田面積＝直徑×直徑×3×$\frac{1}{4}$。

可參照《算書》丙種"述（術）03－011 曰：徑乘徑，四成三。03－017"，《九章算術·方田》"又術曰：徑自相乘，三之，四而一"。

【今譯】

圓形田地的算法是：周長乘以周長，除以十二；其中一種算法是：周長的一半（乘以）直徑的一半，田的（面積）就確定下來；直徑乘以周長，除以四；半徑乘以周長，除以二。Q7_2_65_J07A

【釋文】

周田〖周〗（一）卅（卅）步爲田七十五步①。Q7_2_66_0812A

【校記】

（一）此據許道勝（2013A）補"周"。

【匯釋】

①許道勝（2013A）：周田卅步，即周田的周長爲 30 步。參簡 23/0411"枭輿田，周廿七步，……成田六十步四分步三……"

【算法解析】

今按：《算書》丙種"圜（圓）田周卅步，令三而一爲徑，徑十步，爲田七十五步"和《九章算術·方田》"今有圓田，周三十步，徑十步。問爲田幾何，答曰，七十五步"與此題的圓形田的周長、直徑、面積均相同。

可參見《數》簡 65/J07"周乗（乘）周，十二成一"，算法爲：周田面積＝周長×周長×$\frac{1}{12}$，即 $30×30×\frac{1}{12}=75$（平方步）。

【今譯】

圓形田地（周長）三十步，成爲七十五平方步田。Q7_2_66_0812A

【釋文】

［宇方］百步①，三人居出（之）②，巷廣五步③，問：宇幾可（何）④？其述（術）曰：除巷五步，餘九十五步⑤，以三人粜（乘）出（之），以爲法；以百粜（乘）九十 Q7_2_67_0884A⁽一⁾五步者⑥，令如法一步，即陲宇出（之）從（縱）也⑦。Q7_2_68_0825A

【校記】

（一）陶安（2016：321）改簡號爲0885。

【匯釋】

①宇：宅地（陳偉，2012：98）。有兩說：一、訓“宅地”。日本“中國古算書研究會”（2016：242）：正方形1邊100步＝6 000寸，約爲147米，若爲房屋，恐怕過大。本題很可能指宅地。陳松長（2018：94）：房屋，或指宅地。二、訓“房屋”（整理者，2011：59）。

宇方：**正方形宅地的邊長**。

②居：**居住**。《易·繫辭下》：“上古穴居而野處。”

③巷：**里中的道路**（許道勝，2013A）。《易·暌》：“遇主於巷。”《詩經·鄭風·叔於田》：“叔於田，巷無居人。”毛傳：“巷，里塗也。”孔穎達疏：“里內之塗道也。”日本“中國古算書研究會”（2016：242）訓“小路”。陳松長（2018：94）訓“巷道小路”。

④宇：**指下文“陲宇之從（縱）”**（許道勝，2013A），房屋邊緣的長度。

⑤餘：**剩餘，多出來**。《廣雅·釋詁四》：“餘，盈也。”《詩經·秦風·權輿》：“今也每食無餘。”

⑥許道勝（2013A）據文意，認爲“者”下可補“爲實”或“以爲實”。

⑦即：**就是，表肯定語氣的副詞**。清代王引之《經傳釋詞》卷八：“即，猶今人言即是也。”《左傳·襄公八年》：“民死亡者，非其父兄，即其子弟。”

陲：**邊緣**（整理者，2011：59）。漢代王粲《詠史》：“妻子當門泣，兄弟哭路陲。”玄應、慧琳《一切經音義》卷一引《廣雅》：“陲，邊也。”

陲宇：**邊緣的宅地**。此指與宅地共一邊的矩形宅地。謝坤（2014）訓“房屋的邊緣”。許道勝（2013A）引《周禮·考工記·輪人》“（車蓋）上欲尊而宇欲卑。上尊而宇卑，則吐水疾而靁遠”，認爲“宇”有“邊緣”義。日本“中國古算書研究會”（2016：242）：“陲”指邊緣，是從一邊下垂的意思。因而“陲宇”指共有正方形一邊的矩形宅地。……“陲宇之縱”表示與“宇”有一條共邊的矩形之縱。位於小路的人看此矩形的短一邊爲“縱”。

【算法解析】

蕭燦（2015：58）轉引鄒大海 2010 年 11 月 4 日的郵件內容，認爲術文算法源於"出入相補"法：宇方 100 步，刨去巷廣 5 步後，爲一個廣 95 步、從（縱，下同）100 步的長方形。按 3 個人均分，得到 3 個同樣的長方形，每一長方形的廣都是 95 步。將這三個同樣的長方形連成一個更細長的長方形，它的廣爲 95 步乘以 3。現在要求這個長方形的從。它的面積與原長方形面積相等，等於其從 100 步與其廣 95 步的乘積。所以用 95 步乘以 3 作爲法，用 100 步乘以 95 步作爲實，以法除實，得到細長的長方形的從，這也就是每人房屋的從。

整理者（2011：69）列式"$\dfrac{100 \times 95}{(100-5) \times 3} = 33\dfrac{1}{3}$（步）"，也就是先將正方形宅地減去道路的面積得出剩餘的土地，將它分成三個形狀相同的矩形給三個人，然後除以矩形宅地的長，即 95 步，得出矩形宅地的寬。整道算題祗需這樣算就能得到答案：$100 \div 3 = 33\dfrac{1}{3}$（步）。

日本"中國古算書研究會"（2016：242）不贊成把道路放在整個宅地的一邊，三個人分到的是寬 95 步和長 $33\dfrac{1}{3}$ 的相同形狀的宅地這種處理方法，理由有二："第一，爲什麼不直接將面臨小路的一邊 100 步平分成 3？第二，這樣求得的一邊，從置身於小路的人來說，應該稱'廣'，不能成'縱'。"他們認爲道路應該在宅地的中間，將宅地分成三個面積相等的矩形，其中兩個矩形形狀相同，另一個矩形則與正方形宅地共用一邊，"陲宇之從（縱）"就是與正方形宅地共用一邊的矩形宅地的短邊，"以三人乘之"的"之"指一百步。列式"$\dfrac{100 \times (100-5)}{3 \times 100} = \dfrac{95}{3} = 31\dfrac{2}{3}$"，矩形宅地除以正方形宅地的邊長，得到矩形宅地的短邊。

今按：本題從日本"中國古算書研究會"（2016：242）的算法，上述兩說可分別畫圖如下：

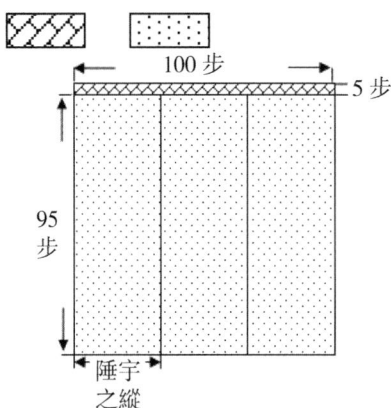

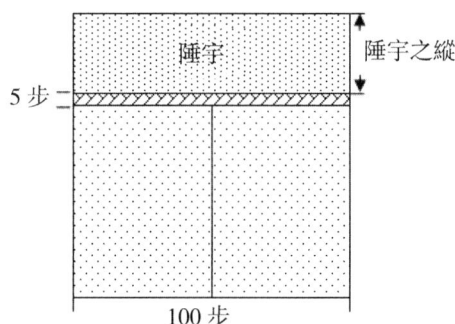

a. 蕭燦說法示意圖　　　　　　　　b. 日本"中國古算書研究會"說法示意圖

【今譯】

　　正方形宅地邊長是一百步，三個人居住在宅地中，里中的道路寬度五步，問：宅地（邊緣的長度）是多少？它的算法是：（一百步）減去巷子五步，剩下九十五步，用三人乘以一百步，作爲除數；用一百乘以九十Q7_2_67_0884A五步（作爲）被除數，假如（被除數中）有與除數相等的，（成爲）一步，就是邊緣宅地的長度。Q7_2_68_0825A

三、營軍類算題

【釋文】

營軍止（之）述（術）曰①：先得（得）大卒數而除兩和各千二百人而半蕪（棄）⁽一⁾止（之）②，有（又）令十而一③，三步直（置）戟④，即三止（之），四〖步〗⁽二⁾直（置）戟，Q7_2_69_0883A⁽三⁾即四止（之），五步直（置）戟，即五止（之），令卒萬人，問：延幾可（何）里⑤？其得（得）〖曰：〗⁽四⁾［袤］三里二百卌（冊）步⑥，此三步直（置）戟也。Q7_2_70_1836A＋0800A⁽五⁾

【校記】

（一）陳松長（2018：95）作“棄”，此改爲“蕪（棄）”，後文同。

（二）此據許道勝、李薇（2010B）依文例補“步”。

（三）陶安（2016：321）改簡號爲0884。

（四）陳松長（2018：95）作“☐”。此參見簡9/0809 A“其得（得）曰”和許道勝、李薇（2010B），依文意和文例補“曰：”。

（五）陶安（2016：321）改簡號爲1838。

【匯釋】

①營軍：**有兩說：一、動詞，扎營駐軍。**整理者（2011：70）：“營軍”，就是構築營壘，佈置軍陣。許道勝、李薇（2010C）釋“營軍”爲“構築營壘，駐扎軍隊”。**二、名詞，扎營之後佈置的軍隊**（日本“中國古算書研究會”，2016：245）。今按：第一種說法可從。《左傳·莊公四年》：“令尹鬬祁、莫敖屈重，除道梁溠，營軍臨隨，隨人懼，行成。”銀雀山漢墓竹簡《孫臏兵法·雄牝城》：“營軍趣舍，毋回名水，傷氣弱志，可擊也。”

②先：**首先，時間或次序在前**。與“後”相對。《廣雅·釋詁一》：“先，始也。”《論語·先進》：“先進於禮樂，野人也；後進於禮樂，君子也。”

大卒：**有三說：一、訓“部隊的編制”。**禤健聰（2014）認爲“少卒”可能是和“大卒”相對的部隊編制，不過意義上更近於“偏師”。謝坤（2014）訓“部隊的編制”。**二、訓“士卒”。**陳松長（2018：95）：在本算題中應指軍隊的總人數。

許道勝、李薇（2011）[1] 引韋昭注《國語・楚語上》"榭不過講軍實，臺不過望氛祥，故榭度於大卒之居，臺度於臨觀之高"爲"大卒，王士卒也"，認爲"大卒"即"士卒"，"大卒數"即"士卒數"，指假設的"卒萬人"。**三、訓"大"爲"都凡"，"大卒數"猶"卒大數"**（許道勝，2013A）。

兩和：**兩隊守衛軍門的士卒。兩，數詞。常用於成對的人或事物以及同時出現的雙方。**《論語・八佾》："邦君爲兩君之好，有反坫。"《韓非子・外儲說左上》："李悝警其兩和曰：'謹警敵人，旦暮且至繫汝。'如是者再三而敵不至。兩和懈怠，不信李悝。"**有五說：一、訓"兩"爲數詞"二"，訓"和"爲"守護軍門的士卒"。**許道勝（2013A）指出"兩和，本指兵營左、右門"，簡文中"和"代指"守護軍門的士卒"。**二、訓"兩和"爲"軍隊的兩門"**（孫思旺，2012；許道勝、李薇，2011）。蕭燦（2015：60）對此說存疑，認爲："一個萬人軍隊扎營，是否會在兩營門處各集結千二百人？即便是，又如何與下文的'三步置戟''四步置戟''五步置戟'關聯？"**三、訓"兩和"爲"兩數之和"**（蘇意雯，2012）。**四、訓"兩"爲"軍隊的編制"**。蕭燦（2015：60）參考郭淑珍、王關成《秦軍事史》中"五人爲伍，五伍爲兩，四兩爲卒，五卒爲旅，五旅爲師，五師爲軍"，指出：在西周及春秋早期軍隊的編制裏，25 人爲兩。**五、訓"兩"爲"車兵"**。蕭燦（2015：60）："此以車一乘爲名也"，"車有兩輪，故稱爲兩"。"先得大卒數而除兩"有可能是因爲車兵與步兵分開安營，所以在計算步卒營壘時，先減去車兵人數。

蕀：**同"棄"，捨去。**《韓非子・難勢》："夫棄隱栝之法，去度量之數，使奚仲爲車，不能成一輪。"

先得大卒數而除兩和各千二百人而半蕀出：**首先得到"大卒"的人數，然後減去兩隊守衛軍門的士卒各一千二百人，再捨棄一半。**許道勝、李薇（2010C）：先要知道士卒總數（即"卒萬人"），然後從中減去"兩和"之卒各 1200 人（共 2400 人），再將所得結果的一半棄置。

③有令十而一：**又讓（乘以）十分之一。**陳松長（2018：95）："有（又）令十而一"，就是除以十。"營軍之術"算題是按照士卒的人數和"置戟"的距離來計算軍陣營壘的大小，"置戟"的位置可能與士卒站崗的位置有關。因爲不是所有的士卒都派去軍陣營壘周邊站崗，所以計算軍陣營壘大小時，要考慮實際站崗人數與總人數的比例。

④戟：**古兵器名。**《說文・戈部》："戟，有枝兵也。"《詩經・秦風・無衣》："王於興師，修我矛戟。"蘇意雯（2012）：戟，武器名。戈和矛的合體，裝於木柄或竹柄上，兼有勾、啄、撞、刺四種功能。出現於商、周，盛行於戰國、漢、晉各代。

---

〔1〕 許道勝、李薇 2010 年 7 月 9 日在武漢大學簡帛網（http：//www. bsm. org. cn/show_article. php？id = 1272）發表《嶽麓書院秦簡〈數〉"營軍之述（術）"算題解》，本文據許道勝、李薇：《嶽麓書院秦簡〈數〉"營軍之述（術）"算題解》，《自然科學史研究》2011 年第 2 期引。

直（置）戟：**設置戟，在此即佈置持戟守衛的士卒。**陳松長（2018：85）：按照三種模數確定軍營的大小，依法算出的是小、中、大三種規模的軍營。這或許是佈置軍陣營壘需要考慮地形等因素的影響，根據實際情況確定大小規模。

⑤延：展開、蔓延、綿延。《方言》卷十三："延，徧也。"《荀子·議兵》："故仁人之兵，聚則成卒，散則成列；延則若莫邪之長刃，嬰之者斷；兌（銳）則若莫邪之利鋒，當之者潰。"謝坤（2014）訓"綿延"。

延幾可（何）里：**（軍營哨位）可綿延爲多少里**（謝坤，2014）。

⑥袤：長度，一般指南北的長度。《廣雅·釋詁二》："袤，長也。"《墨子·雜守》："三十步一弩廬，廬廣十尺，袤丈二尺。"蘇意雯（2012）：南北向長度。許道勝（2013A）：《數》的"營軍"大致是一軍的士兵（"卒萬人"）作"兩主兩翼"編排，兩主是作並列南北縱向列隊（簡文祇說"袤"，未言"廣"），共 7 600 人，各 3 800 人；兩翼 2 400 人，各 1 200 人。

【算法解析】

許道勝、李薇（2011）：術文的第一層意思，即據士卒數求出作爲常數的戟數。術文的第二層意思，就是依步數的不同，分別乘以上述戟的常數，算出各自所延的里數。

蘇意雯（2012）：這是有關構築營壘，佈置軍陣的術文。本算題提供一個軍陣營壘的實例，營壘爲矩形，若其中一邊長爲既定，另一邊長則可根據人數和置戟的間距（如本題有三步、四步與五步三種置戟之間距）計算出來。

日本"中國古算書研究會"（2016：245）：本題內容爲：先由兵士的總數扣除在兩個軍門所配的兵士數（大概爲了換防），去除剩餘兵士的一半，再從其剩餘人數中選 $\frac{1}{10}$ 派去看守時，按各人的間隔求看守延伸的距離。

今按：北大秦簡《算數》甲篇的"營軍之術"尚待公佈。《五曹算經》有分配士兵守衛的算題"今有城周四十八里，欲令禦賊，每三步，置一兵，問用兵幾何？答曰：四千八百人。術曰：列城周四十八里，以三百步乘之，得一萬四千四百步，以三步除之，即得"。

本題爲假設有"大卒"這種軍隊編制的士卒一萬人，減去兩隊守護軍門的士卒，剩下的人分爲兩隊，每隊抽取十分之一的人，給他們配備戟去守衛軍營，有每三步、四步、五步設置一個持戟守衛的士卒這三種方式，當採用每三步設置一個持戟守衛的士卒這一方式來推算軍營哨位可綿延的長度時，算法爲：（大卒數－兩和各千二百人）$\div 2 \times \frac{1}{10} \times$ 置戟步數 ＝ 軍營哨位可綿延的長度，即 $[10\,000 - (1\,200 + 1\,200)] \div 2 \times \frac{1}{10} \times 3 = 1\,140$（步），根據一里等於三百步，換算如下：$1\,140 \div 300 = 3\frac{4}{5}$（里），$\frac{4}{5} \times 300 = 240$（步），則軍營哨位可綿延的長度爲 3 里 240 步。

【今譯】

扎營駐軍的算法是：首先得到"大卒"人數，然後減去兩隊守衛軍門的士卒各一千二百人，再捨棄一半，又讓（乘以）十分之一，每三步設置戟，就三乘以他們，每四（步）設置戟，Q7_2_69_0883A就四乘以他們，每五步設置戟，就五乘以他們，假設士卒一萬人，問：（軍營哨位）可綿延多少里？計算得到是：長度三里二百四十步，這是三步設置戟（所綿延的長度）。Q7_2_70_1836A＋0800A

四、合分與乘分

【釋文】

合分述（術）曰①：母乗（乘）母爲法，子互乗（乘）【母】②，〖幷以〗⁽⁻⁾爲責（實）③，責（實）如法得（得）一，不盈法，以法命［分］。Q7_2_71_J24A

【校記】

（一）此據日本“中國古算書研究會”（2016：234）依題意補。

【匯釋】

①合分：相加分數。

②母：蕭燦（2010A）推測可能是“母”。張顯成、謝坤（2013）認爲殘畫 可見一橫和方框輪廓，與“母”字形相近，並舉《算數書·合分》簡24—25“又曰：母乘母爲法，子茭乘母爲實，實如法一步”，《九章算術·方田》“合分術曰：母互乘子，並以爲實，母相乘爲法，實如法而一。不滿法者，以法命之”爲證。陳松長（2018：95）採用。

③日本“中國古算書研究會”（2016：234）參見《算數書》簡22“其不相類者，母相乘爲法，子互乘母並以爲實，如法成一”和《九章算術·方田》“合分術曰：母互乘子，並以爲實，母相乘爲法，實如法而一。不滿法者，以法命之”，認爲“子互乘母”後面的斷簡處或許也有“幷以”二字。許道勝（2013A）據彩色圖版、紅外綫圖版（正面），認爲“71（J24）明顯是2段殘簡：第1段簡末殘，第2段簡首殘（簡末亦缺一小片），殘簡間的斷口處不密合，故不當直接綴合”。

今按：兩段簡殘斷處不吻合，倘若二簡可綴合，且僅殘斷接口處的一小塊，所殘處正好是“【母】”字，兩殘簡的長度可拼成一條完整的簡的長度，簡文可看成脫“幷以”二字。

【算法解析】

蘇意雯（2012）：這是有關分數相加的術文，在分數相加時，將兩個分母乘起來當作“法”（分母），分子、分母交叉相乘之後的和當作“實”（分子），最後以“法”當作單位命名該分數。

今按：本算題與《算數書》“合分”條“其不相類者，母相乘爲法，子互乘母並以爲實”相似，是對分母不相同的分數的相加。兩個異分母相乘使得兩分數的分母相同，新的分母作爲除數，分母已經乘以對方的分母，那麼分子也要乘以對方的分母，使得分子、分母同時擴大相同倍數，與原分數等值，這一過程就是通分。通分過後，兩分子再相加作爲被除數，被除數除以除數，然後進行約分。

【今譯】

相加分數的算法是：分母乘以分母作爲除數，分子相互乘（對方分數的）分母，（相加）作爲被除數，被除數中有與除數相等的，得到一，（被除數）不足除數，用除數（作爲分母）命名該分數。Q7_2_71_J24A

【釋文】

［九分五］，七分六，合屮（之）一有（又）[一]六十三分廿六[①]。七人分三，各取七分三[②]。Q7_2_72_0685A

【校記】

（一）此補"又"。

【匯釋】

①合：與"併"同義，即相加。

②許道勝（2013A）認爲"七人分三，各取七分三"應歸入"徑分"（整理者未列此類）算題，"本簡將合分算題與徑分算題合抄在一枚簡上，可能是合分算題的最後一道算題，也是徑分算題的第一道算題"。陳松長（2018：96）根據"七人分三"一句與簡文上句之間有 4.6 釐米空白，認爲"七人分三，各取七分三"可視爲一例分數除法的完整算題。

【算法解析】

（1）今按：第一道算題是兩個異分母的分數相加：$\frac{5}{9} + \frac{6}{7} = \frac{35}{63} + \frac{54}{63} = \frac{89}{63} = 1\frac{26}{63}$。

（2）今按：可參見《九章算術·方田》"經分術曰：以人數爲法，錢數爲實，實如法而一"。第二道算題是：$3 \div 7 = \frac{3}{7}$。

【今譯】

九分之五，七分之六，把它們相加是一又六十三分之二十六。七個人平分三，各自取得七分之三。Q7_2_72_0685A

【釋文】

芻一［石］十六錢[①]，棗一石六錢[②]，今芻棗各一升，爲錢幾可（何）？得

（得）曰：五十分錢十一，述（術）曰[（一）]：芻一升百分錢十六，稾一升百分錢[③] Q7_2_73_0973A六，母同，子［相從］。Q7_2_74_0941A

【校記】

（一）陳松長（2018：96）脫“述（術）曰：”，此從整理者（2011：73）。

【匯釋】

①芻：飼草（整理者，2011：73）。《莊子·列禦寇》：“衣以文繡，食以芻叔。”《孟子·公孫丑下》：“今有受人之牛羊而爲之牧之者，則必爲之求牧與芻矣；求牧與芻而不得，則反諸其人乎？”

②稾：禾稈（整理者，2011：73）。《史記·秦始皇本紀》：二世元年，“度不足，下調郡縣轉輸菽粟、芻稾”。

③整理者（2011：73）在“錢”誤加句號。

【算法解析】

今按：可參見《張家山漢墓竹簡·二年律令·田律》“入頃芻稾，頃入芻三石；上郡地惡，頃入二石；稾皆二石……收240入芻稾，縣各度一歲用芻稾，足其縣用，其餘令頃入五十五錢以當芻稾。芻一石當十五錢，稾一石當五錢。241”。還可參見《睡虎地秦墓竹簡·秦律十八種·田律》簡8“入頃芻稾，以其受田之數，無狠（墾）不狠（墾），頃入芻三石、稾二石”。

本題爲根據一石（即一百升）飼草值十六錢，一石禾稈值六錢，推算一升飼草和一升禾稈分別值多少錢，並算出總價，算法爲：一石飼草所值的錢÷100升＝一升飼草所值的錢，一石禾稈所值的錢÷100升＝一升禾稈所值的錢，一石飼草所值的錢÷100升＋一石禾稈所值的錢÷100升＝總價，得：$16÷100+6÷100=\frac{16}{100}+\frac{6}{100}=\frac{22}{100}=\frac{11}{50}$（錢）。

【今譯】

一石飼草（值）十六錢，一石禾稈（值）六錢，假如飼草、禾稈各一升，是多少錢？得到：五十分之十一錢，算法是：一升飼草（值）一百分之十六錢，一升禾稈（值）一百分Q7_2_73_0973A之六錢，分母相同，分子相加。Q7_2_74_0941A

【釋文】

稾石六錢，一升得（得）百分錢六，芻石十六錢，一升［得（得）百分】【錢十六】[①]□Q7_2_75_1839A

【匯釋】

①日本"中國古算書研究會"（2016：237）、陳松長（2018：96）依計算結果補"錢十六"。

蘇意雯（2012）認爲簡1839可視爲0973號術文之換算說明。

【算法解析】

今按：本題爲根據一石（即一百升）禾稈值六錢，一石飼草值十六錢，推算一升禾稈和一升飼草分別值多少錢，算法爲：一升禾稈所值的錢＝一石禾稈所值的錢÷100升＝6÷100＝$\frac{6}{100}$（錢），一升飼草所值的錢＝一石飼草所值的錢÷100升＝16÷100＝$\frac{16}{100}$（錢）。

【今譯】

一石禾稈（值）六錢，一升（禾稈）得到一百分之六錢，一石飼草（值）十六錢，一升（飼草）得到一百分之（十六錢）▢Q7_2_75_1839A

【釋文】

▢【半】①乘（乘）三分，二參而六，六分一也；［半］乘（乘）半，四［分一］也；四分乘（乘）四分，四四十六，【十】②六分一也；少半乘（乘）一，少半也。Q7_2_76_0410A⁽⁻⁾

【校記】

（一）陶安（2016：321）改簡號爲0409。

【匯釋】

①陳松長（2018：96）補"半"。

②圖版重文"十六"的"十"漏加重文符號。陳松長（2018：96）依圖版、文意補"十"。

【算法解析】

今按：可參見《算數書》"相乘"條列舉的"乘分"實例和術文"一半乘一，半也；乘半，四分一也。三分而乘一，三分一也；乘半，六分一也；乘三分，九分一也。四分而乘一也，……乘分之术（術）曰：母乘母爲法，子相乘爲實"。還可參見《算數書》"分乘"條的"分乘分术（術）皆曰：母相乘爲法，子相乘爲實"和"乘"條的"少半乘少半，九分一也；半｛步｝乘半｛步｝，四分一；半｛步｝

乘少半〔步〕，六分一也；少半乘大半，九分二也；五分乘五分，廿五分一；四分乘四分，十六分一；四〖分〗乘五分，廿分一；五分乘六分，卅分一也……"，《九章算術·方田》"乘分術曰：母相乘爲法，子相乘爲實，實如法而一"。

本題講述單位分數（即分子是 1，分母是等於或大於 2 的自然數的分數）的互乘和自乘的演算法，分母相乘，子保持不變。

$$\frac{1}{2} \times \frac{1}{3} = \frac{1}{6}; \quad \frac{1}{2} \times \frac{1}{2} = \frac{1}{4}; \quad \frac{1}{4} \times \frac{1}{4} = \frac{1}{16}; \quad \frac{1}{3} \times 1 = \frac{1}{3}。$$

【今譯】

☒（二分之一）乘以三分之一，二三得六，是六分之一；二分之一乘以二分之一，是四分之一；四分之一乘以四分之一，四四十六，是（十）六分之一；三分之一乘以一，是三分之一。Q7_2_76_0410A

【釋文】

［三分乗（乘）］四分，三四十二，十二分一也；三分乗（乘）三分，三三而九，九分一也；少半乗（乘）十，三有（又）少半也；五分乗（乘）六分，五六卅（卅），卅（卅）分出（之）一也。Q7_2_77_0778A

【算法解析】

$$\frac{1}{3} \times \frac{1}{4} = \frac{1}{12}; \quad \frac{1}{3} \times \frac{1}{3} = \frac{1}{9}; \quad \frac{1}{3} \times 10 = 3\frac{1}{3}; \quad \frac{1}{5} \times \frac{1}{6} = \frac{1}{30}。$$

【今譯】

三分之一乘以四分之一，三四十二，是十二分之一；三分之一乘以三分之一，三三得九，是九分之一；三分之一乘以十，是三又三分之一；五分之一乘以六分之一，五六三十，是三十分之一。Q7_2_77_0778A

【釋文】

五分乗（乘）五分，五五廿五，廿五分一也；四分乗（乘）五分，四五廿，廿分一也。Q7_2_78_0774A[一]

【校記】

（一）陶安（2016：321）改簡號爲 0773。

【算法解析】

$\frac{1}{5} \times \frac{1}{5} = \frac{1}{25}$；$\frac{1}{4} \times \frac{1}{5} = \frac{1}{20}$。

【今譯】

五分之一乘以五分之一，五五二十五，是二十五分之一；四分之一乘以五分之一，四五二十，是二十分之一。Q7_2_78_0774A

五、衡　制

【釋文】

［廿四朱（銖）一兩］。三百八十四［朱（銖）］一［斤］。［萬一千五］百廿朱（銖）一鈞①。四百［八十兩一］鈞。Q7_2_79_0646A

［十六兩一斤］。卅（卅）斤一鈞。四鈞一石。Q7_2_80_0458A

四萬六千八十朱（銖）［一石］。千九百廿兩一石。百廿斤一石。Q7_2_81_0303A

【匯釋】

①鈞：重量量詞。一鈞等於三十斤。

【算法解析】

今按：可參見許道勝（2012E）所載湖北雲夢睡虎地 77 號漢墓《算術》衡制換算題，“廿四朱（銖）一兩，十六兩一斤，卅（卅）斤一鈞，四鈞一石。以石求斤，十而倍之、六之，以斤求兩，倍之、八之，以兩求朱（銖），三之、八之”。

朱（銖）、兩、斤、鈞、石之間的換算關係：

（1）24 銖 = 1 兩。

（2）384 銖 = 1 斤（因爲一斤等於十六兩，一兩等於二十四銖，$16 \times 24 = 384$ 銖）。

（3）11 520 銖 = 1 鈞（因爲一鈞等於三十斤，一斤等於十六兩，一兩等於二十四銖，$30 \times 16 \times 24 = 11 520$ 銖）。

（4）46 080 銖 = 1 石（因爲四鈞等於一石，11 520 銖 ×4 = 46 080 銖；因爲一石等於四鈞，一鈞等於三十斤，一斤等於十六兩，一兩等於二十四銖，$4 \times 30 \times 16 \times 24 = 46 080$ 銖）。

（5）16 兩 = 1 斤。

（6）480 兩 = 1 鈞（因爲一鈞等於三十斤，一斤等於十六兩，$30 \times 16 = 480$ 兩）。

（7）1 920 兩 = 1 石（一石等於四鈞，一鈞等於三十斤，一斤等於十六兩，$4 \times 30 \times 16 = 1 920$ 兩）。

（8）30 斤 = 1 鈞。

（9）120 斤 = 1 石（因爲一石等於四鈞，一鈞等於三十斤，$4 \times 30 = 120$ 斤）。

（10）4 鈞 = 1 石。

【今譯】

二十四銖是一兩。三百八十四銖是一斤。一萬一千五百二十銖是一鈞。四百八十兩是一鈞。Q7_2_79_0646A

十六兩是一斤。三十斤是一鈞。四鈞是一石。Q7_2_80_0458A

四萬六千八十銖是一石。一千九百二十兩是一石。一百二十斤是一石。Q7_2_81_0303A

【釋文】

段（煅）鐵一鈞用炭三石一鈞[①]，斤用〖炭〗[(一)]十三斤，兩用〖炭〗[(二)]十三兩。Q7_2_158_0896A[(三)]

【校記】

（一）此從許道勝（2013A）依文意補"炭"。

（二）同（一）。

（三）陶安（2016：322）改簡號爲0892。

【匯釋】

①段：後作"煅"，錘煉、冶煉。《尚書·費誓》："鍛乃戈矛。"許道勝（2013A）："段"當通"鍛"。

煅鐵：冶煉熟鐵（整理者，2011：117）。

【算法解析】

陳松長（2018：97）：據題意，鍛鐵與用炭比爲1：13。

日本"中國古算書研究會"（2016：224）：鍛鐵1斤時使用的炭量爲x，比例式爲鐵30斤：炭390斤＝鐵1斤：炭x斤，由此求x爲13斤。另外，1斤爲16兩，鍛鐵1兩＝$\frac{1}{16}$斤時，使用的炭爲$\frac{13}{16}$斤＝13兩。

今按：根據簡80/0458"［十六兩一斤］。卅（卅）斤一鈞。四鈞一石"、簡81/0303"百廿斤一石"，可知16兩＝1斤，30斤＝1鈞，120斤＝1石。本題根據三石一鈞炭可冶煉一鈞鐵，推算冶煉一斤鐵和一兩鐵分別需要多少炭，算法爲：

（1）三石一鈞炭換算成斤：$3 \times 120 + 30 = 390$（斤），冶煉一斤鐵所需的炭＝三石一鈞（即三百九十斤）炭÷一鈞（即三十斤）鐵，$390 \div 30 = 13$（斤）。

（2）三石一鈞炭換算成兩：$(3 \times 120 + 30) \times 16 = 6\,240$（兩），一鈞鐵換算成兩：$30 \times 16 = 480$（兩）。

冶煉一兩鐵所需的炭＝三石一鈞（即六千二百四十兩）炭÷一鈞（即四百八十兩）鐵＝$6\,240 \div 480 = 13$（兩），也可以直接根據冶鐵與用炭比爲1：13，那麼冶煉一斤鐵需要十三斤炭，冶煉一兩鐵需要十三兩炭。

【今譯】

冶煉一鈞鐵用三石一鈞炭，（冶煉）一斤（鐵）用十三斤（炭），（冶煉）一兩（鐵）用十三兩（炭）。Q7_2_158_0896A

【釋文】

［銅］斤十二〖斤〗⁽⁻⁾者，兩得（得）十六分〖斤〗⁽⁻⁾十二①，朱（銖）得（得）廿四分錢〈兩〉⁽三⁾十二②。Q7_2_159_0983A

【校記】

（一）陳松長（2018：97）補"錢"，此從許道勝（2013A）改爲"斤"。

（二）同（一）。

（三）此從許道勝（2013A）依題意和計算結果，補"〈兩〉"。

【匯釋】

①整理者（2011：118）認爲簡文"銅斤十二者，兩得十六分十二"，應校補作"銅斤十二錢者，兩得十六分錢十二"。

②日本"中國古算書研究會"（2016：225）、陳松長（2018：97）認爲簡文"朱（銖）得（得）廿四分錢十二"當爲"朱（銖）得（得）三百八十四分錢十二"。

【算法解析】

蕭燦（2015：98）：此題計算銅一斤、一兩、一銖所對應的某種物品的數量，可能是錢，以半兩錢的可能性較大，但有待考證。如果簡文是針對銅與錢的交換，"廿四"似有誤，正確的當爲"三百八十四"。但不能肯定是原作者的疏忽還是抄寫之誤。

許道勝（2013A）推測整理者校補的依據，認爲其理解有誤：如果如整理者所言，那麼簡文講的就是銅的重量與價格的關係問題："銅斤十二者"，即銅 1 斤值 12 錢。因爲秦制 1 斤 = 16 兩，1 兩 = 24 銖，所以銅 1 兩值：$12 \div 16 = \frac{12}{16}$ 錢，1 銖值：$\frac{12}{16} \div 24 = \frac{12}{384}$ 錢。他聯繫簡 158/0896，認爲簡文屬於"鍛銅的重量與所用炭的重量之間的比例問題"，簡文意爲：鍛銅一斤用炭十二斤，一兩用炭十六分十二斤，一銖用炭廿四分錢十二。簡文"朱（銖）得（得）廿四分錢十二"，經計算知"錢"字很可能是"兩"字之誤。由銅 1 斤、炭 12 斤推知，銅、炭之比爲 1：12。因爲鐵的熔點較銅高，所以鍛得同樣重量的鐵和銅，所用炭數前者要略多於後者。

今按：許說有簡 158/0896 可據，且無須改動計算結果，其說可從。

本題根據十二斤炭可冶煉一斤銅，推算冶煉一兩鐵和一銖鐵分別需要多少炭，算法爲：

（1）十六兩等於一斤，十二斤炭換算成兩：$12 \times 16 = 192$（兩），冶煉一兩鐵所需的炭 = 十二斤（即一百九十二兩）炭 ÷ 一斤（即十六兩）銅 = $192 \div 16 = 12$（兩），十二兩炭換算成斤：$12 \div 16 = \frac{12}{16}$（斤）。

（2）十六兩等於一斤，一兩等於二十四銖，十二斤炭換算成銖：$12 \times 16 \times 24 = 4\,608$（銖），一斤銅換算成銖：$1 \times 16 \times 24 = 384$（銖）。

冶煉一銖鐵所需的炭 = 十二斤（即四千六百零八銖）炭 ÷ 一斤（即三百八十四銖）銅 = $4\,608 \div 384 = 12$（銖），十二銖炭換算成兩：$12 \div 24 = \frac{12}{24}$（兩）。

也可以這樣計算，冶煉一斤銅要十二斤炭，則冶鐵與用炭比爲 $1 : 12$，那麼冶煉一兩鐵需要十二兩炭，冶煉一銖鐵需要十二銖炭，然後十二兩炭換算成斤：$12 \div 16 = \frac{12}{16}$（斤），十二銖炭換算成兩：$12 \div 24 = \frac{12}{24}$（兩）。

【今譯】

（冶煉）一斤銅（用）十二（斤）炭，一兩（銅）得十六分之十二（斤炭），一銖（銅）得二十四分之十二兩（炭）。Q7_2_159_0983A

六、物　價

【釋文】

☑^(一)貲一甲直（值）錢千三百卌（卅）四^①，直（值）金二兩一垂（錘）^②，一盾直（值）金二垂（錘）^{(二)③}。贖耐（耏）^④，馬［甲四］，錢七千六百［八十］。Q7_2_82_0957A

【校記】

（一）此處補“（錘）”。
（二）同（一）。

【匯釋】

①貲：罰繳。《說文·貝部》：“貲，小罰以財自贖也。”《睡虎地秦墓竹簡·秦律十八種·關市》：“爲作務及官府市，受錢必輒入其錢缿中，令市者見其入，不從令者貲一甲。”整理者（2011：78）：有罪而被罰令繳納財物。蘇意雯（2012）：“貲”，有罪而被罰令繳納財物，即“易科罰金”。謝坤（2014）：“貲”，在秦簡中表示對犯罪行爲的處罰的用法十分常見，其處罰的内容包括“甲、盾、金”等。日本“中國古算書研究會”（2016：227）訓“貲”爲“罰金”。

甲：鎧甲，即用皮革、金屬等製成的護身服。《尚書·說命中》：“惟甲胄起戎。”孔傳：“甲，鎧。”《釋名·釋兵》：“甲，似物有孚甲以自禦也……亦曰鎧，皆堅重之名也。”

貲一甲：罰繳一副鎧甲（整理者，2011：78）。日本“中國古算書研究會”（2016：227）：“貲一甲”相當於一領鎧甲的罰金。整理者（2011：78）：古時常罰令犯罪者繳納武器或者製造兵器用的金屬，見《周禮·職金》《國語·齊語》《管子·小匡》等篇。據秦簡，當時這一類懲罰有繳納絡組、盾、甲等若干等級。

②垂：通“錘”，計量單位，等於八銖。《說文·金部》：“錘，八銖也。”《淮南子·說山訓》：“有千金之璧，而無錙錘之礛諸。”高誘注：“八銖曰錘。”《睡虎地秦墓竹簡·秦律·司空》：“一脂、攻間車一兩（輛），用膠一兩、脂二錘。”

③盾：盾牌，古代的一種防護兵器。《說文·盾部》：“盾，瞂也，所以扞身蔽目。”《周禮·夏官·司戈盾》：“及舍，設藩盾，行則斂之。”鄭玄注：“藩盾，盾可以藩衛者。”

④贖：用財物抵消罪過。《玉篇·貝部》：“贖，以財拔罪也。”《尚書·舜典》“金作贖刑”。《管子·中匡》：“於是死罪不殺，刑罰不罰，使以甲兵贖。”尹知章注：“有罪使出甲兵以贖之也。”整理者（2011：78）：贖，繳納財物去贖死刑或肉

刑等罪。

耐：同“耏”，古代一種輕刑，指剃除頰鬚的刑罰。《說文·而部》：“耏，罪不至髡也……耐，或从寸，諸法度字从寸。”《睡虎地秦墓竹簡·軍爵律》簡153：“從軍當以勞論及賜，未拜而死，有罪法耐瘳（遷）其後；及法耐瘳（遷）者，皆不得受其爵及賜。”整理者（2011：78）：耐，刑罰的一種，即剃去鬚鬢，古書或作耏。

贖耐：（用財物）贖免剃除頰鬚的刑罰。《睡虎地秦墓竹簡·法律答問》簡185云：“内公孫毋爵者當贖刑、得比公士贖耐不得。得比焉。”日本“中國古算書研究會”（2016：227）：在本題，是用錢贖“耐”罪的意思。祇准許保有高爵位的人擁有這種權利。

【算法解析】
今按：本題告知用以抵消剃除頰鬚的刑罰的四件馬甲值七千六百八十錢。

【今譯】
☐罰繳一副鎧甲值一千三百四十四錢，值二兩一錘金，一面盾牌值兩錘金。（用財物）贖免剃除頰鬚的刑罰，（罰繳）四件馬甲，（值）七千六百八十錢。Q7_2_82_0957A

【釋文】
馬［甲］一，金三兩一垂（錘）[一]，直（值）錢千［九］百廿，金一朱（銖）直（值）錢廿四，贖殀（死）[1][二]，馬甲十二，錢二萬三千卅（冊）。Q7_2_83_0970A

【校記】
（一）此處補“（錘）”。
（二）陳松長（2018：98）作“死”，此改爲“殀（死）”，後文同。

【匯釋】
[1]贖殀：“殀”同“死”，贖死，（用財物）贖免死罪。日本“中國古算書研究會”（2016：227）訓爲“用財貨贖免死刑”。

【算法解析】
本題根據一件馬甲值一千九百二十錢，推算用以抵消死罪的十二件馬甲值多少錢，算法爲：$1\,920 \times 12 = 23\,040$（錢）。

【今譯】
一件馬甲，（值）三兩一錘金，值一千九百二十錢，一銖金值二十四錢，（用財物）贖免死罪，十二件馬甲，（值）二萬三千零四十錢。Q7_2_83_0970A

七、穀物換算類算題

【釋文】

以米求麥①，倍（倍）母三積（實）②。以麥求米，三母倍（倍）積（實）。以粟求麥，十母九積（實）。以麥求粟，九母十積（實）。Q7_2_84_0971A

【匯釋】

①米：**特指由粟類穀物舂出的糲米。其比例爲粟：糲 = 5：3**（陳松長，2018：98）。參簡 7/2116 注①。

麥：一年生或二年生草本植物。子實用來磨製麵粉，也可用來製糖或釀酒，是重要的糧食作物。《說文·麥部》："麥，芒穀。秋種厚薶，故謂之麥。"《詩經·豳風·七月》："九月築場圃，十月納禾稼。黍稷重穋，禾麻菽麥。"

②倍：**同"倍"，二。**《墨子·經上》："倍，爲二也。"

倍母三實：**二爲分母，三爲分子。**陳松長（2018：98）：凡言"A 母 B 實"者，相當於除以 A、乘以 B。倍，是加倍之意，又指加倍所得之結果，即二倍。許道勝（2013A）：母、實，分別指分數中的分母、分子。日本"中國古算書研究會"（2016：77）：本題所稱的"實"在《算數書》中稱爲"子"。如"麥少半升爲米九分升之二。參母，再子"（稗米題）。

【算法解析】

蘇意雯（2012）：從《九章算術》粟米章之中所列各穀物之率來看，米率爲 30，麥率爲 45，即 30 單位的米可換得 45 單位的麥，亦即《九章算術》與《數》在此兩穀物之率是相符的。

今按：可參見《算數書》"稗毀（毇）"條簡 98—99"米少半升爲麥半斤，三之，二而一。麥少 楊 半升爲粟廿七分升之十，九母、[十子，十之，九而一]；麥少半升爲米九分升之二，參（三）母、再子，二之，三而一"，"粟求米"條簡 111"粟求麥，九之，十而一"，其米、麥互換比率，麥、粟換算比率與該題相符。

本題不同糧食的換算比率爲：麥 = 糲米 $\times \dfrac{3}{2}$，糲米 = 麥 $\times \dfrac{2}{3}$，麥 = 粟 $\times \dfrac{9}{10}$，粟 = 麥 $\times \dfrac{10}{9}$。

【今譯】

用糯米求麥，二爲分母，三爲分子。用麥求糯米，三爲分母，二爲分子。用粟求麥，十爲分母，九爲分子。用麥求粟，九爲分母，十爲分子。Q7_2_84_0971A

【釋文】

以米求粟[①]，三母五靳（實）。以粟求米，五母三靳（實）。以粺求米[②]，九母十靳（實）。以米求粺，十母九靳（實）。[③]Q7_2_85_0823A

【匯釋】

①粟：未舂的禾。參簡 6/0460 注①。

②粺：舂一斗粟系統的糯米而成的九升精米，後來"粺"也指"穀"。《算數書》中或稱"繫米"，《睡虎地秦墓竹簡·倉律》稱"鑿（繫）米"。《九章算術》中稱"粺米"，而"繫米"是舂一斗糯米而成的八升精米，比"粺"更精，相當於《數》中的"毇（毀）"。《詩經·大雅·召旻》："彼疏斯粺，胡不自替？"鄭玄箋："米之率：糯十，粺九。"《說文·米部》："粺，穀也。"段玉裁注："粺者，糯米一斛舂爲九斗也。……粺謂禾黍米，穀爲稻米，而可互稱，故以穀釋粺。"蕭燦（2015：68）：比糯（按：原誤作"粺"）米加工得更精的米。依《數》所記，與《算數書》和《九章算術》相同，都是粟：糯米：粺米 = 50：30：27。鄒大海（2003）：粺在早期不是穀，祇是一種比糯米稍精的米，其精度與繫相同，比粺精的有穀米和御米。日本"中國古算書研究會"（2016：77）："粺"是將糯米按 9 折舂製的粟系統的穀物。

③許道勝（2013A）贊成魯家亮（2012B）的觀點，認爲本簡應當改作該類算題的首簡，而非次簡。

【算法解析】

今按：《算數書》"粺毇（毀）"條簡 98 "米少半升爲粺十分升之三，九之，十而一"、簡 101 "粺米四分升之一爲米十八分升之五，九母、十子"，"粟求米"條簡 111 "粟求米三之，五而一"、簡 111—112 "米求　楊粟五之，三而一"和"粟爲米"條簡 109 "粟五爲米三""米十爲粺九"，所載米粟換算、米粺換算比率與《數》相同。《睡虎地秦墓竹簡·倉律》"【粟一】石六斗大半斗，舂之爲糯米一石；糯米一石爲鑿（繫）米九斗"所載粟、糯米（即"米"）換算，糯米、鑿（繫）米（即"粺"）換算比率與《數》相同。

本題不同糧食的換算比率爲：粟 = 糯米 $\times \dfrac{5}{3}$，糯米 = 粟 $\times \dfrac{3}{5}$，糯米 = 粺 $\times \dfrac{10}{9}$，粺 = 糯米 $\times \dfrac{9}{10}$。

【今譯】

用糯米求粟，三爲分母，五爲分子。用粟求糯米，五爲分母，三爲分子。用粺求糯米，九爲分母，十爲分子。用糯米求粺，十爲分母，九爲分子。Q7_2_85_0823A

【釋文】

以粺求粟，廿七母五十顡（實）。以粟求粺，五十母廿七顡（實）。以毀（毇）^(一)求米①，八母十顡（實）。以米求毀（毇），十母八顡（實）。Q7_2_86_0853A

【校記】

（一）陳松長（2018：98）作“毀（毇）”，此改爲“毀（毇）”，後文同。

【匯釋】

①毀：**通“毇”，舂一斗粟系統的糯米而成的八升精米，比粺更精，後來“粺”也指“毇”。**《九章算術》稱“糳米”。《說文·毇部》：“毇，米一斛舂爲八斗也。”

日本“中國古算書研究會”（2016：78）：“毀（毇）”是將糯米按 8 折舂製的粟系統穀物。

【算法解析】

今按：可參見《九章算術》“粟米”章“粟米之法”的“粟率五十……粺米二十七”“糯米三十……糳米二十四”，還可參見《算數書》“粺毀（毇）”條簡 98 “米少半升爲毀（毇）米十五分升之四，八之，十而一”，簡 101 “粺米四分升之一爲粟五十四分升之廿五，廿七母，五十子”，簡 102—103 “毀（毇）米四分升之一爲米十六分升之五，八母，十子”，《算數書》“粟求米”條簡 111 “粟求粺廿七之，五十而一”和“粟爲米”條簡 109 “米十爲粺九，爲毀（毇）八”，所載糯米（即“米”）糳米（即“毇米”）換算、粟粺換算、米毀（毇）換算比率與《數》相同。《睡虎地秦墓竹簡·倉律》“【粟一】石六斗大半斗，舂之爲糯米一石；糯米一石爲鑿（糳）米九斗；九【斗】爲毀（毇）米八斗”，所載粟、鑿（糳）米（即“粺”）換算，糯米（即“米”）、毀（毇）換算比率與《數》相同。

本題不同糧食的換算比率爲：粟 = 粺 $\times \frac{50}{27}$，粺 = 粟 $\times \frac{27}{50}$，糯米 = 毇 $\times \frac{10}{8}$，毇 = 糯米 $\times \frac{8}{10}$。

【今譯】

用粺求粟，二十七爲分母，五十爲分子。用粟求粺，五十爲分母，二十七爲分子。用毇求糯米，八爲分母，十爲分子。用糯米求毇，十爲分母，八爲分子。Q7_2_86_0853A

【釋文】

以粺求毀（毇），九母八覵（實）。以毀（毇）求粺，八母九覵（實）。以稻米求毀（毇）粲米①，三母佰（倍）覵（實）。以毀（毇）〖粲〗⁽一⁾米求稻米②，佰（倍）母三覵（實）。Q7_2_87_0756A

【校記】

（一）此從日本"中國古算書研究會"（2016：78）補"粲"。

【匯釋】

①稻米：春二十斗稻穀而成的十斗糙米。《說文》稱"毇"。《儀禮·士喪禮》："稻米一豆實於筐。"日本"中國古算書研究會"（2016：78）："稻米"是屬稻系統的穀物。蕭燦（2015：68－69）：這裏的"稻米"可能是指由稻穀春成的稻系列的穀米（與由黍粟春成的粟系列的穀米不同）。

毀粲米：有兩說：一、"毀（毇）粲米"即"粲米"。蕭燦（2015：69）參考鄒大海（2003、2009），根據《算數書》《睡虎地秦墓竹簡·倉律》和《說文》所持的"稻穀一石（廿斗）春爲毇米十斗，春爲粲米六斗大半斗"的觀點，認爲"毀粲"中"毀"字可能是多餘的字，"以毀米求稻米"中的"毀米"可能是"粲米"。二、**"毀（毇）粲米"即"毀（毇）米"。**日本"中國古算書研究會"（2016：78）認爲"'毀（毇）米'是將糯米春至 $\frac{2}{3}$ 量的稻類穀物"。彭浩（2001：81）對照《睡虎地秦墓竹簡·倉律》，認爲《算數書》"毀（毇）粲米"多"粲"字。今按："毀（毇）粲米""粲毀（毇）米"即"粲米"，指春一斗稻系統的穀米而成的三分之二斗精米。《睡虎地秦墓竹簡·倉律》稱"粲毀（毇）米"，《算數書》稱"毀（毇）粲米"，《說文》稱"粲"。《說文·米部》："粲，稻重一秅，爲粟二十斗、爲米十斗曰毇，爲米六斗大半斗曰粲。"可參見《睡虎地秦墓竹簡·倉律》"稻禾一石爲粟廿斗，春爲米十斗；〖米〗十斗，粲毀（毇）米六斗大半斗"［疑"米"脫重文符號，睡虎地秦墓竹簡整理小組（1990：30）作"稻禾一石爲粟廿斗，春爲米十斗；十斗粲，毀（毇）米六斗大半斗"］。《算數書》"程禾"條簡88"程曰：稻禾一石爲粟廿斗，春之爲米十斗，爲毀（毇）粲米六斗泰（大）半斗"［按：此依文例從彭浩（2001：81）"爲毀（毇）"屬下讀］。

②蕭燦（2015：69）認爲"毀（毇）"爲"粲"之訛。

【算法解析】

今按：《算數書》"粺毀（毇）"條簡101"四分升之一，爲毀（毇）米九分升之二，九母，八子"和簡103"毀（毇）四分升之一爲粺卅二分升九，八母，九子"，所載粺、毀（毇）換算比率與《數》相同。

本題不同糧食的換算比率爲：毇＝粺×$\frac{8}{9}$，粺＝毇×$\frac{9}{8}$，毇粲米＝稻米×$\frac{2}{3}$，

稻米 ＝ 毇糳米 × $\dfrac{3}{2}$。

【今譯】

用粺求毇，九爲分母，八爲分子。用毇求粺，八爲分母，九爲分子。用稻米求毇糳米，三爲分母，二爲分子。用毇（糳）米求稻米，二爲分母，三爲分子。Q7_2_87_0756A

【釋文】

以粟求毀（毇），五十母廿四賮（實）。以毀（毇）求粟，廿四母五十賮（實）。粟一［升］爲米五分升三。米一升爲粟一升大半升。Q7_2_88_0974A

【算法解析】

（1）《算數書》"粺毀（毇）"條簡 104 "毀（毇）米四分升之一爲粟八分升之廿五，廿五〈四〉母，五十子"和"粟求米"條簡 111 "粟求毀（毇）廿四之，五十而一"，所載毀（毇）粟換算比率與《數》相同。

本題不同糧食的換算比率爲：毇 ＝ 粟 × $\dfrac{24}{50}$，粟 ＝ 毇 × $\dfrac{50}{24}$。

（2）根據簡 85/0823 "粟 ＝ 糯米 × $\dfrac{5}{3}$，糯米 ＝ 粟 × $\dfrac{3}{5}$"，則一升粟等於米的升數

爲：糯米 ＝ 粟 × $\dfrac{3}{5}$ ＝ 1 × $\dfrac{3}{5}$ ＝ $\dfrac{3}{5}$（升），一升糯米等於粟的升數爲：粟 ＝ 糯米 × $\dfrac{5}{3}$ ＝

1 × $\dfrac{5}{3}$ ＝ 1$\dfrac{2}{3}$（升）。

【今譯】

用粟求毇，五十爲分母，二十四爲分子。用毇求粟，二十四爲分母，五十爲分子。一升粟等於五分之三升糯米。一升糯米等於一升（又）三分之二升粟。Q7_2_88_0974A

【釋文】

米一升少半升爲粟二升九分〖升〗(一)二。米一升少半、(二)半升爲粟三升十八分升一。米一升大半、(三)半升爲粟三升十八分升十一。米一升大半、(四)半升、四分升一爲粟［四］〖升卅（卅）六分升一〗(五)①。Q7_2_89_1135A

【校記】

（一）此從許道勝（2013A）依文意補"升"。

（二）許道勝（2013A）"少半"後據文意補"升"，並加頓號。此補頓號。

（三）許道勝（2013A）"大半"後據文意補"升"，並加頓號。此補頓號。

（四）同（三）。

（五）整理者（2011：81）作"爲粟［四］"，陳松長（2018：99）作"爲粟【四升卅（卅）六分升一】"。此從許道勝（2013A）。

【匯釋】

①整理者（2011：81）認爲簡文可補全成"爲粟【四升卅（卅）六分升一】"。許道勝（2013A）：粟【四】，書於簡末左半部分。補文"升卅（卅）六分升一"或書於另簡。日本"中國古算書研究會"（2016：85）則認爲"簡末殘缺，末尾的'粟四'二字爲靠左書寫小字。可能是爲了將'粟四'與下面'升卅（卅）六分升一'六字一起擠入簡末有限的空間，而出現靠左書寫的情況"，與簡101/0776 相類似。

【算法解析】

（1）根據簡85/0823"粟＝糲米×$\frac{5}{3}$"，則一升又三分之一升糲米等於粟的升數爲：粟＝糲米×$\frac{5}{3}$＝$1\frac{1}{3}×\frac{5}{3}＝\frac{20}{9}＝2\frac{2}{9}$（升）。

（2）一升又三分之一升、二分之一升糲米等於粟的升數爲：粟＝糲米×$\frac{5}{3}$＝$(1\frac{1}{3}+\frac{1}{2})×\frac{5}{3}＝\frac{11}{6}×\frac{5}{3}＝\frac{55}{18}＝3\frac{1}{18}$（升）。

（3）一升又三分之二升、二分之一升糲米等於粟的升數爲：粟＝糲米×$\frac{5}{3}$＝$(1\frac{2}{3}+\frac{1}{2})×\frac{5}{3}＝\frac{13}{6}×\frac{5}{3}＝\frac{65}{18}＝3\frac{11}{18}$（升）。

（4）一升又三分之二升、二分之一升、四分之一升糲米等於粟的升數爲：粟＝糲米×$\frac{5}{3}$＝$(1\frac{2}{3}+\frac{1}{2}+\frac{1}{4})×\frac{5}{3}＝\frac{29}{12}×\frac{5}{3}＝\frac{145}{36}＝4\frac{1}{36}$（升）。

【今譯】

一升（又）三分之一升糲米等於二升（又）九分之二（升）粟。一升（又）三分之一（升）、二分之一升糲米等於三升（又）十八分之一升粟。一升（又）三分之二（升）、二分之一升糲米等於三升（又）十八分之十一升粟。一升（又）三分之二（升）、二分之一升、四分之一升糲米等於四（升又三十六分之一升）粟。Q7_2_89_1135A

【釋文】

粟一升爲米五分升三。粟一升少半升爲米五分升四。粟一升大半升爲米一升。

粟一升少半、^{（一）}半升爲米一升十分升一。Q7_2_90_0021A＋0409A^{（二）}

【校記】

（一）許道勝（2013A）“少半”後據文意補“升”，並加頓號。此補頓號。

（二）陶安（2016：321）改簡號爲0413。

【算法解析】

（1）根據簡85/0823“糲米＝粟×$\frac{3}{5}$”，則一升粟等於米的升數爲：糲米＝粟×$\frac{3}{5}$＝$1×\frac{3}{5}$＝$\frac{3}{5}$（升）。

（2）一升又三分之一升粟等於糲米的升數爲：糲米＝粟×$\frac{3}{5}$＝$1\frac{1}{3}×\frac{3}{5}$＝$\frac{4}{5}$（升）。

（3）一升又三分之二升粟等於糲米的升數爲：糲米＝粟×$\frac{3}{5}$＝$1\frac{2}{3}×\frac{3}{5}$＝1（升）。

（4）一升又三分之一升、二分之一升粟等於糲米的升數爲：糲米＝粟×$\frac{3}{5}$＝$(1\frac{1}{3}+\frac{1}{2})×\frac{3}{5}$＝$\frac{11}{6}×\frac{3}{5}$＝$\frac{11}{10}$＝$1\frac{1}{10}$（升）。

【今譯】

一升粟等於五分之三升糲米。一升（又）三分之一升粟等於五分之四升糲米。一升（又）三分之二升粟等於一升糲米。一升（又）三分之一（升）、二分之一升粟等於一升（又）十分之一升糲米。Q7_2_90_0021A＋0409A

【釋文】

粟一升大半、^{（一）}半［升］爲米一升十分升三。粟一升少半、^{（二）}半升、^{（三）}四分升一爲米一升四分升一。Q7_2_91_J26A

【校記】

（一）許道勝（2013A）“大半”後據文意補“升”，並加頓號。此補頓號。

（二）許道勝（2013A）“少半”後據文意補“升”，並加頓號。此補頓號。

（三）此從許道勝（2013A）補頓號。

【算法解析】

（1）根據簡85/0823"糯米＝粟×$\frac{3}{5}$"，則一升又三分之二升、二分之一升粟等於糯米的升數爲：糯米＝粟×$\frac{3}{5}$＝（$1\frac{2}{3}+\frac{1}{2}$）×$\frac{3}{5}$＝$\frac{13}{10}$＝$1\frac{3}{10}$（升）。

（2）一升又三分之一升、二分之一升、四分之一升粟等於糯米的升數爲：糯米＝粟×$\frac{3}{5}$＝（$1\frac{1}{3}+\frac{1}{2}+\frac{1}{4}$）×$\frac{3}{5}$＝$\frac{25}{12}$×$\frac{3}{5}$＝$\frac{5}{4}$＝$1\frac{1}{4}$（升）。

【今譯】

一升（又）三分之二（升）、二分之一升粟等於一升（又）十分之三升糯米。一升（又）三分之一（升）、二分之一升、四分之一升粟等於一升（又）四分之一升糯米。Q7_2_91_J26A

【釋文】

粟半升爲米十分升三。米半升爲粟少半、[一]半升。麥少半升爲米九分升二。麥半升爲米九分〖升〗[二]三。Q7_2_92_0389A[三]

【校記】

（一）許道勝（2013A）"少半"後據文意補"升"，並加頓號。此補頓號。

（二）此從許道勝（2013A）據文意補"升"。

（三）陶安（2016：321）改簡號爲0388。

【算法解析】

（1）根據簡85/0823"粟＝糯米×$\frac{5}{3}$，糯米＝粟×$\frac{3}{5}$"，二分之一升粟等於糯米的升數爲：糯米＝粟×$\frac{3}{5}$＝$\frac{1}{2}$×$\frac{3}{5}$＝$\frac{3}{10}$（升）。

（2）二分之一升糯米等於粟的升數爲：粟＝糯米×$\frac{5}{3}$＝$\frac{1}{2}$×$\frac{5}{3}$＝$\frac{5}{6}$＝$\frac{1}{3}+\frac{1}{2}$（升）。

（3）根據簡84/0971"糯米＝麥×$\frac{2}{3}$"，三分之一升麥等於糯米的升數爲：糯米＝麥×$\frac{2}{3}$＝$\frac{1}{3}$×$\frac{2}{3}$＝$\frac{2}{9}$（升）。

（4）二分之一升麥等於糯米的升數爲：糯米＝麥×$\frac{2}{3}$＝$\frac{1}{2}$×$\frac{2}{3}$＝$\frac{1}{3}$＝$\frac{3}{9}$（升）。

【今譯】

二分之一升粟等於十分之三升糲米。二分之一升糲米等於三分之一（升）（加上）二分之一升粟。三分之一升麥等於九分之二升糲米。二分之一升麥等於九分之三（升）糲米。Q7_2_92_0389A

【釋文】

［麥少］半升爲米九分升二。［麥］半升爲米九分升三。米半升爲麥四分升三。米少半升爲麥半升。Q7_2_93_0647A

【算法解析】

（1）根據簡84/0971"麥＝糲米$\times \frac{3}{2}$，糲米＝麥$\times \frac{2}{3}$"，三分之一升麥等於糲米的升數爲：糲米＝麥$\times \frac{2}{3} = \frac{1}{3} \times \frac{2}{3} = \frac{2}{9}$（升）。

（2）半升麥等於糲米的升數爲：糲米＝麥$\times \frac{2}{3} = \frac{1}{2} \times \frac{2}{3} = \frac{1}{3} = \frac{3}{9}$（升）。

（3）半升糲米等於麥的升數爲：麥＝糲米$\times \frac{3}{2} = \frac{1}{2} \times \frac{3}{2} = \frac{3}{4}$（升）。

（4）三分之一升糲米等於麥的升數爲：麥＝糲米$\times \frac{3}{2} = \frac{1}{3} \times \frac{3}{2} = \frac{1}{2}$（升）。

【今譯】

三分之一升麥等於九分之二升糲米。二分之一升麥等於九分之三升糲米。二分之一升糲米等於四分之三升麥。三分之一升糲米等於二分之一升麥。Q7_2_93_0647A

【釋文】

麥一升爲米大半升。米一［升爲麥一升半升］。［糲（糲）］一升爲粺十分升九[1]。粺一升爲糲（糲）一升九分升一。[2]Q7_2_94_2021A＋0822A

【匯釋】

①糲：後作"糲"，粗米、糙米。《數》中也稱"米"。《說文·米部》："糲，粟重一秅，爲十六斗太半斗，舂爲米一斛曰糲。"段玉裁注："今皆作糲。"《史記·刺客列傳》："故進百金者，將用爲大人麤糲之費。"司馬貞《史記索隱》："糲猶麤米也，脫粟也。"

②蕭燦（2015：70）：簡0822與簡2021上下拼綴爲一枚簡。蘇意雯（2012）認爲按內容和體例，簡0974是粟米的交換關係，簡2021＋0822是麥米與糲粺的換算關係，"簡2021＋0822應排於簡0974之後"。

【算法解析】

（1）根據簡84/0971"麥 = 穤米 × $\frac{3}{2}$，穤米 = 麥 × $\frac{2}{3}$"，一升麥等於穤米的升數

爲：穤米 = 麥 × $\frac{2}{3}$ = 1 × $\frac{2}{3}$ = $\frac{2}{3}$（升）。

（2）一升穤米等於麥的升數爲：麥 = 穤米 × $\frac{3}{2}$ = 1 × $\frac{3}{2}$ = $\frac{3}{2}$ = 1$\frac{1}{2}$（升）。

（3）根據一升穤等於十分之九升粺，一升粺等於一升又九分之一升穤，則粺 ÷

穤 = $\frac{9}{10}$，即穤、粺換算比率爲：粺 = 穤 × $\frac{9}{10}$，穤 = 粺 × 1$\frac{1}{9}$。

【今譯】

一升麥等於三分之二升穤米。一升穤米等於一升（又）二分之一升麥。一升穤米等於十分之九升粺。一升粺等於一升（又）九分之一升穤米。Q7_2_94_2021A + 0822A

【釋文】

米大半升爲麥一升。米半升爲粺廿分升九。米少半升爲粺十分升三。米大【半升爲粺五分升三】☐[①]Q7_2_95_0538A

【匯釋】

①蘇意雯（2012）：簡0538應排於簡0649之後……而原本蕭燦安排在此兩枚簡中間的簡2021 + 0822的內容，則是"麥換米 + 米換麥"以及"穤換粺 + 粺換穤"。從內容格式來看，其顯然並不能與前後兩枚簡看成同一類型。反而與簡0974後半部內容爲"粟換米 + 米換粟"可看作同一類型。

【算法解析】

（1）根據簡84/0971"麥 = 穤米 × $\frac{3}{2}$"，三分之二升穤米等於麥的升數爲：麥 =

穤米 × $\frac{3}{2}$ = $\frac{2}{3}$ × $\frac{3}{2}$ = 1（升）。

（2）根據簡85/0823"粺 = 穤米 × $\frac{9}{10}$"，二分之一升穤米等於粺的升數爲：粺 =

穤米 × $\frac{9}{10}$ = $\frac{1}{2}$ × $\frac{9}{10}$ = $\frac{9}{20}$（升）。

（3）三分之一升穤米等於粺的升數爲：粺 = 穤米 × $\frac{9}{10}$ = $\frac{1}{3}$ × $\frac{9}{10}$ = $\frac{3}{10}$（升）。

（4）三分之二升穤米等於粺的升數爲：粺 = 穤米 × $\frac{9}{10}$ = $\frac{2}{3}$ × $\frac{9}{10}$ = $\frac{3}{5}$（升）。

【今譯】

三分之二升糯米等於一升麥。二分之一升糯米等於二十分之九升粺。三分之一升糯米等於十分之三升粺。（三分之二升）糯米（等於五分之三升粺）☑

Q7_2_95_0538A

【釋文】

［米］一升爲［毀（毇）］十分升八。米一升爲尗（叔—菽）(一)、荅、麥一［升半升]①。以粟求粺，丗（卅）〈廿〉七齣（之），五十而成一②。以粺求粟，五十齣（之），丗（卅）〈廿〉七而成一。Q7_2_96_0987A

【校記】

（一）整理者（2011：84）、陳松長（2018：100）作“叔（菽）”，此改爲“尗（叔—菽）”，後文同。

【匯釋】

①尗：“尗”同“叔”，“叔”通“菽”，大豆。《說文·又部》：“尗，叔或从寸。”《廣雅·釋草》：“大豆，尗也。”《左傳·成公十八年》：“周子有兄而無慧，不能辨菽麥。”杜預注：“菽，大豆也。”《馬王堆漢墓帛書·明君》：“卷（圈）馬食叔粟，戎馬食苦（枯）芉（稈）復庾。”

荅：小豆。《說文·艸部》：“荅，小尗也。”《廣雅·釋草》：“小豆，荅也。”《九章算術·粟米》：“菽、荅、麻、麥，各四十五。”

②五十而成一：五十成爲一，即除以五十。

【算法解析】

（1）根據簡86/0853“毇＝糯米×$\frac{8}{10}$”，一升糯米等於毇的升數爲：毇＝糯米×$\frac{8}{10}=1×\frac{8}{10}=\frac{8}{10}$（升）。

（2）可參見簡97/0459“以米求尗（叔—菽），因而三齣（之），二成一”，《算數書》“粟爲米”條“麻、麥、菽、荅三而當米二”所載菽、荅、麥與糯米的換算比率與《數》相同。《九章算術·粟米》“糯米三十……菽、荅、麻、麥，各四十五”，所載菽、荅、麥與糯米（即“米”）的換算比率相同。

菽或荅或麥＝糯米×$\frac{3}{2}$，一升糯米等於一又二分之一升菽。

（3）可參見簡86/0853“以粺求粟，廿七母五十曻（實）”，粟＝粺×$\frac{50}{27}$，粺＝粟×$\frac{27}{50}$。

【今譯】

一升糯米等於十分之八升穀。一升糯米（分別）等於一升（又）二分之一升菽、荅、麥。用粟求取粺，二十七（乘以）粟，除以五十。用粺求取粟，五十（乘以）粺，除以二十七。Q7_2_96_0987A

【釋文】

以米求村（叔一菽），因而三出（之），二成一。以村（叔一菽）求米，因而佰（倍）出（之），三成一。以粺求米，因而十出（之），九成一。以米求粺，因而九出（之），十成一。Q7_2_97_0459A

【算法解析】

今按：本題不同糧食的換算比率爲：菽 = 糯米 $\times \frac{3}{2}$，糯米 = 菽 $\times \frac{2}{3}$，糯米 = 粺 $\times \frac{10}{9}$，粺 = 糯米 $\times \frac{9}{10}$。

【今譯】

用糯米求取菽，因而三（乘以）糯米，除以二。用菽求取糯米，因而加倍菽，除以三。用粺求取糯米，因而十（乘以）粺，除以九。用糯米求取粺，因而九（乘以）糯米，除以十。Q7_2_97_0459A

【釋文】

以米求毀（穀），八出（之），十而成一。以毀（穀）求米，十出（之），八而成一。以粺求毀（穀），八出（之），九而成一。以毀（穀）求粺，九出（之），八而成一。Q7_2_98_0786A

【算法解析】

（1）可參見簡86/0853，穀 = 糯米 $\times \frac{8}{10}$，糯米 = 穀 $\times \frac{10}{8}$。

（2）可參見簡87/0756，穀 = 粺 $\times \frac{8}{9}$，粺 = 穀 $\times \frac{9}{8}$。

【今譯】

用糯米求取穀，八（乘以）糯米，除以十。用穀求取糯米，十（乘以）穀，除以八。用粺求取穀，八（乘以）粺，除以九。用穀求取粺，九（乘以）穀，除以八。Q7_2_98_0786A

【釋文】

以粺〈粟〉求毇（毇）①，廿四出（之），五十而成一。以毇（毇）求粟，五十出（之），廿四而成一。以米求粺，九出（之），十成一。以粺求米，十出（之），九成一。Q7_2_99_0787A

【匯釋】

①整理者（2011：85）據後面的簡文及驗算，認爲"粺"應是"粟"的誤寫。

【算法解析】

（1）可參見簡88/0974，毇＝粟×$\frac{24}{50}$，粟＝毇×$\frac{50}{24}$。

（2）可參見簡97/0459，粺＝糲米×$\frac{9}{10}$，糲米＝粺×$\frac{10}{9}$。

【今譯】

用粟求取毇，二十四（乘以）粟，除以五十。用毇求取粟，五十（乘以）毇，除以二十四。用糲米求取粺，九（乘以）糲米，除以十。用粺求取糲米，十（乘以）粺，除以九。Q7_2_99_0787A

【釋文】

［以麥求粟，因〖而〗（一）倍（倍）出（之），有（又）五出（之）〗，九成一。［以粟］求［麥］，因〖而〗（二）九［出（之），十成一〗。以粺求粟，因而五〖十〗出（之）①，有（又）直（置）三［壹］方而九出（之）②，以爲法，如法成一。Q7_2_100_1825A

【校記】

（一）此據許道勝（2013A）依文例補"而"。

（二）同（一）。

【匯釋】

①整理者（2011：86）、日本"中國古算書研究會"（2016：93）依題意，認爲"因而五之"應爲"因而五十之"。許道勝（2013A）：可依本簡（第1欄）文例，在"之"下補"有十之以爲實"諸字，更符合簡文的表述習慣。

②有直三壹方而九出：**又擺置三在一旁，九（乘以）它。有兩說：一、將"三壹方"理解爲"三"。**陳松長（2018：100）：此處指三乘以九。蕭燦（2015：71）引用鄒大海2010年11月8日郵件內容："直三壹方而九之"，即在一旁（用算籌）擺放三，再以九乘之。"壹方"指一旁、一邊。蘇意雯（2012）贊成此說。**二、將**

"三壹方"理解爲"三的平方"。如蕭燦（2015：71）引用鄒大海2010年11月8日郵件内容："有直三壹方而九之"或能斷句爲"有直三，壹方而九之"，意思是：又（用算籌）擺放三，以它的壹方即九乘之。"三的壹方"可能指三的平方。在宋代的數學著作中，有"N乘方"表示（N+1）次方的情況。許道勝（2013A）：按原注釋的理解，"三壹方"意即"三"。其實，"三壹方"據文意似應理解爲"三的平方"。若如此理解無誤，則"九"應爲"三"之誤。本簡"以粺求粟"，實爲：5×10，法爲：$3^2 \times 3 = 27$。

【算法解析】

（1）可參見簡84/0971，粟 = 麥 × 2 × 5 ÷ 9 = 麥 $\frac{10}{9}$，麥 = 粟 × $\frac{9}{10}$。

（2）可參見簡86/0853、96/0987，粟 = 粺 × 50 ÷（3×9）= 粺 × $\frac{50}{27}$。

【今譯】

用麥求取粟，因（而）加倍麥，又五（乘以）麥，除以九。用粟求取麥，因（而）九（乘以）粟，除以十。用粺求取粟，因而五（十乘以）粺，又擺置三在一旁，然後九（乘以）它，作爲除數，（被除數中）有與除數相等的，就得一平方步。Q7_2_100_1825A

【釋文】

以粟求村（叔—菽）、苔、麥，九出（之），十而成一。以米求村（叔—菽）、苔、麥，三出（之），二成一。以稻粟①求村（叔—菽）、苔、麥，三出（之），四成一。米一升少半、〔一〕半升、〔二〕四分升一爲粟三升卅（卅）六分升廿〈十〉〔三〕七。Q7_2_101_0776A

【校記】

（一）許道勝（2013A）"少半"後據文意補"升"，並加頓號。此補頓號。

（二）此補頓號。

（三）陳松長（2018：101）作"廿"。此據計算結果改爲"廿〈十〉"。

【匯釋】

①稻粟：未春的稻禾。李小博（2014）：稻粟指未脱殼的大米，稻米則指大米。

【算法解析】

今按：《算數書》"粟爲米"條"麻、麥、菽、苔三而當米二，九而當粟十。粟五爲米三，米十爲粺九，爲毁（毇）八。麥三而當稻粟四，禾粟五當稻粟四"，所載菽、荅、麥與粟的換算，菽、荅、麥與米的換算，麥與稻粟的換算，比率均與《數》相同。

（1）菽或荅或麥 = 粟 $\times \dfrac{9}{10}$。

（2）可參見簡 96/0987，菽或荅或麥 = 糲米 $\times \dfrac{3}{2}$。

（3）菽或荅或麥 = 稻粟 $\times \dfrac{3}{4}$。

（4）粟 = 糲米 $\times \dfrac{5}{3}$ = $\left(1\dfrac{1}{3} + \dfrac{1}{2} + \dfrac{1}{4} \right) \times \dfrac{5}{3} = \dfrac{125}{36} = 3\dfrac{17}{36}$（升）。

【今譯】

用粟（分別）求取菽、荅、麥，九（乘以）粟，除以十。用糲米（分別）求取菽、荅、麥，三（乘以）糲米，除以二。用未舂的稻禾（分別）求取菽、荅、麥，三（乘以）未舂的稻禾，除以四。一升（又）三分之一（升）、二分之一升、四分之一升糲米等於三升（又）三十六分之十七升粟。Q7_2_101_0776A

【釋文】

☐【以粟】［求］(一)［糲①，因而］三［出（之），有（又）九出（之）②，直（置）］五壹方［而］［十](二)［出（之）]③，［以］爲法，如法而成一。毀（毇）米一升爲粟二(三)升有（又）十〖二〗(四)分升一。Q7_2_102_1745A

【校記】

（一）陳松長（2018：101）作"☐"。此據墨跡和許道勝（2013A）改爲"求"，並於其前補"以粟"。

（二）陳松長（2018：101）作"☐"，此從謝坤（2014）、日本"中國古算書研究會"（2016：94）依糲粟換算比率改爲"十"。

（三）陳松長（2018：11）誤加"〖〗"，此刪去。

（四）此據陳松長（2018：101）注釋補"二"。

【匯釋】

①許道勝（2013A）：此句原文可能是"以粟求糲"。日本"中國古算書研究會"（2016：94）：簡開頭的"糲"之前大概有"以粟求"的文字。今按：參見簡 0987"以粟求糲，丗（卅）〈廿〉七出（之），五十而成一"、簡 0853"以粟求糲，五十母廿七君（實）"，糲 = 粟 $\times \dfrac{27}{50}$，根據文例以及糲與粟的換算比率，上述兩說可從。

②許道勝（2013A）認爲"之"後可補"以爲實"三字。

③關於該句，有三說：**一、"而"後面是"十"**。謝坤（2014）：該簡與簡1825的内容一致，即"直（置）五壹方而【十】之"，指以算籌擺置五，再以十乘之。日本"中國古算書研究會"（2016：94）持此說。**二、"而"後面可能是"二"或"倍"字**（許道勝，2013A）。**三、"而"後面可能是"十"或"二"**。陳松長（2018：101）認爲"直（置）五壹方而十之"，指五乘以十，也可能是"直（置）五壹方而二之"，將五的平方以二乘。

【算法解析】

（1）粺 = 粟 × 3 × 9 ÷（5 × 10）= 粟 × 27 ÷ 50 = 粟 × $\frac{27}{50}$。

（2）可參見簡88/0974、99/0787"粟 = 穀 × $\frac{50}{24}$"，粟 = 1 × $\frac{50}{24}$ = 2$\frac{1}{12}$（升）。

【今譯】

☐（用粟）求取粺，因而三（乘以）粟，又九（乘以）粟，擺置五在一旁，十（乘以）它，作爲除數，（被除數中）有與除數相等的，成爲一。一升穀米等於二升又十（二）分之一升粟。Q7_2_102_1745A

【釋文】

☐粢（粢）一石十六斗大半斗①。稻一［石］【廿斗】⁽一⁾②。［粢（粢）］甬（桶）［少］稻石三斗少半斗☐③Q7_2_109_2066A⁽二⁾ + 0918A⁽三⁾

【校記】

（一）此從蕭燦（2015：74 – 75）、許道勝（2013A）刪去"☐"。

（二）陶安（2016：321）改簡號爲2070。

（三）陶安（2016：321）改簡號爲0917。此據蕭燦（2015：74 – 75）注釋，從許道勝（2013A）綴合簡2066和簡0918。

【匯釋】

①粢：**同"粢"，穀子**。《說文·禾部》："齋，稷也。粢，齋或从次。"《玉篇·米部》："粢，稷米也。"日本"中國古算書研究會"（2016：111）根據《算數書》"程禾"題"禾黍一石爲粟十六斗泰（大）半斗"與本題内容相同，認爲"粢"可能指"禾黍"。

②蕭燦（2015：74 – 75）復原簡文爲"粢（粢）一石十六斗大半斗。稻一石〔廿斗〕。［粢（粢）］甬（桶）少稻石三斗少半斗"。許道勝（2013A）綴合簡109/2066和簡0918，認爲簡文可復原作"粢（粢）一石十六斗大半斗。稻一石【廿斗】。【粢（粢）】甬（桶）少稻石三斗少半【斗】"。陳松長（2018：101）將

簡 0918 與簡 0882、簡 C100102 綴合歸爲簡 110，簡 109/2066 作"□粲（粲）一石十六斗大半斗。稻一石【廿斗】□"。

③甬：通"桶"，容積單位，相當於"石"（整理者，2011：91）。《睡虎地秦墓竹簡·效律》"甬（桶）不正，二升以上，貲一甲"，注曰："量制，桶（十斗，一百升），誤差二升以上，貲一甲。"

【算法解析】

今按：參見《算數書》"程禾"條簡 88"禾黍一石爲粟十六斗泰（大）半斗"、簡 89"稻禾一石爲粟廿斗"和《睡虎地秦墓竹簡·倉律》"稻禾一石爲粟廿斗"，可知本題"粲（粲）一石十六斗大半斗。稻一石廿斗"指的是粲粟換算比率和稻粟換算比率。

容積一石的稻與容積一桶的粲換算成粟，在重量上相差 $3\frac{1}{3}$ 斗，$3\frac{1}{3} + 16\frac{2}{3} = 20$（斗），可知"稻一石"後可補"廿斗"。

根據一石（即十斗）重的粲等於十六斗又三分之二斗重的粟，那麽 $\dfrac{\text{粲}}{\text{粟}} = \dfrac{10}{16\frac{2}{3}}$，

粲粟換算比率爲：粲 $= \dfrac{3}{5} \times$ 粟。

根據一石（即十斗）重的稻等於二十斗重的粟，那麽 $\dfrac{\text{稻}}{\text{粟}} = \dfrac{10}{20}$，稻粟換算比率爲：稻 $= \dfrac{1}{2} \times$ 粟。

【今譯】

□一石粲（等於）十六斗（又）三分之二斗（粟）。一石稻（等於二十斗粟）。一桶粲比一石稻少三斗（又）三分之一斗（粟）□Q7_2_109_2066A＋0918A

【釋文】

□得（得）一①，以稻甬（桶）求【粲（粲）】甬（桶），六出（之），五而得（得）一［甬（桶）］(一)有（又）□□□②Q7_2_110_C100102A(二)＋0882A(三)

【校記】

（一）整理者（2011：90）作"□"，陳松長（2018：101）作"甬"，此從張顯成、謝坤（2013），改爲"甬（桶）"。

（二）陶安（2016：326）改簡號爲 C488。

（三）陶安（2016：321）改簡號爲 0883。整理者（2011：90）、日本"中國古算書研究會"（2016：110）、陳松長（2018：101）將簡 0918、簡 0882、簡 C100102

綴合，編爲簡110。此從許道勝（2013A）將簡2066與簡0918綴合成簡109，將簡C100102放在簡0882前面綴合成簡110。

【匯釋】

①許道勝（2013A）：據文意，"得（得）"上或可補"以粢（粢）甬（桶）求稻甬（桶），五之，六而"諸字。

②甬：張顯成、謝坤（2013）認爲"粢、稻的計算單位都是'甬（桶）'，而且殘簡之前爲數字，故後應接計量單位"，而且 ![字] 整體輪廓與甬（桶）相似，並舉同簡的甬（桶）作 ![字]、![字]、![字] 形爲證，因此認爲該字爲"甬（桶）"。

張顯成、謝坤（2013）認爲所殘兩字可補"大半甬（桶）"或"少半甬（桶）"。

整理者（2011：90）：簡110作"☑【粢（粢）】甬（桶）少稻石三斗少半斗☑ ☑粢（粢）甬（桶）六之五而得一☑有（又）☑☑☑ ☑得一，以稻甬（桶）求☑"。陳松長（2018：101）作"☑【粢（粢）】甬（桶）少稻石三斗少半斗粢（粢）甬（桶）六之五而得一甬（桶）有（又）☑☑得一，以稻甬（桶）求☑"。

許道勝（2013A）將簡C100102放在簡0882前面，認爲"參彩色圖版，C100102之末、0882之首的斷口處基本可合，文意亦相接，可綴合。……簡號相應改作110（C100102＋0882）"。

【算法解析】

今按：參見簡109/2066＋0918，粢 $= \frac{3}{5} \times$ 粟，稻 $= \frac{1}{2} \times$ 粟，那麼粢÷稻 $= \frac{3}{5} \div \frac{1}{2} = \frac{6}{5}$，可得：粢 $= \frac{6}{5} \times$ 稻，稻 $= \frac{5}{6} \times$ 粢，與本題所載稻粢換算比率相符。

【今譯】

☑得一，用一桶稻求取一桶（粢），六乘以稻，（除以）五而得一桶又☑☑☑Q7_2_110_C100102A＋0882A

【釋文】

【粢（粢）一石爲稻八斗少半斗。稻】[一][一石]爲粢（粢）一石二[二]【斗】[三]①。Q7_2_111_C140101A[四]

【粢（粢）百石爲稻八十三石三斗少半斗。稻】[五][百石]爲粢（粢）百廿石。[六]②Q7_2_111_1733A

【校記】

（一）此據簡 112/0791、簡 113/0938 的文例和稻粲換算比率，從許道勝（2013A）補"粲（粲）一石爲稻八斗少半斗。稻"。

（二）陳松長（2018：101）認爲"二"爲"三"之訛。原簡作"二"無誤。

（三）陳松長（2018：101）補"斗少半斗稻"。此據稻粲換算比率，從許道勝（2013A）補"斗"。

（四）陶安（2016：326）改簡號爲 C621。

（五）此據簡 112/0791、簡 113/0938 的文例和稻粲換算比率，從許道勝（2013A）補"粲（粲）百石爲稻八十三石三斗少半斗。稻"。

（六）此從許道勝（2013A）依空白簡末刪去"☒"，並加句號。整理者（2011：90）、日本"中國古算書研究會"（2016：112）、陳松長（2018：101）將簡 C140101 和簡 1733 綴合，編爲簡 111。此從許道勝（2013A）據 112/0791、簡 113/0938 文例，拆分二簡。

【匯釋】

①陳松長（2018：101）認爲可復原爲"〔稻〕一石爲粲一石（三斗少半斗）"。今按：此處未說明復原的原因，據計算結果可大概推測，1 石稻等於 $\frac{6}{5}$ 石粲，即 $1\frac{1}{5}$ 石粲，該說誤將簡 109/2066"粲（粲）一石十六斗大半斗"當成一石粲換算成斗的比率，$\frac{1}{5}$ 石 $\times 16\frac{2}{3} = 3\frac{1}{3}$ 斗，即 1 石 $3\frac{1}{3}$ 斗，所以該說誤認爲原簡"二"爲"三"之訛，且應補"斗少半斗"。

②整理者（2011：90）：簡 111 作"☒一石爲粲一石二〈三〉☒　☒【百石】爲粲百廿石☒"。陳松長（2018：101）作"☒【稻】一石爲粲（粲）一石二〈三〉【斗少半斗稻百石】爲粲（粲）百廿石☒"。

許道勝（2013A）將簡 C140101 與簡 1733 分立，參照簡 112/0791、簡 113/0938，認爲簡 C140101 可復原爲"【粲（粲）一石爲稻八斗少半斗。稻一石】爲粲（粲）一石二【斗】"，簡 1733 可復原爲"【粲（粲）百石爲稻八十三石三斗少半斗。稻百石】爲粲（粲）百廿石"，"【粲（粲）十石爲稻八石三斗少半斗。稻十石爲粲（粲）十二石】"爲佚簡。

【算法解析】

（1）根據粲 $= \frac{6}{5} \times$ 稻，稻 $= \frac{5}{6} \times$ 粲，推算一石粲等於多少稻，一石稻等於多少粲，算法爲：稻 $= \frac{5}{6} \times$ 粲 $= \frac{5}{6} \times 1 = \frac{5}{6}$（石），根據一石等於十斗，換算成斗：$\frac{5}{6} \times 10 = \frac{25}{3} = 8\frac{1}{3}$（斗），那麼一石粲等於八斗又三分之一斗稻。

粲 $=\frac{6}{5}\times$ 稻 $=\frac{6}{5}\times 1 = 1\frac{1}{5}$（石）， $\frac{1}{5}\times 10 = 2$（斗），一石稻等於一石二斗粲。

（2） 稻 $=\frac{5}{6}\times$ 粲 $=\frac{5}{6}\times 100 = \frac{250}{3} = 83\frac{1}{3}$（石），根據一石等於十斗，三分之一石換算成斗： $\frac{1}{3}\times 10 = 3\frac{1}{3}$（斗），那麼一百石粲等於八十三石三又三分之一斗稻。

粲 $=\frac{6}{5}\times$ 稻 $=\frac{6}{5}\times 100 = 120$（石），一百石稻等於一百二十石粲。

【今譯】

（一石粲等於八斗又三分之一斗稻。）一石（稻）等於一石二（斗）粲。Q7_2_111_C140101A

（一百石粲等於八十三石三又三分之一斗稻。）一百石稻等於一百二十石粲。Q7_2_111_1733A

【釋文】

粲（粲）千石爲稻八百世（卅）三石三斗少半斗。稻千石爲粲（粲）千二百石。Q7_2_112_0791A

【算法解析】

（1） 稻 $=\frac{5}{6}\times$ 粲 $=\frac{5}{6}\times 1\,000 = \frac{2\,500}{3} = 833\frac{1}{3}$（石），根據一石等於十斗，三分之一石換算成斗： $\frac{1}{3}\times 10 = 3\frac{1}{3}$（斗），那麼一千石粲等於八百三十三石三又三分之一斗稻。

（2） 粲 $=\frac{6}{5}\times$ 稻 $=\frac{6}{5}\times 1\,000 = 1\,200$（石），一千石稻等於一千二百石粲。

【今譯】

一千石粲等於八百三十三石三斗（又）三分之一斗稻。一千石稻等於一千二百石粲。Q7_2_112_0791A

【釋文】

粲（粲）萬石爲稻八千三百世（卅）三石三斗少半斗。稻萬石爲粲（粲）萬二千石。Q7_2_113_0938A

【算法解析】

（1） 稻 $=\frac{5}{6}\times$ 粲 $=\frac{5}{6}\times 10\,000 = \frac{25\,000}{3} = 8\,333\frac{1}{3}$（石），根據一石等於十斗，

三分之一石換算成斗：$\frac{1}{3} \times 10 = 3\frac{1}{3}$（斗），那麼一萬石粱等於八千三百三十三石三又三分之一斗稻。

（2）粱 $= \frac{6}{5} \times$ 稻 $= \frac{6}{5} \times 10\,000 = 12\,000$（石），一萬石稻等於一萬二千石粱。

【今譯】

一萬石粱等於八千三百三十三石三斗（又）三分之一斗稻。一萬石稻等於一萬二千石粱。Q7_2_113_0938A

【釋文】

粟□☒［廿一分升十一］①，［今毀（毇）］一石［得（得）六］升廿二分升②☒Q7_2_114_0649A⁽⁻⁾

【校記】

（一）陶安（2016：321）改簡號爲0650‐2。

【匯釋】

①許道勝（2013A）：廿，也可能是"卅（卌）"或"卌（冊）"。兩處"一"，也可能分別是"七""八"。

②今毀（毇）：整理者（2011：92）作"□□"，張顯成、謝坤（2013）和陳松長（2018：102）认爲是"今毀"。今按：二字右半殘，"今"作 ▲（簡0973）、▲（簡0943）形，▮與"今"左半同。"毀（毇）"作 ▮（簡0787）、▮（簡0853）、▮（簡0981）形，▮與"毀（毇）"左半相似，左上爲"臼"的左半，左下爲"壬"的右半。張顯成、謝坤（2013）"左上爲撇和田字形"之說不確。

得（得）六：整理者（2011：92）作"□□"，張顯成、謝坤（2013）據文意推測第一個殘字▮爲動詞"得"所从"彳"旁，據文例推測▮爲數詞，並比對各數詞，指出▮爲"六"。陳松長（2018：102）採用。

張顯成、謝坤（2013）指出整理者（2011：92）漏釋"二"。

【今譯】

粟□☒二十一分之十一升，假如一石毇得到六升（又）二十二分☒Q7_2_114_0649A

【釋文】

黍粟廿三斗六升壺（重）⁽⁻⁾一石①。水十五斗［壺（重）］一石②。糯（糯）米廿斗壺（重）一石。麥廿一斗二升壺（重）一石。Q7_2_103_0780A⁽⁻⁾

【校記】

（一）陳松長（2018：102）作"重"，此改爲"壄（重）"，後文同。

（二）陶安（2016：321）改簡號爲0781。

【匯釋】

①黍：古代專指一種子實叫黍子的一年生草本作物。其子實煮熟後有黏性。《說文·黍部》："黍，禾屬而黏者。"《詩經·王風·黍離》："彼黍離離，彼稷之苗。"

黍粟：未舂打的黍。整理者（2011：87）訓"粟"爲"粟穀"。

壄：同"重"，重量。《墨子·雜守》："重五斤已上諸林木，渥水中無過一茷。"

石：重量單位，秦制一石等於一百二十斤。可參見簡80/0458"卅（卅）斤一鈞。四鈞一石"。

②蕭燦、朱漢民（2009C）：當時人們有可能利用水作爲體積重量換算中的標準常量，也可能在生活實踐中應用了"比重"的觀念。陳松長（2018：102）認爲"水十五斗重一石"可能爲"量度參考"。日本"中國古算書研究會"（2016：115）認爲簡103—106"列舉了重量爲1石的水及多種穀物所對應的容積"。

【今譯】

（容積）二十三斗六升未舂打的黍重一石。（容積）十五斗水重一石。（容積）二十斗糯米重一石。（容積）二十一斗二升麥重一石。Q7_2_103_0780A

【釋文】

［粺米十九］〖斗〗壄（重）一石①。稷毇（穀）十九斗四升壄（重）一石②。稻粟廿七斗六升壄（重）一石。稷粟廿五斗壄（重）一石③。Q7_2_104_0981A

【匯釋】

①粺米：舂一斗粟系統的糯米而成的九升精米，參簡85/0823注②。

②稷毇：舂一斗稷而成的八升精米。日本"中國古算書研究會"（2016：115）訓"指以舂製出$\frac{8}{10}$分的稷"。

③稷粟：未舂打的稷。

日本"中國古算書研究會"（2016：115）：本簡表示的是對應一定重量的容積，即比重的逆數。

【今譯】

（容積）十九（斗）粺米重一石。（容積）十九斗四升稷毇重一石。（容積）二十七斗六升未舂打的稷重一石。（容積）二十五斗未舂打的稷禾重一石。
Q7_2_104_0981A

【釋文】

稻米十九斗二升垔（重）一石。Q7_2_105_0886A(一)

【校記】

（一）陶安（2016：321）改簡號爲0887。

【今譯】

（容積）十九斗二升稻米重一石。Q7_2_105_0886A

【釋文】

荅十九斗垔（重）一石。麻廿六斗六升垔（重）一石①。村（叔一菽）廿斗五
升垔（重）一石。Q7_2_106_0852A

【匯釋】

①麻：日本"中國古算書研究會"（2016：115）、陳松長（2018：102）：這裏
指食物。

【今譯】

（容積）十九斗荅重一石。（容積）二十六斗六升麻重一石。（容積）二十斗五
升菽重一石。Q7_2_106_0852A

【釋文】

☒［稻粟(一)三尺二寸五分］寸二一石①。麥二尺四寸一石。②Q7_2_107_0760A

【校記】

（一）蕭燦（2015：73）依題意和筆畫殘痕補出。

【匯釋】

①陳松長（2018：102）：稻粟三尺二寸五分寸二一石，指稻粟堆積爲四棱柱，
底爲一平方尺，其高三尺二寸五分寸二，其重一石。一般來說，古算書中說面積 a
尺 b 寸 c 分時，是從一個一邊長爲1尺，另一邊長爲 a 尺 b 寸 c 分的長方形來說的；
說體積 a 尺 b 寸 c 分時，是從一個底爲一平方尺的四棱柱其高爲 a 尺 b 寸 c 分這個角
度來衡量的。總之，一般情況都是以最大單位爲邊或以最大單位的平方爲底，另一
邊的長爲該數字。

②蕭燦、朱漢民（2009C）：這組簡記錄的是各種物質的體積重量關係，其實質是記錄了物質的體積與重量之比。

【算法解析】

日本"中國古算書研究會"（2016：115）："二寸五分寸二"表示底面 1 平方尺×高 $2\frac{2}{5}$ 寸 =240 立方寸，並非表示 $2\frac{2}{5}$ 立方寸。"三尺二寸五分寸二"表示底面 1 平方尺×高 3 尺 $2\frac{2}{5}$ 寸 =100 平方寸×32.4 寸 =3 240 立方寸。

今按：相同的體積表示可見簡 175/0498 "禾石居十二尺。萬石，十二萬尺"和《九章算術·商功》"程粟一斛，積二尺七寸。其米一斛，一尺六寸五分寸之一。其菽、荅、麻、麥一斛，皆二尺四寸十分寸之三"，都是指四棱柱的底爲邊長 1 尺的正方形這種情況。

【今譯】

☐稻粟（堆積）三尺二寸五分之二寸（重）一石。麥（堆積）二尺四寸（重）一石。Q7_2_107_0760A

【釋文】

芻新（薪）積廿八尺一石①。稾②卅（卅）一尺一石。茅③卅（卅）六尺一石。Q7_2_108_0834A

【匯釋】

①芻新："新"通"薪"。芻薪，薪芻、柴草。上博簡《多薪》"多新（薪）多新（薪），莫奴（如）萑葦"，《馬王堆漢墓帛書·稱》"百姓斬木艾新而各取富焉"。《周禮·秋官·掌客》："米二十車，禾三十車，芻薪倍禾，皆陳。"**有兩說：一、"新"通"薪"，"芻新"訓"柴草"**（謝坤，2014）。日本"中國古算書研究會"（2016：117）訓"芻"指"割掉的草"。**二、"新"讀如字，訓"新的"，訓"芻新"爲"新芻"**。鄔文玲（2013）據張家山漢簡《二年律令》"入頃芻稾……令各入其歲所有，毋入陳，不從令者罰黃金四兩"，指出交納的芻、稾必須是當年的"新"的。"芻新積廿八尺一石"，意即當年的新芻堆積體積達到二十八尺，即等於一石。許道勝（2013A）從此說。

積：**堆積、堆疊**。《說文·禾部》："積，聚也。"《荀子·勸學》："積土成山，風雨興焉；積水成淵，蛟龍生焉。"

②稾：**穀物的莖稈**。《說文·禾部》："稾，稈也。"《史記·蕭相國世家》："願令民得入田，毋收稾爲禽獸食。"謝坤（2014）："稾"通"蒿"，爲禾類植物的莖。

③茅：**茅草**。《易·大過》："藉用白茅，無咎。"《詩經·豳風·七月》："晝爾於茅。"日本"中國古算書研究會"（2016：117）："茅"指白茅，是稻科的多年草。

【今譯】

柴草堆積二十八尺（重）一石。槀（堆積）三十一尺（重）一石。茅草（堆積）三十六尺（重）一石。Q7_2_108_0834A

【釋文】

☐［百也，券千萬］者，百中千，券萬萬者，壨（重）百中。[1]Q7_2_118_0988A[一]

【校記】

[一] 陶安（2016：321）改簡號爲0989。

【匯釋】

[1]萬萬：**一億**。湖北雲夢睡虎地77號漢墓《算術》簡"萬乘萬，萬萬也"。

壨：**同"重"，重複**。《易‧繫辭下》："八卦成列，象在其中矣；因而重之，爻在其中矣。"陳松長（2018：103）指出：因前期編排失誤，嶽麓秦簡中共出現兩次"0988"，另一次出現在第三卷的"221/0988＋0995"。

蕭燦（2015：76）：據里耶秦簡刻齒簡狀況，此處簡文應是描述簡側的刻齒符號，即，要用刻齒的辦法表示"千萬"，就在"百"的符號裏加刻"千"的符號。

許道勝（2013A）根據中日聯合調查里耶秦簡簡側不同形態刻齒所代表的數學意義的結果，在木簡的側面先刻出·個表示"百"的形態的"⎯⎤⎦⎯"形，然後在凹槽的中央部位加刻一道深痕，這個深痕在刻齒中的含義是"一"。這就是所謂的"百中一"代表"一萬"，指出"券千萬者，百中千"，就是表示"百"的凹槽中加刻一個表示"千"的形態的刻齒，代表的數字是"一千萬"；"券萬萬者，重百中"，就是表示"百"的凹槽中重疊加刻一個表示"百"的形態的刻齒，代表的數字是"一萬萬"。

據日本"中國古算書研究會"（2016：229）觀察，里耶秦簡"萬"的形狀是在表示"百"的"⎯⎤⎦⎯"底面加刻表示"一"的刻齒"⎯⎯⎤⎯"，爲"⎯⎤⎦⎯"，認爲表示"萬"以上的數值，可能是在表示"百"的刻齒"⎯⎤⎦⎯"中再追加各種契刻。

今按：許說和日本"中國古算書研究會"的說法可從。

【今譯】

☐百，契刻"千萬"，"百"中間（加刻）"千"，契刻"萬萬"，重複（刻"百"）在"百"中間。Q7_2_118_0988A

【釋文】

券朱（銖）升[1]，券兩斗，券斤石，券鈞般〈股〉（鼓）[一][2]，券［十朱（銖）者］【反十】[二]☐[3]Q7_2_117_0836A

【校記】

（一）陳松長（2018：103）作"般（罄）"，彭浩（2013）作"般（槃）"。此改爲"般〈股〉（鼓）"。

（二）此據日本"中國古算書研究會"（2016：232－233）補"反十"。

【匯釋】

①許道勝（2013A）認爲"券朱（銖）升"應即睡虎地漢簡《算術》"券朱（銖）升之"的省稱。

②般："般"爲"股"之訛。"股"讀爲"鼓"，二字同屬見紐魚部。"鼓"在此爲容量單位，一鼓等於十二石。《睡虎地秦墓竹簡·封診式》簡88—89"其頭、身、臂、手指、般〈股〉以下到足，足指類人，而不可智（知）目、耳、鼻、男女"。另有兩說：一、"般"括注爲"罄"（陳松長，2018：103）。二、"般"讀爲"槃"，訓"囊"，爲與"斋"相當的容三石的容量單位（彭浩，2013）。

③日本"中國古算書研究會"（2016：232－233）根據湖北雲夢睡虎地77號漢墓出土《算術》簡中的"券十朱（銖）亦反之"，認爲"券十朱（銖）者"似可補爲"券十朱（銖）者反十"，其意爲，券齒刻10銖時，要把通常表示"十"的刻齒"▽￣"反過來刻成"￣▽"的形狀。

關於簡文的解讀，有三說：一、簡文講述的是如何用刻齒表示銖、升，兩、斗，斤、石，鈞、般。彭浩（2013）認爲"《數》簡117的内容或許與'券'上的刻齒有關"，簡文"可能是說用刻齒如何表示銖、升，兩、斗，斤、石，鈞、斋等的數量"。蕭燦（2015：76）：簡文所述可能與簡側刻齒有關，銖和升符號相同，兩和斗符號相同，斤石、鈞般，亦如是。日本"中國古算書研究會"（2016：231）推測"銖、兩、斤、鈞是重量單位，升、斗、石是容量單位，'般'也很可能是容量單位"，簡文理解爲"在簡側面刻銖和升、兩和斗、斤和石、鈞和般，採用了相同的刻齒形狀"。**二、簡文講述的是記錄"升""斗""石"的重量分別精確到"銖""兩""斤"**（陳松長，2018：103）。今按：日本"中國古算書研究會"（2016：231）的說法可從。參照《算術》"券朱（銖）升之"，簡文應該講述的是重量單位"銖、兩、斤、鈞"和容量單位"升、斗，石、般"在刻齒中用同樣的形狀表示。**三、將"券十朱（銖）者"理解爲"十朱（銖）之券"，認爲"券朱（銖）升"等也作此理解**（伊強，2017：250）。

今按：參照雲夢睡虎地77號漢墓竹簡《算術》"券朱（銖）升之"，簡文應該講述的是重量單位"銖、兩、斤、鈞"和容量單位"升、斗，石、般"在刻齒中用同樣的形狀表示。重量單位和容量單位共用同一套刻齒形狀並不會影響到實際的運算。在《數》簡的實際運算中，也沒有將"升"的重量精確到"銖"，將"斗"的重量精確到"兩"，將"石"的重量精確到"斤"的情況。按照第二種說法，簡文應爲"券升朱（銖），券斗兩，券石斤，券般鈞"才是。我們認爲第一種觀點較爲可信。

【今譯】

契刻"銖"（按照）"升"（刻），契刻"兩"（按照）"斗"（刻），契刻"斤"（按照）"石"（刻），契刻"鈞"（按照）"鼓"（刻），契刻"十銖"（反刻"十"）☐Q7_2_117_0836A

【釋文】

☐【券十】^(一)龠^(二)反^(三)十①，券村（叔—菽）、^(四)荅、^(五)麥十斗者反^(六)十。Q7_2_119_0975A

【校記】

（一）日本"中國古算書研究會"（2016：232 – 233）認爲"龠"前可補"券"。此據文例補"券十"。

（二）陳松長（2018：103）作"篇"，此從許道勝（2013A）據圖版改爲"龠"。

（三）陳松長（2018：103）作"反（返）"，此改爲"反"。

（四）此補頓號。

（五）同（四）。

（六）同（三）。

【匯釋】

①龠：容量單位，一龠等於二分之一合（gě），等於二十分之一升。《漢書·律曆志上》："量者，龠、合、升、斗、斛也，所以量多少也。本起於黃鐘之龠，用度數審其容，以子穀秬黍中者千有二百實其龠，以井水準其概。合龠爲合，十合爲升，十升爲斗，十斗爲斛，而五量嘉矣。"《爾雅·釋器》："龠二曰合，合十曰升。"

反：相反，與"正"相對。《韓非子·六反》："害者，利之反也。"日本"中國古算書研究會"（2016：232 – 233）根據湖北雲夢睡虎地 77 號漢墓《算術》簡中的"券十朱（銖）亦反之"，認爲"篇反（返）十"前可補"券"，意爲"券齒刻 10 篇（勺）的數目時，要把通常表示'十'的刻齒'〰〰'反過來刻成'〰〰'的形狀"。

【今譯】

☐（契刻"十"）龠"反（刻）"十"，契刻十斗"菽""荅""麥"反（刻）"十"。Q7_2_119_0975A

八、衰分類算題

【釋文】

衰分出（之）述（術）①。耤（藉）有五人，此共買鹽一石②，一［人出十錢］③，一［人］〖出〗廿［錢］，［一人出卅（卅）］錢，一人［出卌（卌）錢］，一人出五十錢，今且相去也④，［欲以］錢少［多］⑤Q7_2_120_0772A⁽一⁾分鹽。其述（術）曰：并五人錢以爲法，有（又）各［異置錢］【數】⁽二⁾⑥▯［以一石鹽櫱（乘）］出（之）以爲耤（實），耤（實）如法一斗。Q7_2_121_1659A＋0858A

【校記】

（一）陶安（2016：321）改簡號爲0774。

（二）整理者（2011：94）、陳松長（2018：103）作"▯"，此從蘇意雯（2012）、日本"中國古算書研究會"（2016：201）依文例補"數"。

【匯釋】

①衰：音 cuī。由大到小依照一定的等級遞減（陳松長，2018：103）。《左傳·襄公二十五年》："且昔天子之地一圻，列國一同，自是以衰。"杜預注："衰，差降。"《淮南子·說林訓》："十頃之陂，可以灌四十頃，而一頃之陂，可以灌四頃，大小之衰然。"高誘注："衰，差也。"蘇意雯（2012）：此處"衰"相當於等差數列的公差。

衰分：**按照等差分配，古代數學名詞，今稱"配分比例"**。《九章算術》："衰分術曰：各置列衰，副并爲法，以所分乘未并者各自爲實，實如法而一。不滿法者，以法命之。"整理者（2011：94）：即按比例分配。

②共：**共同，總括副詞**。

③出：**拿出**。《尚書·盤庚上》："各長於厥居，勉出乃力，聽予一人之作猷。"

④且：**將要，副詞**。《詩經·齊風·雞鳴》："會且歸矣，無庶予子憎。"

去：**離開**。《詩經·大雅·生民》："鳥乃去矣，后稷呱矣。"許道勝（2013A）訓"離"。

⑤以：**按照，介詞**。《易·繫辭上》："方以類聚，物以群分。"《商君書·更法》："禮、法以時而定，制、令各順其宜。"

少多：**即"多少"**。睡虎地秦簡《田律》："稼已生後而雨，亦輒言雨少多，所利頃數。"許道勝（2013A）：即少和多，亦即多少。日本"中國古算書研究會"

（2016：200）：本題"少多"指金額的大小。又以數量的多少也作"少多"。

⑥異：**分開**。《說文·異部》："異，分也。"《禮記·曲禮上》："群居五人，則長者必異席。"

異置：**分開擺置**。日本"中國古算書研究會"（2016：201）："異置"指在計算時算籌置於另外一個地方。又見《算數書》分錢、米出錢題。

【算法解析】

今按：可參見《算數書》"共買材"條"三分共〔買〕材，以賈（價）一人出五錢，一人出三〔錢〕，一人出二錢。今有贏（盈）四錢，欲以錢數衰分之。出五〔錢〕者得二錢，出三〔錢〕者 32 得一錢五分錢一，出二〔錢〕者得五分錢四。术（術）曰：并三人出錢數以爲法，即以四錢各乘所出錢數〔以爲實〕，如法得一錢。33"，涉及用衰分術解決根據錢數分配東西的問題，與本題相類。

本題爲根據五人所拿出的錢和一起買到的一石鹽，計算每個人按照出錢的多少能分得多少鹽，算法爲：

各自出的錢 ÷ 錢的總數 × 一石鹽 =（各自出的錢 × 一石鹽）÷ 錢的總數 = 每個人所得的鹽。

（1）出十錢的人所得的鹽：$(10 \times 1) \div (10 + 20 + 30 + 40 + 50) = \frac{1}{15}$（石），根據一石等於十斗，則 $\frac{1}{15} \times 10 = \frac{2}{3}$（斗）。

（2）出二十錢的人所得的鹽：$(20 \times 1) \div (10 + 20 + 30 + 40 + 50) = \frac{2}{15}$（石），換算成斗：$\frac{2}{15} \times 10 = \frac{4}{3}$（斗）。

（3）出三十錢的人所得的鹽：$(30 \times 1) \div (10 + 20 + 30 + 40 + 50) = \frac{1}{5}$（石），換算成斗：$\frac{1}{5} \times 10 = 2$（斗）。

（4）出四十錢的人所得的鹽：$(40 \times 1) \div (10 + 20 + 30 + 40 + 50) = \frac{4}{15}$（石），換算成斗：$\frac{4}{15} \times 10 = \frac{8}{3}$（斗）。

（5）出五十錢的人所得的鹽：$(50 \times 1) \div (10 + 20 + 30 + 40 + 50) = \frac{1}{3}$（石），換算成斗：$\frac{1}{3} \times 10 = \frac{10}{3}$（斗）。

【今譯】

按照等差分配的算法。假如有五個人，這五個人一起買一石鹽，一人拿出十錢，一人（拿出）二十錢，一人拿出三十錢，一人拿出四十錢，一人拿出五十錢，假如將要離開，想要按照（所出的）錢的多少Q7_2_120_0772A分配鹽。它的算法是：相加五個人的錢作爲除數，又各自分開擺置錢（數）▢用一石鹽乘以它作爲被除數，被除數與除數相等的，（就得）一斗。Q7_2_121_1659A＋0858A

【釋文】

　　[大夫、不] 叟（更）（一）、走馬、上造、公士（二）共除米一石①，今以爵衰分出（之），各得（得）幾可（何）②？大夫三斗十五分斗五③，不叟（更）二斗十五分斗十，走Q7_2_122_0978A馬二斗，上造一斗十五分〖斗〗（三）五，公士大半斗。述（術）曰：各直（置）爵數而并以爲法④，以所分斗數各乘（乘）其爵數爲積（實），積（實）如Q7_2_123_0950A⑤法得（得）一斗，不盈斗者，十出（之），如法一斗〈升〉（四），不盈斗〈升〉（五）者，以〖法〗（六）命出（之）⑥。Q7_2_124_0915A（七）⑦

【校記】

（一）陳松長（2018：104）作“叟”，此改爲“叟（更）”，後文同。

（二）此從許道勝（2013A）刪去“公士”後面的逗號。

（三）此據許道勝（2013A）補“斗”。

（四）此從許道勝（2013A）依文意改爲“升”。

（五）同（四）。

（六）此可補“法”或“分”。

（七）陶安（2016：321）改簡號爲0905。

【匯釋】

　　①大夫：秦漢軍功爵制的爵位名，“大夫”爲第五級。《漢書·百官公卿表上》：“爵：一級曰公士，二上造，三簪裊，四不更，五大夫，……二十徹侯。皆秦制，以賞功勞。”顏師古注“大夫”爲“列位從大夫”。《後漢書·百官志》：“五爵曰大夫。大夫者，在車左者也。”

　　不叟：“叟”同“更”。不更，秦漢軍功爵制的爵位名，爲第四級。《左傳·成公十三年》“（晉）獲秦成差及不更女父”，杜預注“不更，秦爵”。《商君書·境內》：“公爵，自二級已上至不更，命曰卒。”顏師古注《漢書·百官公卿表上》“四不更”爲“言不豫更卒之事也”。

　　走馬：秦漢軍功爵制的爵位名，“走馬”爲第三級。《里耶秦簡（壹）》8－461號木方“走馬如故，更簪裊”，秦始皇二十六年（前221）前用“走馬”，秦始皇統一中國之後用“簪裊”。嶽麓秦簡“識劫婉案”簡1325“居二歲，沛告宗人、里人、大夫快、臣、走馬拳、上造嘉”。《後漢書·百官志》：“三爵曰簪裊，御駟馬者。要裊，古之名馬也。駕駟馬者其形似簪，故曰簪裊也。”《尚書·立政》：“虎賁、綴衣、趣馬、小尹。”孔傳：“趣馬，掌馬之官。”《周禮·夏官·趣馬》：“趣馬，下士，皂一人，徒四人。"鄭玄注："趣馬，趣養馬者也。"陳松長（2018：104）認爲秦爵稱"走馬"即《周禮·夏官》中的"趣馬"，職責是"掌王馬之政"，後爲"簪裊"替代，並引張家山漢簡《奏讞書》簡111"十月不盡八日爲走馬魁都庸（傭）"。

上造：**秦漢軍功爵制的爵位名，"上造"爲第二級。**《後漢書·百官志》："二爵曰上造。造，成也。古者成士升於司徒曰造士，雖依此名，皆步卒也。"顏師古注《漢書·百官公卿表上》"二上造"爲"造，成也，言有成命於上也"。李籍《九章算術音義》："爵名也。次簪裊，取其爲造士而在上。"

公士：**秦漢軍功爵制的爵位名，"公士"爲第一級。**《後漢書·百官志》："一爵曰公士者，步卒之有爵爲公士者。"顏師古注《漢書·百官公卿表上》"一級曰公士"爲"言有爵命，異於士卒，故稱公士也"。李籍《九章算術音義》："爵名也。次上造，取其爲士而在公。"

除：**賜予、給予**（陳松長，2018：104）。《詩經·小雅·天保》："俾爾單厚，何福不除。"馬瑞辰《毛詩傳箋通釋》："何福不除，猶云何福不予。予，與也。"

②許道勝、李薇（2010B）在"各"前補"問"字。

③許道勝、李薇（2010B）在"大夫"前補"得曰"二字。

④爵數：**爵位等數。**日本"中國古算書研究會"（2016：204）："爵位名次數。"

⑤許道勝（2013A）將簡124/0915與簡123/0950分立，認爲簡123/0950"簡文未完，應續書於另簡。據文意，另簡或有'法一斗'之類的表述"。

⑥**有三說：一、"以"下補"法"**（謝坤，2014）。**二、"以"下補"法"或"分"**（蘇意雯，2012；許道勝，2013A）。**三、"以"下補"合"。**許道勝（2012J）據《漢書·律曆志上》"合龠爲合，十合爲升"，認爲應補"合"。

⑦**關於簡124/0915，有三說：一、完整保留簡的內容。**"如法一斗""不盈斗者"中，"斗"爲"升"之訛。**二、將簡124/0915另立。**許道勝（2013A）認爲簡文的五個答案中四個是分數，都以"斗"爲單位，而簡124/0915提到以"斗"化爲"升"，它很可能是別題的術文，應當另立。**三、認爲簡124/0915有衍文。**陳松長（2018：104）認爲"不盈斗者，十之，如法一斗，不盈斗者，以命之"，祇需說"不盈斗者，以法命之"即可。今按：簡124/0915的兩個"斗"當爲"升"之誤，參照簡47/0842和簡48/0757，該簡似是針對前面簡文的不滿一斗的分數答案均未由斗化升這一情況所作的下一步處理。

【算法解析】

蘇意雯（2012）：此題並未說明各階爵數的比例，利用答案反推後，可知與《九章算術》中所提到的各階爵數比例吻合。大夫：不更：走馬：上造：公士＝5：4：3：2：1。

張家山漢簡《二年律令·戶律》"大夫五頃，不更四頃，簪裊三頃，上造二頃，公士一頃半，公卒、士伍、庶人各一頃"，"大夫五宅，不更四宅，簪裊三宅，上造二宅，公士一頃半宅，公卒、士伍、庶人各一宅"，蕭燦（2015：81）對比本題分配比率與《二年律令·戶律》裏記載的五等爵的分配比率，指出分配比率"在秦、漢兩代之間的延續和微小差異"。

今按：可參見《九章算術·衰分》第六題"今有稟粟，大夫、不更、簪裊、上造、公士，凡五人，一十五斗。今有大夫一人後來，亦當稟五斗。倉無粟，欲以衰出之，問各幾何。答曰：大夫出一斗四分斗之一。不更出一斗。簪裊出四分斗之三。上造出四分斗之二。公士出四分斗之一。術曰：各置所稟粟斛斗數，爵次均之，以爲列衰，副并而加後來大夫亦五斗，得而是以爲法。以五斗乘未并者各自爲實。實如法得一斗"，講述的是按爵位等次出粟，另外該章的第一題按爵位等次分鹿，第八題按爵位等次分錢，它們的比例均是大夫：不更：簪裊：上造：公士＝5：4：3：2：1。李籍《九章算術音義》："爵數者，謂大夫五、不更四、簪裊三、上造二、公士一也。"張家山漢簡的五等爵分配比率跟《數》簡、《九章算術》的均不同。

本題爲五種爵位的人共同被賜予一石（即十斗）米，計算每種爵位的人按照爵位等數能分得多少米，算法爲：各自的爵位等數÷總的爵位等數×十斗米＝（十斗米×各自的爵位等數）÷總的爵位等數＝每個人所得的米。

（1）大夫所得的米：$(10 \times 5) \div (5 + 4 + 3 + 2 + 1) = \frac{50}{15} = 3\frac{5}{15}$（斗），根據一斗等於十升，$\frac{5}{15} \times 10 = \frac{10}{3} = 3\frac{1}{3}$（升），則大夫所得的米爲 $3\frac{5}{15}$ 斗，即 3 斗 3 升又 $\frac{1}{3}$ 升。

（2）不更所得的米：$(10 \times 4) \div (5 + 4 + 3 + 2 + 1) = \frac{40}{15} = 2\frac{10}{15}$（斗），$\frac{10}{15}$ 斗換算成升：$\frac{10}{15} \times 10 = \frac{20}{3} = 6\frac{2}{3}$（升），則不更所得的米爲 $2\frac{10}{15}$ 斗，即 2 斗 6 升又 $\frac{2}{3}$ 升。

（3）走馬所得的米：$(10 \times 3) \div (5 + 4 + 3 + 2 + 1) = 2$（斗），則走馬所得的米爲 2 斗。

（4）上造所得的米：$(10 \times 2) \div (5 + 4 + 3 + 2 + 1) = \frac{20}{15} = 1\frac{5}{15}$（斗），$\frac{5}{15}$ 斗換算成升：$\frac{5}{15} \times 10 = \frac{10}{3} = 3\frac{1}{3}$（升），則上造所得的米爲 $1\frac{5}{15}$ 斗，即 1 斗 3 升又 $\frac{1}{3}$ 升。

（5）公士所得的米：$(10 \times 1) \div (5 + 4 + 3 + 2 + 1) = \frac{2}{3}$（斗），換算成升：$\frac{2}{3} \times 10 = \frac{20}{3} = 6\frac{2}{3}$（升），則公士所得的米爲 $\frac{2}{3}$ 斗，即 6 升又 $\frac{2}{3}$ 升。

【今譯】

大夫、不更、走馬、上造、公士共同被賜予一石米，假如按照爵位的等差分配它，各自得到多少？大夫（得到）三斗（又）十五分之五斗，不更（得到）二斗

（又）十五分之十斗，走Q7_2_122_0978A馬（得到）二斗，上造（得到）一斗（又）十五分之五（斗），公士（得到）三分之二斗。算法是：各自擺置爵位等數，然後相加作爲除數，用分到的斗數各自乘以他們的爵位等數作爲被除數，被除數與除數相等的，Q7_2_123_0950A得到一斗，不滿足一斗的，十（乘以）它，（被除數）與除數相等的，（就得）一升，不滿足一升的，用（除數作爲分母）命名分數。Q7_2_124_0915A

【釋文】

一牛、一羊、一［犢⁽⁻⁾共食人⁽⁻⁾禾一石①，問：牛、羊、犢⁽⁻⁾各出幾可（何）？曰：牛〚出〛⁽⁻⁾五斗有（又）七〛【分斗出（之）五⁽⁻⁾②，［羊］出二斗有（又）七分斗出（之）六，犢出一斗有（又）七［分斗］Q7_2_125_C410106⁽⁻⁾+1193A【出（之）三。述（術）曰：牛直（置）四】⁽⁻⁾③，［羊］直（置）三〈二〉，犢直（置）一，⁽⁻⁾而并出（之），凡求□▨④Q7_2_126_1519A

【校記】

（一）此從許道勝（2012J），"一牛一羊一犢"斷讀作"一牛、一羊、一犢"。

（二）陳松長（2018：104）作"以"，此從許道勝（2013A）依文例改爲"人"。

（三）同（一）。

（四）此從許道勝（2013A）據文意及文例補"出"。

（五）整理者（2011：97）"七"後作"▨"，陳松長（2018：104）漏"▨"，作"七羊"。此據計算結果和文例補"分斗出（之）五"。

（六）陶安（2016：326）改簡號爲C139。

（七）陳松長（2018：104）"羊"前作"▨"。此從陳松長（2018：104）注釋，在"羊"前補"出（之）三。述（術）曰：牛直（置）四"。

（八）此據許道勝（2012J）在"犢直（置）一"後面斷讀。

【匯釋】

①犢：**小牛**（許道勝，2013A）。《說文·牛部》："犢，牛子也。"

人：**別人、他人**。《尚書·秦誓》："人之有技，若己有之；人之彥聖，其心好之。"**有兩說：一、釋爲"人"**。許道勝（2013A）認爲此處實是"人"字殘文，並舉127/J9＋J11、129/1136、130/0022等簡中"人"字的寫法，其共同特點是"撇畫作豎而較短撇出，捺筆較平而長"，簡文"食人禾一石"與睡虎地秦簡《法律答問》"食人稼一石"文例相同。**二、釋爲"以"**（陳松長，2018：104）。今按：許說可從。龍崗秦簡有"馬、牛、羊食人【稼】□□□□□□□□十□……令□稼償主"，張家山漢簡《二年律令·田律》簡253"馬、牛、羊、彘豸、彘食人稼穡"，《九章算術》"衰分"章第二題"今有牛、馬、羊食人苗"，均與此文例相類似。

禾：**莊稼的莖稈**。《說文·禾部》："稼，禾之秀實爲稼，莖節爲禾。"《儀禮·聘禮》："積唯芻禾，介皆有餼。"鄭玄注："禾以秣馬。"許道勝（2013A）訓"禾稈"。

②出：**拿出**。謝坤（2014）認爲"牛、羊、犢三者共吃別人的禾苗一石"，將"出"理解爲"賠償"。

有三說：一是"七"後補"分斗之五"，如日本"中國古算書研究會"（2016：206）、陳松長（2018：104）。二是"七"後補"分斗五"（許道勝，2013A）。三是"七"後補"分之五"（謝坤，2014）。

③**有四說**：一、補"之三。述曰：牛直四"〔見陳松長（2018：104）的注釋〕。二、簡125/C410106"斗"後或簡126/1519簡首可補"三"，簡126/1519"羊"前補"牛直四"（許道勝，2013A）。三、在"羊"前應補"之三"（謝坤，2014）。

④凡：**凡是**。《易·益》："凡益之道，與時偕行。"

許道勝（2012J）認爲該簡末殘字似是"二"字。

陳松長（2018：104）復原簡文爲："一牛一羊一犢共食以禾一石，問牛羊犢各出幾可？曰：牛五斗有七分斗之五，羊出二斗有七分斗之六，犢出一斗有七分斗之三。述曰：牛直四，羊直二，犢直一，而幷之。凡求……"

【算法解析】

蘇意雯（2012）：此題也未曾說明牛、羊、犢之間的食量比例，經由答案反推可得"牛：羊：犢＝4：2：1"，在《九章算術》中也有相似題目，但《九章算術》內容爲"牛：馬：羊＝4：2：1"。

今按：可參見《九章算術》"衰分"章第二題"今有牛、馬、羊食人苗。苗主責之粟五斗。羊主曰：'我羊食半馬。'馬主曰：'我馬食半牛。'今欲衰償之，問各出幾何。答曰：牛主出二斗八升七分升之四。馬主出一斗四升七分升之二。羊主出七升七分升之一。術曰：置牛四、馬二、羊一，各自爲列衰，副幷爲法。以五斗乘未幷者各自爲實。實如法得一斗"。

本題爲根據牛、羊、小牛和用來餵養它們的一石（即十斗）禾，計算餵養它們分別要拿出多少禾，算法爲：

餵養牛、羊、小牛分別所用禾的斗數比例÷總的斗數比例×十斗禾＝（十斗禾×餵養牛、羊、小牛分別所用的斗數比例）÷總的斗數比例＝餵養牛、羊、小牛分別所要拿出的禾。

（1）牛所得的禾：$(10 \times 4) \div (4+2+1) = \dfrac{40}{7} = 5\dfrac{5}{7}$（斗）。

（2）羊所得的禾：$(10 \times 2) \div (4+2+1) = \dfrac{20}{7} = 2\dfrac{6}{7}$（斗）。

（3）小牛所得的禾：$(10 \times 1) \div (4+2+1) = \dfrac{10}{7} = 1\dfrac{3}{7}$（斗）。

【今譯】

一頭牛、一頭羊、一頭小牛共同吃別人一石禾，問：（對於）牛、羊、小牛，每種應拿出多少（禾用於餵養）？（答案）是：（對於）牛，（拿出）五斗又七（分之五斗），（對於）羊，拿出二斗又七分之六斗，（對於）小牛，拿出一斗又七分 Q7_2_125_C410106＋1193A（之三斗。算法是：牛擺置四），羊擺置二，小牛擺置一，然後相加它們，凡是求取□□Q7_2_126_1519A

【釋文】

卒百人①，戟十、弩五、負（箙）三②，問：得（得）各幾可（何）？得（得）曰：戟五十五人十〔八〕分人十③，弩廿七人十八分人十四，負（箙）(一)十六人十八分人十二。其 Q7_2_132_0820A 述（術）曰：同戟、［弩、負（箙）］數④，以爲法，即置戟［十］，以百椉（乘）出（之），以爲𧴪（實），𧴪（實）如法得一戟⑤。負（箙）、弩如此然⑥。Q7_2_133_0765A

【校記】

（一）陳松長（2018：105）作"負"，此改爲"負（箙）"。

【匯釋】

①卒：**士卒、士兵**。陳松長（2018：105）：卒百人，可能是算題假設的條件，也可能與當時的軍隊編制有關，西周及春秋早期軍隊的編制中百人爲"卒"。蕭燦（2015：87）引鄒大海關於標點的觀點，一種認爲"卒"是軍隊編制單位，該句標點爲"卒：百人、戟十、弩五、負三"，表示"每卒的人員和武器配備"；另一種是把"卒"理解爲士兵，標點爲"卒百人，戟十、弩五、負三"，表示"士兵的武器配置比例"。謝坤（2014）：卒，古代民兵編制以五人一組爲伍，百人一組爲卒。卒，在此處也可能是指"士兵"。

②弩：**一種利用機械力量射箭的弓**。《商君書·外内》："以此遇敵，是以百石之弩射飄葉也。"謝坤（2014）：弩，用機械發箭的弓。日本"中國古算書研究會"（2016：208）："弩"是用扳機發射的弓。

負：**通"箙"，是用竹、木、獸皮等做成的盛箭器具**（整理者，2011：102）。《周禮·考工記·車人》"牝服二柯有（又）參分柯之二"，鄭玄注"鄭司農云：'服讀爲負'"。《周禮·春官·巾車》"小服皆疏"，鄭玄注"服讀爲箙"。謝坤（2014）："負"，上古音屬並母之部；"箙"，屬並母職部。二者聲母相同韻母相近，故可相通。"箙"，用來裝矢的器具。

③據計算結果可知"分"前脫"八"。

④同：**聚集**。與"併"意思相近，使……合在一起，即相加。《詩經·豳風·七月》："我稼既同。"《詩經·小雅·吉日》"獸之所同，麀鹿麌麌"，鄭玄箋"同，猶聚也"。謝坤（2014）在簡 160 /0942 訓"同"爲"相聚、相加"。

⑤君（實）如法得一戟：有兩說：一、將"一戟"理解爲用戟的人。如許道勝（2013A）指出"一戟""實指一戟幾何人"，日本"中國古算書研究會"（2016：208）訓"戟"爲"拿著戟的人"。二、將"戟"校正爲"人"。鄒大海（見陳松長，2018：105）標點該句爲"君（實）如法得一，戟"，理解爲"以法除實，結果爲用戟的人數"。今按：第一種說法可信，不必在"戟"前斷讀。

⑥然：用於句末，與"如""若"等配合，表示比擬，助詞，猶言"那樣""似的"。《孟子·滕文公下》："不見諸侯，宜若小然。"

【算法解析】

今按：本題爲根據十把戟、五把弩、三個盛箭器具和一百名士兵，計算每件武器的使用人數，算法爲：每種武器的數量÷武器總數×一百名士兵＝（每種武器的數量×一百名士兵）÷武器總數＝每件武器的使用人數。

（1）一把戟的使用人數：$10 \times 100 \div (10 + 5 + 3) = \dfrac{1\,000}{18} = 55\dfrac{10}{18}$（人）。

（2）一把弩的使用人數：$5 \times 100 \div (10 + 5 + 3) = \dfrac{500}{18} = 27\dfrac{14}{18}$（人）。

（3）一個盛箭器具的使用人數：$3 \times 100 \div (10 + 5 + 3) = \dfrac{300}{18} = 16\dfrac{12}{18}$（人）。

【今譯】

一百個士兵，十把戟、五把弩、三個盛箭器具，問：每件裝備得以由多少人使用？得到是：五十五（又）十（八）分之十人（一把）戟，二十七人（又）十八分之十四人（一把）弩，十六人（又）十八分之十二人（一個）盛箭器具。它的Q7_2_132_0820A算法是：相加戟、弩、盛箭器具的數量，作爲除數，擺置十把戟，用一百乘以它，作爲被除數，被除數中有與除數相等的，得到一戟（的使用人數）。盛箭器具、弩（的計算）如同這樣。Q7_2_133_0765A

【釋文】

凡三卿（鄉）①，其一卿（鄉）卒千人②，一卿（鄉）〖卒〗⁽⁻⁾七百人，一卿（鄉）〖卒〗⁽⁻⁾五百人。⁽⁻⁾今上歸千人③，欲以人數衰出（之），問：幾可（何）歸〔幾〕可（何）？曰：千者歸四〔百〕Q7_2_134_0943A五十四人有（又）二千二百分人千二百，七百者歸三百一十八人有（又）二千二百分人四百，五百〖者〗⁽⁻⁾歸二百廿七人有（又）二千二百分人六百。Q7_2_135_0856A其述（術）曰：同三卿（鄉）卒，以爲瀘（法），各以卿（鄉）卒椉（乘）千人爲𧶠（實），𧶠（實）如瀘（法）一人。Q7_2_136_0897A⁽⁻⁾

【校記】

（一）此據文例補"卒"。

（二）同（一）。

（三）此改逗號爲句號。

（四）此從許道勝、李薇（2010B）據文意補"者"。

（五）陶安（2016：321）改簡號爲0906。

【匯釋】

①凡：**總共、總計**。參簡49/0474注①。

②卿：**地方基層行政單位**（整理者，2011：104）。秦始皇二十六年（前221）前用"卿"字表鄉里的"鄉"，秦始皇統一中國之後用"鄉"表鄉里的"鄉"。《里耶秦簡（壹）》8－461號木方"卿如故，更鄉"。《論語·雍也》："以與爾鄰里鄉黨乎!"

③上：**上級**。《禮記·王制》："尊君親上。"孔穎達疏："親上，謂在下親愛長上。"日本"中國古算書研究會"（2016：210）引《里耶秦簡（壹）》"九月丙辰朔庚申，少内守增敢言之，上出券一"，訓"上"爲"呈報"。

歸：**遣返**（整理者，2011：104）。《廣雅·釋言》："歸，返也。"《詩經·小雅·出車》："執訊獲醜，薄言還歸。"

【算法解析】

今按：可參見《九章算術》類似算題"衰分"第五題："今有北鄉算八千七百五十八，西鄉算七千二百三十六，南鄉算八千三百五十六，凡三鄉，發繇三百七十八人。欲以算數多少衰出之，問各幾何? 答曰：北鄉遣一百三十五人一萬二千一百七十五分人之一萬一千六百三十七；西鄉遣一百一十二人一萬二千一百七十五分人之四千四；南鄉遣一百二十九人一萬二千一百七十五分人之八千七百九。術曰：各置算數爲列衰，副并爲法，以所發繇人數乘未并者，各自爲實，實如法得一人。"

本題爲根據各有一千名士兵、七百名士兵、五百名士兵的三個鄉和上級要遣返的一千名士兵，推算每個鄉要遣返多少人，算法爲：每個鄉的士兵數÷三個鄉的士兵總數×一千名士兵＝（每個鄉的士兵數×一千名士兵）÷三個鄉的士兵總數＝每個鄉要遣返的人數。

（1）有一千名士兵的鄉遣返的人數：$1\,000 \div (1\,000 + 700 + 500) \times 1\,000 = \frac{1\,000\,000}{2\,200} = 454\frac{1\,200}{2\,200}$（人）。

（2）有七百名士兵的鄉遣返的人數：$700 \div (1\,000 + 700 + 500) \times 1\,000 = \frac{700\,000}{2\,200} = 318\frac{400}{2\,200}$（人）。

（3）有五百名士兵的鄉遣返的人數：$500 \div (1\,000 + 700 + 500) \times 1\,000 = \frac{500\,000}{2\,200} = 227\frac{600}{2\,200}$（人）。

【今譯】

總計三個鄉，其中一個鄉有士兵一千人，一個鄉有（士兵）七百人，一個鄉有（士兵）五百人。假如上級遣返一千人，想要用人數按照等差分配它，問：多少（人的鄉要）遣返多少（人）？（答案）是：一千名士兵的鄉遣返四百Q7_2_134_0943A五十四人又二千二百分之一千二百人，七百名士兵的鄉遣返三百一十八人又二千二百分之四百人，五百（名士兵的鄉）遣返二百二十七人又二千二百分之六百人。Q7_2_135_0856A它的算法是：相加三個鄉的士兵，作爲除數，各自用鄉的士兵乘一千人作爲被除數，被除數中有與除數相等的，（就得）一人。Q7_2_136_0897A

【釋文】

田五十五畝（畝），租四石三斗，^{（一）}而三室共叚（假）出（之）^①，一〔室〕十七畝（畝），一室十五畝（畝），一室廿三畝（畝）。今欲分其租^②，述（術）曰：以田提封數〔爲〕^{（二）③}Q7_2_47_0842A法，以租橾（乘）分田^④，如法一斗，不盈斗者，十出（之），如法得（得）一升。Q7_2_48_0757A

【校記】

（一）此補逗號斷讀。

（二）整理者（2011：57）作“以田提封數□”，陳松長（2018：106）作“以田提封數爲□”，此刪“爲”後“□”。

【匯釋】

①而：如果，假如，假設連詞。《左傳・襄公三十年》：“子產而死，誰其嗣之。”許道勝（2013A）：“而”爲連詞。表假設，猶如果。

室：家。《管子・乘馬》：“上地方八十里，萬室之國一，千室之都四。”彭浩（2010）：該“室”可理解爲“家”，與“戶”相當。謝坤（2014）訓“家”。日本“中國古算書研究會”（2016：212）訓“戶口”“家庭”。

叚：通“假”，租用、租種（陳松長，2018：106）。蕭燦（2010A）認爲“叚”通“假”，訓“租借”。劉信芳、梁柱（1990）：龍崗秦簡的“假田”，應是以錢、財或者其他可折價之物向國家、地方政府租借土地。租借者有相當期限、相當數額的土地使用權，是一種變相的土地買賣。彭浩（2010）聯繫《雲夢龍崗秦簡》“假田”，讀“叚”作“假”，指出：官田由“民”租種，稱作“假田”。日本“中國古算書研究會”（2016：212）訓“借用”。

三室共叚之：三家共同租用田。整理者（2011：57）注“三室合租”。

②分：分擔、分攤。《國語・晉語五》：“靡笄之役，韓獻子將斬人。郤獻子駕，將救之，至，則既斬之矣。郤獻子請以徇，其僕曰：‘子不將救之乎？’獻子曰：‘敢不分謗乎？’”韋昭注：“言欲與韓子分謗共非也。”

③提封：總計、大凡。《算數書》“里田”條簡188有“直（置）提封以此爲

之"。整理者（2011：57）：提封，亦指提封田，或總計封界内的田地數量。蘇意雯（2012）：提封，有大凡、諸凡之意，此處意爲統計，即所租田之總數。許道勝（2013A）贊成"總計封界内的田地數量"一說，並引《里耶秦簡》牘 8－488BI"田提封計"供參看：提封，通共，大凡，謂舉其總數言之。此"提封"前綴"田"字，後綴"數"字，很顯然是指田的"總數"，亦即簡文所謂"田五十五畝"。謝坤（2014）："提"有率領、管領義，"封"則可表示"疆界"，"提封"則可表示"封界（封疆）的總數"。日本"中國古算書研究會"（2016：212）認爲"提封"爲"領域的總面積"，"在本題指三室所借用的田的總面積"。

田提封數：**田的總數，指合租的田五十五畝**（陳松長，2018：106）。

蘇意雯（2012）認爲"依簡文内容判斷，若 0757 接於 0842 之後，0842 簡文最後可能殘缺一個'爲'字"。張顯成、謝坤（2013）在"提封數"後補"爲"，並將簡 0842 與簡 0757 連讀。今按：補"爲"之說可從，可參見簡 1/0956"以所得（得）禾斤數爲法"、簡 15/0816"以所券租數爲法"、簡 39/0758"租兩數爲法，如法一步"。

④分田：**（各家）分到的田**。許道勝（2013A）：據文意，"田"後可補"爲實"二字。

【算法解析】

今按：本題爲根據田的總數五十五畝和總的租稅四石三斗（一石等於十斗，此即四十三斗），推算各家應繳納的租稅，算法爲：租稅×各家分到的田÷田的總數＝各家應繳納的租稅，各家分到的田÷田的總數×租稅＝各家應繳納的租稅。

（1）$17 \div 55 \times 43 = 13\frac{16}{55}$（斗），$\frac{16}{55}$斗換算成升：$\frac{16}{55} \times 10 = 2\frac{10}{11}$（升），則十七畝田應繳納的租稅爲 13 斗 $2\frac{10}{11}$升。

（2）$15 \div 55 \times 43 = 11\frac{8}{11}$（斗），$\frac{8}{11}$斗換算成升：$\frac{8}{11} \times 10 = 7\frac{3}{11}$（升），則十五畝田應繳納的租稅爲 11 斗 $7\frac{3}{11}$升。

（3）$23 \div 55 \times 43 = 17\frac{54}{55}$（斗），$\frac{54}{55}$斗換算成升：$\frac{54}{55} \times 10 = 9\frac{9}{11}$（升），則二十三畝田應繳納的租稅爲 17 斗 $9\frac{9}{11}$升。

【今譯】

五十五畝田，四石三斗租稅，如果三家共同租種田，一家十七畝，一家十五畝，一家二十三畝。假如想要分擔田的租稅，算法是：用田的總數作爲Q7_2_47_0842A除數，用租稅乘以（各家）分到的田，（被除數中）有與除數相等的，（就得）一斗，不足一斗的，十（乘以）它，（被除數中）有與除數相等的，得到一升。
Q7_2_48_0757A

【釋文】

竹［十］節①，［上節］一［斗］，下節二斗，衰以幾可（何）②？曰：⟮衰以幾可（何）？曰：⟯［衰］以九分斗一。其述（術）曰：直（置）上下數③，以少除多④，以餘爲 Q7_2_150_0851A⁽一⁾衰積（實），直（置）節數，⁽二⁾除一焉⑤，⁽三⁾以〖法〗⁽四⁾命出（之）。Q7_2_151_0838A

【校記】

（一）陶安（2016：322）分簡 150/0851 爲兩段，改簡號爲 1933 – 1 和 0849。許道勝（2013A）認爲簡 150/0851 當更正爲 "150（1939［1］ +0851）"。

（二）此加逗號。

（三）此加逗號。

（四）此據文例補 "法"。

【匯釋】

①整理者（2011：113）："十" 字殘。依題意、字距、殘痕推斷。據答案 "衰以九分斗一" 知，需要從 "上節一斗" 加衰至九次才得到 "下節二斗"，連同上節，正好是十節。蕭燦（2010A）據題意，認爲殘斷簡首可補 "今有竹十"。

節：竹節。《說文·竹部》："節，竹約也。"《史記·龜策列傳》："竹，外有節理，中直空虛。"

②衰：等差數列的公差。此指該竹的每節相差多少。

③許道勝（2013A）據文意，認爲 "下" 後或可補 "節斗" 二字。

④除：減去。參簡 42/0813 注②。

以少除多：用（盛放斗數）最少（的減數上節 "一斗"）來減（盛放斗數）最多（的被減數下節 "二斗"）。整理者（2011：113）：用 "上節一斗" 減 "下節二斗"。

⑤許道勝（2013A）據文意，認爲 "焉" 後可補 "爲法"。

焉：相當於 "於是" "於此"。《左傳·隱公元年》："制，巖邑也，虢叔死焉。佗邑唯命。"

直（置）節數，除一焉：擺置竹節數，在竹節數中減去一（作爲除數）。陳松長（2018：106）參照鄒大海 2010 年 4 月 11 日郵件：從竹的節數中減去 1，然後以之爲分母命名分數。

【算法解析】

今按：可參見《九章算術》 "均輸" 章 "一九" 題："今有竹九節，下三節容四升，上四節容三升。問中間二節欲均容各多少?"

本題爲根據竹節最上節盛放最多斗數二斗，竹節最下節盛放最少斗數一斗，竹子共十節，推算竹子每節相差多少。

盛放斗數最多的下節（即被減數二斗）減去盛放斗數最少的上節（即減數一斗），得到下節到上節所相差的盛放斗數（即差爲一斗）。用十減去一，得到從上節到下節相差九節。下節到上節所相差的盛放斗數除以九節得出竹節每節相差多少盛放斗數。算法爲：衰 =（下節二斗－上節一斗）÷（節數－1）=（2－1）÷（10－1）= $\frac{1}{9}$（斗）。

該題也可根據等差數列 $a_n = a_1 + (n-1) d$ 求解，即（末數－首數）÷（個數－1）= 公差。已知 $n = 10$，$a_{10} = 2$，$a_1 = 1$，則 $d =（a_{10} - a_1）÷（10-1）=（2-1）÷9 = \frac{1}{9}$（斗）。

【今譯】

竹子十個竹節，最上面的竹節（盛放）一斗，最下面的竹節（盛放）二斗，公差按照多少?（答案）是：公差按照九分之一斗。它的算法是：擺置最上面和最下面的（竹節盛放的斗）數，用（盛放斗數）最少（的減數上節"一斗"）來減（盛放斗數）最多（的被減數下節"二斗"），用（相減）剩下的數字作爲 Q7_2_150_0851A 公差的被除數，擺置竹節數，在竹節數中減去一（作爲除數），用（除數作爲分母）命名該分數。Q7_2_151_0838A

【釋文】

貣（貸）人［百錢］①，［息］『月』(一)八錢②，今貣（貸）人十七錢，七日而歸出（之）③，問：取息幾可（何）? 曰：得（得）息三百七十五分錢百一十九。其方④：卋（卅）日桒（乘）(二) Q7_2_143_0933A(三) +0937A 百，(四)八［而］以爲法⑤，亦以十七錢桒（乘）七日爲頾（實），頾（實）如法而一⑥。Q7_2_144_C410204A(五) +0759A(六)

【校記】

（一）此從許道勝、李薇（2010B）依計算結果補"月"。

（二）陳松長（2018：107）"卋（卅）日"後漏"桒（乘）"。

（三）陶安（2016：321）改簡號爲 0935。

（四）此加逗號斷讀。

（五）陶安（2016：327）改簡號爲 C134。

（六）陶安（2016：321）改簡號爲 144－1/0759－1，指出簡 144－2/0759－2 失收。

【匯釋】

①貸：**"貸"同"貸"，借貸，此指借出。**《左傳·昭公三年》："以家量貸而以公量收之。"睡虎地秦簡《法律答問》："府中公金錢私貸用之，與盜同法。"整理者（2011：109）、許道勝（2013A）均訓"借貸"。

②息：**利息，利錢**（許道勝，2013A）。《周禮·地官·泉府》："凡民之貸者，與其有司辨而授之，以國服爲之息。"《史記·孟嘗君列傳》："歲餘不入，貸錢者多不能與其息。"

③歸：**歸還。**《集韻·微韻》："歸，還也。"《孟子·盡心上》："久假而不歸，惡知其非有也。"

④方：**辦法、算法。**《韓非子·揚權》："事乃不方。"許道勝、李薇（2010A）："方""法"都是與"術"同義的詞，意爲方法、辦法。

⑤許道勝（2013A）據文意，認爲"八"後似脫"分之"二字。

蕭燦（2010A）引鄒大海2010年11月28日郵件內容，認爲據文義簡0759殘斷之處至少當有"百"字。魯家亮（2012A）據簡的長度測量，疑殘片C410204可與簡144綴合，"而"字大體可補全。

⑥整理者（2011：109）簡0759作"□□以爲法，亦以十七錢乘七日爲君（實），君（實）如法而一"，C410204作"百八□□"。魯家亮（2012A）將殘片C410204與簡144綴合，補全"而"字。蕭燦（2015：93）改"□"爲"［而］"。許道勝（2013A）同意魯家亮（2012A）綴合意見，刪去簡C410204末"□□"和簡0759首"□□"，釋文連寫。陳松長（2018：107）採用，作"百八而以爲法"。

蕭燦（2010D）引鄒大海2010年12月19日的電子郵件，認爲"亦以十七錢乘七日爲君"句可能脫落了表示以八作乘數或作被乘數的文字，還列出兩種可能的方案，一種校補爲"亦以八錢乘十七錢，又乘七日爲君"，另一校補爲"亦以十七錢乘七日，又乘八錢爲君"。許道勝（2012J）：據文意，"日"下或脫"以八錢乘之"之類的表述。今按：簡文無須再校補。

【算法解析】

許道勝（2013A）：貸錢數與利息成正比，17錢的月息：$\frac{8 \times 17}{100} = \frac{136}{100}$（錢），每月平均按30日計算，17錢的日息：$\frac{136}{100} \div 30 = \frac{136}{100 \times 30}$（錢），7日歸還的利息：$7 \times \frac{136}{100 \times 30} = \frac{119}{375}$（錢）。

日本"中國古算書研究會"（2016：216）：$\frac{100 \times 30}{8} : 1 = 17 \times 7 : x$。由此可求得 $x = (17 \times 7) \div \frac{100 \times 30}{8} = \frac{17 \times 7 \times 8}{100 \times 30} = \frac{119}{375}$（錢）。

今按：可參見類似算題《算數書》"息錢"條"貸錢百，息月三。今貸六十錢，月未盈十六日歸，計息幾何。得曰：廿五分錢廿四。術（術）曰：計百錢一月，積64錢數以爲法，直（置）貸錢以一月百錢息乘之，有（又）以日錢乘之爲實，實如[法]得一錢65"，《九章算術》"衰分"章第20題"今有貸人千錢，月息三十。今有貸人七百五十錢，九日歸之，問息幾何？答曰：六錢四分錢之三"。

本題爲根據借一百錢的一個月利息是八錢，推算借了十七錢的七天利息，算法爲：借十七錢的七天利息＝十七錢×七天×每天每錢的利息＝十七錢×七天×（八錢÷三十天÷一百錢），即 $17 \times 7 \times (8 \div 30 \div 100) = 17 \times 7 \times \dfrac{8}{30 \times 100} = 17 \times 7 \div \dfrac{30 \times 100}{8}$，可變形爲算題所列公式：$17 \times 7 \div (30 \times 100 \div 8) = \dfrac{119}{375}$（錢）。

【今譯】

借給人一百錢，利息（每月）八錢，假如借給人十七錢，七天歸還它，問：取得多少利息？（答案）是：得到利息三百七十五分之一百一十九錢。它的算法是：三十天乘以 Q7_2_143_0933A ＋0937A一百，八作爲除數，也用十七錢乘以七天作爲被除數，被除數中有與除數相等的，（成爲）一。Q7_2_144_C410204A ＋0759A

【釋文】

糴（糴）①。米賈（價）石五十錢，今有廿七錢，欲糴（糴）米，得（得）幾可（何）②？得（得）曰③：五斗四升。Q7_2_148_0839A

【匯釋】

①糴：**同"糴"，買入糧食**（整理者，2011：111）。《說文·入部》："糴，市穀也。"《左傳·莊公二十八年》："冬，饑。臧孫辰告糴於齊。"許道勝（2012J）：糴，買進穀物。許道勝（2013A）：糴，字頂天書寫，左部"米"旁清晰，右部殘泐。當爲題名。陳松長（2018：107）疑寫於上編繩上方的"糴（糴）"是題名。

②賈：**後作"價"，價格**。《小爾雅·廣言》："賈，價也。"《論語·子罕》："求善賈而沽諸。"《禮記·王制》："命市納賈，以觀民之所好惡。"鄭玄注："賈，謂物貴賤厚薄也。"

許道勝、李薇（2010B）"得"前補"問："。

③整理者（2011：111）、蕭燦（2015：95）漏"得"。

【算法解析】

日本"中國古算書研究會"（2016：217）：50 錢：1 石 ＝27 錢：x 升。具體計算爲：$\dfrac{1 \ 石 \times 27 \ 錢}{50 \ 錢} = 54$ 升 ＝5 斗 4 升。

今按：可參見類似算題《九章算術》"衰分"章第十四題："今有素一匹一丈，

價直六百二十五。今有錢五百，問得素幾何？"

一石等於十斗，買入米數 = 買入米的錢數 × 一石（即十斗）米 ÷ 一石（即十斗）米的定價 $= 27 \times 10 \div 50 = \frac{27}{5} = 5\frac{2}{5}$（斗），根據一斗等於十升，換算如下：$\frac{2}{5} \times 10 = 4$（升），則買入的米爲 5 斗 4 升。

【今譯】

買入糧食。米價格一石五十錢，假如有二十七錢，想要買入米，得到多少（米）？得到是：五斗四升。Q7_2_148_0839A

【釋文】

［糧（糧）］米述（術）曰：以［端］賈（價）［爲法］①，［以欲］糧（糧）米錢數桼（乘）一石爲菁（實），菁（實）如法得（得）一升。Q7_2_147_0946A

【匯釋】

①端：合標準的。秦始皇名政，因避諱改"正"爲"端"。

端賈：即正價，指一石米的標準定價。有四說：一、"端價"指規定的標準價。謝坤（2014）：端，有"理正、校準"義，"端價"或指政府規定的標準價。日本"中國古算書研究會"（2016：218）："端價"即"正價"，就是標準價格的意思。二、"端價"是每石米的價格。蕭燦（2015：94）引鄒大海觀點：在這個問題中，有可能"端價"是每石若干錢。三、訓"端價"爲"正價"（陳松長，2018：107）。四、"正價"即"平價"，指政府平抑的價格。許道勝（2013A）：疑"正價"即"平價"，意爲政府平抑的價格，"平價"，文獻又作"平賈"。

【算法解析】

今按：本題算法爲：買入米的錢數 ÷ 買入米數 = 一石米的標準定價 ÷ 一石，則買入米數 = 買入米的錢數 × 一石（即一百升）÷ 一石（即一百升）米的標準定價。

【今譯】

買入米的算法是：用標準定價作爲除數，用想要買入米的錢數乘以一石作爲被除數，被除數中有與除數相等的，就得一升。Q7_2_147_0946A

【釋文】

米賈（價）石六十四錢，今有粟四斗，問：得（得）錢幾可（何）？曰：十五錢廿五分錢九。其述（術）以粟米求出（之）①。Q7_2_152_0305A

【匯釋】

①粟米：**由粟類穀物舂出的糲米**。其比例爲粟：糲米 = 5：3（陳松長，2018：98）。

【算法解析】

日本"中國古算書研究會"（2016：219）：先將粟 4 斗換成米，其計算爲：粟 4 斗 $\times \frac{3}{5} =$ 米 $\frac{12}{5}$ 斗。所得的錢 $= \frac{12}{5} \times \frac{64}{10} = 15\frac{9}{25}$ 錢。

今按：一石等於十斗，則一斗米的價格 = 一石（即十斗）米的價格÷一石（即十斗）米，$64 \div 10 = \frac{64}{10} = \frac{32}{5}$（錢）。

根據簡85/0823、簡202/0413，糲米 $=$ 粟 $\times \frac{3}{5}$，據一斗米 $\frac{32}{5}$ 錢的價格，可推知 $\frac{32}{5}$ 錢可得 $\frac{5}{3}$ 斗粟，則一斗粟的價格爲：$\frac{32}{5} \div \frac{5}{3} = \frac{96}{25}$（錢），那麼四斗粟的價格爲：$\frac{96}{25} \times 4 = \frac{384}{25} = 15\frac{9}{25}$（錢）。

【今譯】

米價格一石六十四錢，假如有四斗粟，問：得到多少錢？（答案）是：十五錢（又）二十五分之九錢。它的算法用糲米求取它。Q7_2_152_0305A

【釋文】

有金以出三關①，關五兌（稅）〖一〗，⁽⁻⁾除金一兩②，問：始盈金幾可（何）③？〔曰〕：一兩有（又）六十四分兩出（之）六十一。其述（術）曰：置兩而參四出（之）。④Q7_2_149_0832A

【校記】

（一）此補逗號。

【匯釋】

①金：**黃金**。許道勝（2013A）：黃金。《尚書·舜典》："金作贖刑。"孔傳："金，黃金。"

出：**與"入"相對，出去**。

關：**徵稅的關卡**（許道勝，2013A）。《左傳·昭公二十年》："偪介之關，暴徵其私。"杜預注："又爲近關所徵稅枉暴，奪其私物。"

②除：**通"餘"，餘下**（陳松長，2018：107）。

關五兌一，除金一兩：**每一關收五分之一稅，剩下一兩（黃金）**。陳松長

（2018：107）：“（關）五兌（稅）除金一兩”，意爲每一關收五分之一的稅，最後餘下的金爲一兩。日本“中國古算書研究會”（2016：221）參照《算數書》“負米”用語“關三，〖三〗稅之一”，認爲“關五稅”後面也許脫“之一”二字，但簡 139/1826＋1842 有“一人參食，一人馴食……”的“參”與“馴”各自表示 $\frac{1}{3}$、$\frac{1}{4}$，“五稅”有可能表示 $\frac{1}{5}$ 的稅。

③盈：**有餘，富餘**。《廣雅·釋詁四》：“餘，盈也。”《說文·貝部》：“贏，有餘。”《九章算術·盈不足》：“今有共買物，人出八，盈三；人出七，不足四。”

④參四屯（之）：**三次用四乘以它**。日本“中國古算書研究會”（2016：221）：“參四之”指以被課稅之後剩餘的 $\frac{4}{5}$ 中的 4 自乘 3 次。

陳松長（2018：108）引用鄒大海 2010 年 11 月 28 日郵件內容：文末似可補，“以爲法；又參五之，以爲實”，之後可能還有“實如法而一”之類的文字，也可能沒有。許道勝（2013A）認爲“簡文已書至簡末而未完，或續書於另簡”。

【算法解析】

許道勝（2013A）：本算題可用現代數學知識解題，設所求爲 x 兩。則過第一關後餘金：$x-\frac{1}{5}x$（兩）；過第二關後餘金：$\left(x-\frac{1}{5}x\right)-\frac{1}{5}\left(x-\frac{1}{5}x\right)$（兩）；過第三關後餘金：$\left[\left(x-\frac{1}{5}x\right)-\frac{1}{5}\left(x-\frac{1}{5}x\right)\right]-\frac{1}{5}\left[\left(x-\frac{1}{5}x\right)-\frac{1}{5}\left(x-\frac{1}{5}x\right)\right]$（兩）。據題意，$\left[\left(x-\frac{1}{5}x\right)-\frac{1}{5}\left(x-\frac{1}{5}x\right)\right]-\frac{1}{5}\left[\left(x-\frac{1}{5}x\right)-\frac{1}{5}\left(x-\frac{1}{5}x\right)\right]=1$，$\frac{4}{5}\times\frac{4}{5}\times\frac{4}{5}x=1$，解得 $x=\frac{5\times5\times5}{4\times4\times4}=1\frac{61}{64}$（兩）。

今按：可參見《算數書》“負米”條“人負米不智（知）其數以出關，關三，〖三〗稅之一。已出，餘米一斗。問始行齎米幾何？得曰：齎米三斗三升四分〖升〗三。术（術）曰：38 直（置）一關〖餘不稅者〗而參（三）倍爲法，有（又）直（置）米一斗而三之，有（又）三倍之而關數焉爲實。39”。還可參見《九章算術》“均輸”章第 28 題“今有人持金出五關，前關二而稅一，次關三而稅一，次關四而稅一，次關五而稅一，次關六而稅一。幷五關所稅，適重一斤。問本持金幾何？答曰：一斤三兩四銖五分銖之四。術曰：置一斤，通所稅者以乘之爲實，亦通其不稅者以減所通，餘爲法。實如法得一斤”。劉徽《九章算術注》將此術稱爲“重今有術”。

解法一：根據題意，可知算法爲：$1\times\frac{5\times5\times5}{4\times4\times4}=\frac{125}{64}=1\frac{61}{64}$（兩）。

解法二：用現代含未知數的方程求解，可得與本算題相同的列式。假設原本的

黃金爲 x 兩，已知每過一關要交 $\frac{1}{5}$ 稅，所以每次過完關交稅後所剩下的黃金是過關前的 $\frac{4}{5}$，則過了第一關剩下的黃金爲 $\frac{4}{5}x$，過了第二關剩下的黃金爲 $\frac{4}{5} \cdot \frac{4}{5}x$，過了第三關剩下的黃金爲 $\frac{4}{5} \cdot \frac{4}{5} \cdot \frac{4}{5}x$，即 1 兩。那麼，$\frac{4}{5} \cdot \frac{4}{5} \cdot \frac{4}{5}x = 1$，$x = 1 \div (\frac{4}{5} \times \frac{4}{5} \times \frac{4}{5})$ $= 1 \times \frac{5 \times 5 \times 5}{4 \times 4 \times 4} = \frac{125}{64} = 1\frac{61}{64}$（兩）。

解法三：參照彭浩（2001：55）對《算數書》"負米"條的算法，也可以這樣理解術文：設過關前的金數爲 x，每次過關後的餘金數分別爲 a、b、c，那麼，$x : a = 5 : 4$，$a : b = 5 : 4$，$b : c = 5 : 4$，$x : c = (5 \times 5 \times 5) : (4 \times 4 \times 4)$。最後餘金（$c$）是一兩，那麼，$x : 1 = 125 : 64$，$x = \frac{125}{64} = 1\frac{61}{64}$（兩）。

【今譯】

持有黃金用來出三個關卡，每一關收五分之（一）稅，剩下一兩黃金，問：開始富餘的黃金有多少？（答案）是：一兩又六十四分之六十一兩。它的算法是：擺置一兩，然後三次用四（乘以）它。Q7_2_149_0832A

【釋文】

一人負米十斗[1]，一人負粟十斗，〖一人〗負食十斗[2]，并裹而分出（之）[3]，米、粟、食各取幾可（何）[4]？曰：米取十四斗七分斗二，粟〖取〗[(一)]八斗七分【斗】[5](二) Q7_2_137_2082A四，食取七斗七分一，食二斗當米一斗。Q7_2_138_0951A

【校記】

（一）此從許道勝（2013A）依文例補"取"。

（二）陳松長（2018：108）在"斗"後有"☒"。此從許道勝（2013A）刪。

【匯釋】

①負：**攜帶**。謝坤（2014）訓攜帶、持有。

②食：有三說：一、訓"食"爲"糲飯"。陳松長（2018：108）認爲本算題的"食"不是稻，據此算題"食"與"米"之比爲 2：1，指出"《九章算術》的'粟米之法'中的糲飯比率爲 75（當糲米爲 30 時），爲糲米的兩倍半而非兩倍"，《九章算術》糲飯之率 75 是錯的。許道勝（2013A）：簡中"食"當指飯。因爲有水，所以二斗當米一斗。二、訓"食"爲"稻"（陳松長，2018：108，引"食"的異說）。三、"食"指食物或穀物，有可能與粟、米爲不同類穀物（日本"中國古算書研究會"，2016：99）。

③并：**一起、一齊，副詞**。《戰國策·燕策二》："（蚌、鷸）兩者不肯相捨，漁

者得而併禽之。"

襄：盛放（許道勝，2013A）。《詩經·大雅·公劉》："迺裏餱糧，於橐於囊。"睡虎地秦簡《日書》甲種《病》六八正貳："甲乙有疾，父母爲祟，得之於肉，從東方來，襄以桼（漆）器。"

④米、粟、食：**指負米的人，負粟的人，負食的人**（陳松長，2018：108）。

日本"中國古算書研究會"（2016：100）補術文爲：術曰：以米爲十斗，粟爲六斗，食爲五斗，并以爲法。又置米十斗、粟六斗、食五斗，各爲物。乃并米、粟、食，凡卅斗。以物乘之爲實。實如法得一斗。不盈斗者以法命之。

⑤許道勝（2013A）認爲：簡 137/2082、138/0951 文意相接。看圖版，137/2082 末補"斗"字後，全簡不缺字，祇缺地腳部分，故所加"☑"今予刪除。

田村誠、張替俊夫（2013）認爲此題不屬於返衰類，將其命名爲"米換算術"。

【算法解析】

蘇意雯（2012）：本題要用到"返衰" $\frac{1}{30} + \frac{1}{50} + \frac{1}{60} = \frac{50 \times 60 + 30 \times 60 + 30 \times 50}{30 \times 50 \times 60} =$ $\frac{6\,300}{90\,000} = \frac{7}{100}$（法），負米者之實：$(10 + 10 + 10) \times \frac{1}{30} = 1$（斗），負粟者之實：$(10 + 10 + 10) \times \frac{1}{50} = \frac{3}{5}$（斗），負食者之實：$(10 + 10 + 10) \times \frac{1}{60} = \frac{1}{2}$（斗），負米者所分：$1$（斗）$\div \frac{7}{100} = 14\frac{2}{7}$（斗），負粟者所分：$\frac{3}{5}$（斗）$\div \frac{7}{100} = 8\frac{4}{7}$（斗），負食者所分：$\frac{1}{2}$（斗）$\div \frac{7}{100} = 7\frac{1}{7}$（斗）。

日本"中國古算書研究會"（2016：100）認爲該題算法並非用返衰術，而是用《算數書》米粟并題的算法解題："食二斗當米一斗"是說：食 10 斗相當於米 5 斗。而且粟：米 = 5：3，因而粟 10 斗相當於米 6 斗。所以將米、粟、食各個換算成米，求價值的比率，爲米 10 斗：粟 10 斗：食 10 斗 = 米 10 斗：米 6 斗：米 5 斗。用此比率將米 10 斗、粟 10 斗、食 10 斗的總量 30 斗進行分配，就能求出各主人的獲取量。具體計算爲：米主的取得：$\frac{30 \times 10}{10 + 6 + 5} = 14\frac{2}{7}$ 斗，粟主的取得：$\frac{30 \times 6}{10 + 6 + 5} = 8\frac{4}{7}$ 斗，食主的取得：$\frac{30 \times 5}{10 + 6 + 5} = 7\frac{1}{7}$ 斗。

今按：可參見《九章算術》"衰分"章第九題"今有甲持粟三升，乙持糲米三升，丙持糲飯三升。欲令合而分之，問各幾何？答曰：甲二升一十分升之七；乙四升一十分升之五；丙一升一十分升之八。術曰：以粟率五十、糲米率三十、糲飯率七十五爲衰，而返衰之，副并爲法。以九升乘未并者，各自爲實。實如法得一升"。

本題爲已知各攜帶十斗米、十斗粟、十斗糲飯的三個人和這三十斗糧食，推算攜帶米、粟、糲飯的人分別拿到的糧食斗數，算法爲：米、粟、糲飯各自的斗數比例÷總的斗數比例×米、粟、糲飯的總數 = 攜帶米、粟、糲飯的人分別拿到的糧食的斗數。

從攜帶米、粟、糲飯的人分別拿到的糧食斗數可推知米、粟、糲飯各自的斗數比例：$14\frac{2}{7} : 8\frac{4}{7} : 7\frac{1}{7} = 10 : 6 : 5$。

（1）攜帶米的人拿到的糧食的斗數：$10 \div (10+6+5) \times (10+10+10) = \frac{100}{7} = 14\frac{2}{7}$（斗）。

（2）攜帶粟的人拿到的糧食的斗數：$6 \div (10+6+5) \times (10+10+10) = \frac{60}{7} = 8\frac{4}{7}$（斗）。

（3）攜帶糲飯的人拿到的糧食的斗數：$5 \div (10+6+5) \times (10+10+10) = \frac{50}{7} = 7\frac{1}{7}$（斗）。

【今譯】

一個人攜帶十斗米，一個人攜帶十斗粟，（一個人）攜帶十斗糲飯，一起盛放，然後分配它們，攜帶米、粟、糲飯的人各拿到多少？（答案）是：攜帶米的人拿十四斗（又）七分之二斗，攜帶粟的人（拿）八斗（又）七分之Q7_2_137_2082A 四（斗），攜帶糲飯的人拿七斗（又）七分之一斗，二斗糲飯相當於一斗米。Q7_2_138_0951A

【釋文】

一人［斗食①，一人］半食②，一人參食③，一人駟食④，一人駠食⑤，凡五人。有米［一石］，［欲以食］數分出（之），問：各得（得）幾可（何）？曰：斗食者得（得）四斗四升Q7_2_139_1826A＋1842A⁽一⁾九分升四，半食者得（得）一〈二〉⁽二⁾斗二升九分升二，參食者一斗四［升廿七］分升廿二，駟食者一斗一升九分升一，駠食者七升⑥Q7_2_140_0898A⁽三⁾【廿七分升十一】⁽四⁾。

【校記】

（一）陶安（2016：321）改簡號爲1844。

（二）整理者（2011：107）作"一（二）"，陳松長（2018：108）作"二"，此改爲"一〈二〉"。

（三）陶安（2016：321）改簡號爲0907。

（四）此據許道勝（2013A）注釋，依計算結果補"廿七分升十一"。

【匯釋】

①食：米（謝坤，2014）。《周禮·地官·廩人》"凡邦有會同師役之事，則治其糧與其食"，鄭玄注"行道曰糧，謂糒也。止居曰食，謂米也"。日本"中國古算書研究會"（2016：19）：口糧。

一人斗食：日本"中國古算書研究會"（2016：19）譯爲"1人1天領口糧1斗"。

②半：二分之一。

③參：三分之一。

④駟：四分之一。

⑤駃：六分之一。整理者（2011：107）引李學勤意見：駃，讀爲"六"，此處指六分之一。駃，或源自"天子駕六"。

⑥許道勝（2013A）：本簡基本完整，簡文書至簡末而未完，當續書於另簡。據計算結果，另簡或有"廿七分升十一"之類的表述。

日本"中國古算書研究會"（2016：21）認爲仿效其他"少廣"題，可復原該題術的部分：爲術曰：以少廣曰：下有六分，以一爲六十，凡成百卅五，以爲法。

【算法解析】

陳松長（2018：109）引用鄒大海的觀點，將該題與《墨子·雜守》"斗食，終歲三十六石。參食，終歲二十四石。四食，終歲十八石。五食，終歲十四石四斗。六食，終歲十二石。斗食，食五升。參食，食參升小半。四食，食二升半。五食，食二升。六食，食一升大半。日再食"對照，"如按《九章》返衰術，先計算斗食者、半食者、參食者、駟食者、駃食者所得之衰爲（$2 \times 3 \times 4 \times 6 =$）144、（$1 \times 3 \times 4 \times 6 =$）72、（$1 \times 2 \times 4 \times 6 =$）48、（$1 \times 2 \times 3 \times 6 =$）36、（$1 \times 2 \times 3 \times 4 =$）24，然後用衰分術求解"。

日本"中國古算書研究會"（2016：21）：求"斗食者"分配量的具體計算公式爲：$1 \times 10 \div (1 + \frac{1}{2} + \frac{1}{3} + \frac{1}{4} + \frac{1}{6})$。因此式的除數中有$\frac{1}{6}$，故以少廣公式"下有六分，以一爲六十，將被除數與除數均乘以60，且將除數化爲整數（$60 + 30 + 20 + 15 + 10$）。再將被除數乘以60爲600，最終以$600 \div 135$，計算得出答案。求半斗以下的答案，計算方法與此相同"。

今按：本題爲根據領一斗米、二分之一斗米、三分之一斗米、四分之一斗米、六分之一斗米的五個人和一石（即十斗）米，推算每個人分得多少米，算法爲：

每人各自應領的米÷五人應領到的米的總數×現有十斗米＝現在每人分到的米。

（1）領一斗米的人所分到的米：$1 \div (1 + \frac{1}{2} + \frac{1}{3} + \frac{1}{4} + \frac{1}{6}) \times 10 = \frac{120}{27} = 4\frac{4}{9}$

（斗），據一斗等於十升，$\frac{4}{9}$斗換算成升：$\frac{4}{9} \times 10 = \frac{40}{9} = 4\frac{4}{9}$（升），則食一斗米的

人所分到的米爲 $4\frac{4}{9}$ 斗，即 4 斗 4 升又 $\frac{4}{9}$ 升。

（2）領二分之一斗米的人所分到的米：$\frac{1}{2} \div (1 + \frac{1}{2} + \frac{1}{3} + \frac{1}{4} + \frac{1}{6}) \times 10 = \frac{60}{27} =$ $2\frac{2}{9}$（斗），$\frac{2}{9}$ 斗換算成升：$\frac{2}{9} \times 10 = \frac{20}{9} = 2\frac{2}{9}$（升），則食二分之一斗米的人所分到的米爲 $2\frac{2}{9}$ 斗，即 2 斗 2 升又 $\frac{2}{9}$ 升。

（3）領三分之一斗米的人所分到的米：$\frac{1}{3} \div (1 + \frac{1}{2} + \frac{1}{3} + \frac{1}{4} + \frac{1}{6}) \times 10 = \frac{40}{27} =$ $1\frac{13}{27}$（斗），$\frac{13}{27}$ 斗換算成升：$\frac{13}{27} \times 10 = \frac{130}{27} = 4\frac{22}{27}$（升），則食三分之一斗米的人所分到的米爲 $1\frac{13}{27}$ 斗，即 1 斗 4 升又 $\frac{22}{27}$ 升。

（4）領四分之一斗米的人所分到的米：$\frac{1}{4} \div (1 + \frac{1}{2} + \frac{1}{3} + \frac{1}{4} + \frac{1}{6}) \times 10 = \frac{30}{27} =$ $1\frac{1}{9}$（斗），$\frac{1}{9}$ 斗換算成升：$\frac{1}{9} \times 10 = \frac{10}{9} = 1\frac{1}{9}$（升），則食四分之一斗米的人所分到的米爲 $1\frac{1}{9}$ 斗，即 1 斗 1 升又 $\frac{1}{9}$ 升。

（5）領六分之一斗米的人所分到的米：$\frac{1}{6} \div (1 + \frac{1}{2} + \frac{1}{3} + \frac{1}{4} + \frac{1}{6}) \times 10 = \frac{20}{27}$ （斗），$\frac{20}{27}$ 斗換算成升：$\frac{20}{27} \times 10 = \frac{200}{27} = 7\frac{11}{27}$（升），則食六分之一斗米的人所分到的米爲 $\frac{20}{27}$ 斗，即 7 升又 $\frac{11}{27}$ 升。

【今譯】

一人（應領）一斗米，一人（應領）二分之一斗米，一人（應領）三分之一斗米，一人（應領）四分之一斗米，一人（應領）六分之一斗米，總計五人。有一石米，想要根據米量分配給他們，問各自得到多少？（答案）是：（應領）一斗米的人得到四斗四升（又）Q7_2_139_1826A + 1842A 九分之四升，（應領）二分之一斗米的人得到二斗二升（又）九分之二升，（應領）三分之一斗米的人（得到）一斗四升（又）二十七分之二十二升，（應領）四分之一斗米的人（得到）一斗一升（又）九分之一升，（應領）六分之一斗米的人（得到）七升Q7_2_140_0898A（又二十七分之十一升）。

【釋文】

【一人斗食，一人半食，一人參食，一人駟食，一人駆食，凡五人。有米一石五斗，欲以食數分出（之），問：各取幾可（何）？曰：斗食者取六斗九分斗六，半食者取三斗九分斗三，參食者取二斗九分斗二，馹食者取一斗九】^(一)分斗六，駃食者取一斗九分升〈斗〉一。^①Q7_2_142_0979A

【校記】

（一）此據計算結果補。

【匯釋】

①據推算結果和該簡"分斗六"，此處"升"爲"斗"之誤。

蘇意雯（2012）猜測簡0979上接簡缺失"一人斗食，一人半食，一人參食，一人馹食，一人駃食，凡五人，有米十五斗（或一石半）"。謝坤（2014）認爲"分斗六"是"斗食者"分到的米，"分斗六"應指六斗九分斗六。日本"中國古算書研究會"（2016：22－23）提出兩種復原方案，第一種是"一人斗食，一人半食，一人參食，一人馹食，一人駃食，凡五人。有米十五斗，欲以食數分之，問各取幾何。曰：斗食者六斗九分斗六，半食者三斗九分斗三，參食者二斗九分斗二，馹食者一斗九分斗六，駃食者取一斗九分斗一"，第二種是"一人參食，一人馹食，一人駃食，凡三人。有米五斗，欲以食數分之，問各取幾何。曰：參食者二斗九分斗二，馹食者取一斗九分斗六，駃食者取一斗九分斗一"。

今按：日本"中國古算書研究會"（2016：22－23）兩種復原方案可信。參見簡139/1826＋1842和簡140/0898的算題，第一種復原方案的可能性較大。據計算結果，"分斗六"比較可能是"馹食者"分到的米，"分斗六"應指一斗九分斗六。

【算法解析】

每人各自應領的米÷原本五人領到的米的總數×現有米量＝現在每人分到的米，已知駃食者取一斗九分斗一，則現有米量＝六分之一食的人所分到的米×五人應領到的米的總數÷應領的六分之一米。

米量：$1\frac{1}{9} \times (1 + \frac{1}{2} + \frac{1}{3} + \frac{1}{4} + \frac{1}{6}) \div \frac{1}{6} = 15$（斗）。

（1）食一斗米的人所分到的米：$1 \div (1 + \frac{1}{2} + \frac{1}{3} + \frac{1}{4} + \frac{1}{6}) \times 15 = \frac{20}{3} = 3\frac{2}{3} = 6\frac{6}{9}$（斗）。

（2）食二分之一斗米的人所分到的米：$\frac{1}{2} \div (1 + \frac{1}{2} + \frac{1}{3} + \frac{1}{4} + \frac{1}{6}) \times 15 = \frac{10}{3} = 3\frac{1}{3} = 3\frac{3}{9}$（斗）。

（3）食三分之一斗米的人所分到的米：$\frac{1}{3} \div (1 + \frac{1}{2} + \frac{1}{3} + \frac{1}{4} + \frac{1}{6}) \times 15 = \frac{20}{9} = 2\frac{2}{9}$（斗）。

（4）食四分之一斗米的人所分到的米：$\frac{1}{4} \div (1 + \frac{1}{2} + \frac{1}{3} + \frac{1}{4} + \frac{1}{6}) \times 15 = \frac{5}{3} = 1\frac{2}{3} = 1\frac{6}{9}$（斗）。

（5）食六分之一斗米的人所分到的米：$\frac{1}{6} \div (1 + \frac{1}{2} + \frac{1}{3} + \frac{1}{4} + \frac{1}{6}) \times 15 = \frac{10}{9} = 1\frac{1}{9}$（斗）。

【今譯】

（一人應領一斗米，一人應領二分之一斗米，一人應領三分之一斗米，一人應領四分之一斗米，一人應領六分之一斗米，總計五人。有一石五斗米，想要根據米量分配給他們，問各自拿到多少？答案是：應領一斗米的人拿到六斗又九分之六斗，應領二分之一斗米的人拿到三斗又九分之三斗，應領三分之一斗米的人拿到二斗又九分之二斗，應領四分之一斗米的人拿到一斗又九）分之六斗，（應領）六分之一斗米的人取得一斗（又）九分之一斗。Q7_2_142_0979A

【釋文】

［有人］［且稟米五斗于⁽一⁾倉①，倉毋米而有糙②，糙⁽二⁾二粟一，今出糙幾可（何）］？當五斗有（又）十三分斗十③。倉中有米，不暂（智—知）……④⁽三⁾ Q7_2_153_0819A + 0828A

【校記】

（一）整理者（2011：115）作"於"，此據圖版改爲"于"。

（二）陳松長（2018：109）誤作"米"。

（三）陳松長（2018：109）作"智（知）"，此改爲"暂（智—知）"，後文同。

【匯釋】

①且：**將要**。張顯成、謝坤（2013）認爲第三字釋爲"且"不妥，當爲"當"，其橫畫較短，與同批簡的"且"不類，認爲用"有人當……"來表示算題題設較常見，可參見《九章算術·均輸》"今有人當稟粟二斛"。謝坤（2014）：且，從字形來看與"當"字形不合，宜存疑待考。

稟：**賜予糧食**。《說文·㐭部》："稟，賜穀也。"段玉裁注："凡賜穀曰稟，受賜亦曰稟。"

倉：**糧倉**，收藏穀物的地方。《說文·倉部》："倉，穀藏也。"《詩經·小雅·楚茨》："我倉既盈，我庾維億。"

②毋：**同"無"，沒有**。《墨子·非命上》："言而毋儀，譬猶運鈞之上而立朝夕

者也。"

而：**然而，假設連詞。**《孟子·離婁下》："問其與飲食者，盡富貴也，而未嘗有顯者來。"

糙：**脫殼未舂的米，或舂得不精的米。**《玉篇·米部》："糙，粗米未舂。"日本"中國古算書研究會"（2016：108）："糙"是指"米2：粟1"的比例混在一起的穀物。

③當：**應當。**《字彙·田部》："當，理合如是也。"《史記·齊悼惠王世家》："當斷不斷，反受其亂。"

④曶：**同"智"，通"知"，知道。**《墨子·耕柱》："豈能智數百歲之後哉？"

陳松長（2018：110）："倉中有米，不智（知）"應是算題的另一問，或者是另一算題。

陳松長（2018：110）認爲該題與《九章算術·均輸》第六題"今有人當稟粟二斛。倉無粟，欲與米一、菽二，以當所稟粟。問各幾何？"類似，但不是"均輸"算法。

【算法解析】

解法一：整理者（2011：115）：題意是用糙和粟抵充 5 斗米，糙：粟＝2：1，問出糙多少。又已知粟：米＝50：30，據算題數據驗算得：糙：米＝30：17。算題計算如下：

∵ 每出 1 斗粟，就抵充 $\frac{30}{50}$ 斗米。對應地，糙需出 2 斗，抵充 $2\times\frac{17}{30}$ 斗米。

∴ 出糙：$\dfrac{5}{\left(1\times\frac{30}{50}+2\times\frac{17}{30}\right)}\times 2=\frac{75}{13}=5\frac{10}{13}$（斗）。

今按：$\dfrac{5}{\left(1\times\frac{30}{50}+2\times\frac{17}{30}\right)}$ 可以得出 5 斗米裏面有多少份由粟抵充的 $\frac{30}{50}$ 斗米和由糙

抵充的 $2\times\frac{17}{30}$ 斗米組成的整體。糙米和粟的斗數比例爲糙：粟＝2：1，那麼乘以 2 可以得出糙米斗數。

解法二：陳松長（2018：109）採用日本"中國古算書研究會"（2016：109）的說法：將需要的糙設爲 x 斗，又因糙爲"米2：1"比例的混合穀物，所以米爲 $\frac{2}{3}$ x 斗，粟爲 $\frac{1}{3}x$ 斗。將粟 $\frac{1}{3}x$ 斗換算爲同一價值的米，其計算是：$\frac{1}{3}x\times\frac{3}{5}=\frac{1}{5}x$（斗）。混合物的米爲 5 斗即可，而 $\frac{2}{3}x+\frac{1}{5}x=5$（斗），解得：$x=\dfrac{5}{\frac{2}{3}+\frac{1}{5}}=\frac{75}{13}=5\frac{10}{13}$（斗）。

（斗）。

今按：可用現代含未知數的方程求糙米斗數。假設糙米爲 x 斗，用來代替 5 斗米的糙米和粟的斗數比例爲糙：粟 = 2：1，那麼粟爲 $\frac{x}{2}$ 斗，粟與米的換算比率爲"米 = 粟 × $\frac{3}{5}$"，糙米與米的換算比率爲"米 = 糙 × $\frac{17}{30}$"。粟斗數 × 粟與米的換算比率 + 糙米斗數 × 糙米與米的換算比率 = 五斗米，則 $\frac{x}{2} \cdot \frac{3}{5} + x \cdot \frac{17}{30} = 5$，$x = 5\frac{10}{13}$。

算題中糙米斗數爲 $5\frac{10}{13}$ 斗，用來代替 5 斗米的糙米和粟的斗數比例爲糙：粟 = 2：1，那麼粟斗數爲 $\frac{75}{26}$ 斗，粟與米的換算比率爲"米 = 粟 × $\frac{3}{5}$"。粟斗數 × 粟與米的換算比率 + 糙米斗數 × 糙米與米的換算比率 = 五斗米，那麼糙米與米的換算比率 = （五斗米 – 粟斗數 × 粟與米的換算比率）÷ 糙米斗數 = $\left(5 - \frac{75}{26} \times \frac{3}{5}\right) \div 5\frac{10}{13} = \frac{17}{30}$，即米 = 糙 × $\frac{17}{30}$。

【今譯】

有人將要被賜予從糧倉裏（拿出）的五斗米，糧倉沒有米，然而有糙米，（比例爲）糙米二粟一，假如出糙米，（要拿出）多少？應當是五斗又十三分之十斗。糧倉中有米，不知道……Q7_2_153_0819A + 0828A

【釋文】

▢［米粟］且各得（得）幾可（何）？曰：米取三斗有（又）廿七分升〈斗〉[一]廿四，粟取三斗有（又）廿七分升〈斗〉[二]三。Q7_2_154_0840A

【校記】

（一）陳松長（2018：110）作"升"。此從田村誠、張替俊夫（2013）作"升〈斗〉"。

（二）同（一）。

【算法解析】

田村誠、張替俊夫（2013）認爲可復原爲（①設問；②答案；③術文）：①一人負米三斗，一人負粟四斗。并裹而分之，米、粟且各得幾可（何）？②曰：米取三斗有（又）廿七分斗廿四，粟取三斗有（又）廿七分斗三。③術曰：（以米三斗爲三斗），粟四斗爲二斗五分斗二。又置米三斗，粟二斗五分斗二，亦令各以一爲五，已。乃并米、粟，凡七斗，以物乘之。如法得一斗。不盈斗者以法命之。日本"中國古算書研究會"（2016：102）復原的"術文"部分與田村誠、張替俊夫（2013）有所不同：術曰：以米爲三斗，粟四斗爲二斗五分斗二。令各以一爲五，米爲十五斗，粟爲十二斗，并以爲法。又置米十五，粟十二，各爲物。乃并米、粟，凡七斗，以物乘之爲實。實如法得一斗。不盈斗物以法命之。

日本"中國古算書研究會"（2016：102）：在這裏，假設物主各自帶來的是米 x 斗、粟 $(7-x)$ 斗。粟 $(7-x)$ 換算爲米時，其容積爲 $\frac{3}{5}$，因而粟 $(7-x)$ 斗相當於米 $(7-x) \times \frac{3}{5}$ 斗。因爲分配比率是 5：4，其結果可得如下比例式：$x : (7-x) \times \frac{3}{5} = 5 : 4$，……米容積 $x = 3$（斗），粟容積是 $7 - 3 = 4$（斗），……將帶來的 3 斗米與 4 斗粟混合之後，再對混合穀物按照換算爲米的比率 $5x : 3(7-x) = 15 : 12$ 重新分配給兩個物主。……用此比率，將 7 斗混合米、粟重新分配時，米、粟各自物主所應得的份額如下：米的物主應得 $(7 \times 15) \div (15 + 12) = \frac{105}{27} = 3\frac{24}{27}$（斗），粟的物主所應得 $(7 \times 12) \div (15 + 12) = \frac{84}{27} = 3\frac{3}{27}$（斗）。

今按：可參照張家山漢簡《算數書》簡 117—118 "米粟并"算題 "有米一石、粟一石，并提之，問米、粟〔主〕當各取幾何？曰：米主取一石二斗十六分升〈斗〉八，粟主取七斗十六分升〈斗〉八。术（術）曰：直（置）米十斗、六斗并以爲法，以兩石扁（遍）乘所直（置）各自爲實。六斗者，粟之米數也"。

按照田村誠、張替俊夫（2013）的復原，那麼四斗粟換算成糲米，糲米 = 粟 × $\frac{3}{5} = 4 \times \frac{3}{5} = \frac{12}{5} = 2\frac{2}{5}$（斗）。那麼，糲米、粟各自的斗數比例爲：糲米取 $3\frac{24}{27}$ 斗：粟取 $3\frac{3}{27}$ 斗 = 糲米 3×5：糲米 $2\frac{2}{5} \times 5 = 15 : 12$。糲米、粟的總數爲 $3\frac{24}{27} + 3\frac{3}{27} = 7$（斗）。

米、換算成米的粟各自的斗數比例 ÷ 總的斗數比例 × 米、粟的總數 = 攜帶米、粟的人分別拿到的糧食的斗數。

攜帶米的人拿到的糧食的斗數：$15 \div (15 + 12) \times 7 = \frac{35}{9} = \frac{105}{27} = 3\frac{24}{27}$（斗）。

攜帶粟的人拿到的糧食的斗數：$12 \div (15 + 12) \times 7 = \frac{28}{9} = \frac{84}{27} = 3\frac{3}{27}$（斗）。

其實，也可參照簡 137/2082 和簡 138/0951 所記載的算題，不必把粟換算成米。米、粟的總數爲 $3\frac{24}{27} + 3\frac{3}{27} = 7$（斗），從攜帶米、粟的人分別拿到的糧食斗數可推知米、粟各自的斗數比例：$3\frac{24}{27} : 3\frac{3}{27} = 5 : 4$。

米、粟各自的斗數比例 ÷ 總的斗數比例 × 米、粟的總數 = 攜帶米、粟的人分別拿到的糧食的斗數。

攜帶米的人拿到的糧食的斗數：$5 \div (5+4) \times 7 = \dfrac{35}{9} = \dfrac{105}{27} = 3\dfrac{24}{27}$（斗）。

攜帶粟的人拿到的糧食的斗數：$4 \div (5+4) \times 7 = \dfrac{28}{9} = \dfrac{84}{27} = 3\dfrac{3}{27}$（斗）。

【今譯】

▯米粟將各自得到多少？（答案）是：攜帶米的人拿到三斗又二十七分之二十四斗，攜帶粟的人拿到三斗又二十七分之三斗。Q7_2_154_0840A

【釋文】

曰：以粟爲六斗，米爲十斗，麥爲［六斗大半］▯Q7_2_155_0902A[一]，有（又）置粟六斗，米十斗，麥六斗大半斗，亦令各以一爲六①，已②。乃并粟米麥③，凡卅（卅）斗，以物桼（乘）屮（之）④，如法得（得）一斗，不盈Q7_2_156_1715A斗者，以法命屮（之）。Q7_2_157_1710A[二]

【校記】

（一）陶安（2016：322）改簡號爲0911。
（二）陶安（2016：322）改簡號爲1709。

【匯釋】

①以一爲六：**把一變爲六，即乘以六。**
②已：**完成，完畢。**《廣雅·釋詁三》："已，成也。"《易·損》："已事遄往。"孔穎達疏："已，竟也。"
③乃：**然後，時間副詞。**《尚書·堯典》："乃命羲和，欽若昊天。"
④物：**穀物。**日本"中國古算書研究會"（2016：106）："物"指比例之數。本題的"物"，指將粟、米、麥以各自量換算爲米之後，再將這些數值變成整數，結果爲所得到的比例之數。

【算法解析】

田村誠、張替俊夫（2013）認爲可復原爲（①設問；②答案；③術文）：① 一人負粟十斗，一人負米十斗，一人負麥十斗。并裹而分之，粟、米、麥各取幾何？②曰：粟取七斗又十七分斗十六，米取十三斗又十七分斗四，麥取八斗又十七分斗十四。③術曰：以粟爲六斗，米爲十斗，麥爲六斗大半斗。有（又）置粟六斗，米十斗，麥六斗大半斗，亦令各以一爲六，已。乃并粟、米、麥，凡卅斗。以物乘之。如法得一斗。不盈斗者以法命之。

日本"中國古算書研究會"（2016：107）復原術文爲：術曰：以粟爲六斗，米爲十斗，麥爲六斗大半斗。令各以一爲六，粟三十六，米六十，麥四十，并以爲法。

有（又）置粟六斗，米十斗，麥六斗大半斗，亦令各以一爲六，已。乃幷粟、米、麥，凡卅斗。以物乘之。如法得一斗。不盈斗者以法命之。

按：按照田村誠、張替俊夫（2013）的復原，已知粟換算成六斗米，麥換算成六又三分之二斗米，根據粟與米的換算比率，粟 = 糲米 $\times \frac{5}{3} = 6 \times \frac{5}{3} = 10$（斗），根據麥與米的換算比率，麥 = 糲米 $\times \frac{3}{2} = 6\frac{2}{3} \times \frac{3}{2} = 10$（斗）。米、粟、麥的總數爲 $10 + 10 + 10 = 30$（斗），從換算成米的米、粟、麥的斗數可推知米、粟、麥各自的斗數比例，各乘以6，將分數化爲整數：粟10斗：糲米10斗：麥10斗 = 糲米6斗：糲米10斗：糲米 $6\frac{2}{3}$ 斗 $= 6 \times 6 : 10 \times 6 : 6\frac{2}{3} \times 6 = 36 : 60 : 40 = 9 : 15 : 10$。

糲米、粟、麥各自的斗數比例÷總的斗數比例×糲米、粟、麥的總數 = 攜帶糲米、粟、麥的人分別拿到的糧食（即糲米、粟、麥混合物）的斗數。

攜帶糲米的人拿到的糧食的斗數：$9 \div (9 + 15 + 10) \times 30 = \frac{270}{34} = 7\frac{16}{17}$（斗）。

攜帶粟的人拿到的糧食的斗數：$15 \div (9 + 15 + 10) \times 30 = \frac{450}{34} = 13\frac{4}{17}$（斗）。

攜帶麥的人拿到的糧食的斗數：$10 \div (9 + 15 + 10) \times 30 = \frac{300}{34} = 8\frac{14}{17}$（斗）。

【今譯】

（算法）是：用粟（換算）成爲六斗（糲米），糲米是十斗，麥（換算）成爲六斗三分之二（斗）☒Q7_2_155_0902A，又擺置六斗粟（換算而成的糲米）、十斗糲米、六斗（又）三分之二斗麥（換算而成的糲米），也讓各自乘以六，完畢。然後相加粟、糲米、麥，一共三十斗，用穀物乘以它，（被除數中）有與除數相等的，就得一斗，不滿足 Q7_2_156_1715A 一斗的，用除數（作爲分母）命名該分數。Q7_2_157_1710A

【釋文】

☒【五尺七分尺】五①。其述（術）曰：始日直（置）一②，次直（置）二③，次直（置）四，耤（藉）而幷出（之）七④，七爲法，以十尺扁（徧）桼（乘）其直（置）各自爲䅠（實）⑤，䅠（實）如法得（得）一尺。Q7_2_131_0972A

【匯釋】

①陳松長（2018：110）引用鄒大海 2010 年 11 月 28 日的郵件內容，認爲：前面的簡文可能包含諸如"……織日自再，三日織十尺。問始織日及其次各幾何？得曰：始織一尺七分尺三，次二尺七分尺六，次五尺七分尺"之類的文字。除數字外，其他文字也可以有別的校補方式。

②始：**开始。**

③次：**顺序居於前項之後。**《尚書·洪範》："初一曰五行，次二曰敬用五事……次九曰嚮用五福。"《左傳·襄公二十四年》："太上有立德，其次有立功，其次有立言。"

許道勝（2012J）認爲此處和下一處"次"後均承前文省"曰"字。

④耤：**指耤置，在旁邊擺置（算籌），做加法。** 譚競男（2015A）認爲"另行做加法"。日本"中國古算書研究會"訓"因、以"。

許道勝（2013A）據文意，認爲"七"前可補"以"字。

⑤扁：**通"徧"，全部**（許道勝，2013A）。《詩經·邶風·北門》："我入自外，室人交徧讁我。"整理者（2011：101）讀爲"遍"。

【算法解析】

今按：可參見《算數書》"女織"條"鄰里有女，惡自喜也。織，曰〈日〉自再五日織五尺。問始織日及其次各幾何？曰：始織一寸六十二分寸卅八，次三寸六十 40 二分寸十四，次六寸六十二分寸廿八，次尺二寸六十二分寸五十六，次一〈二〉尺五寸六十二分寸五十。術（術）曰：直（置）二、直（置）四、直（置）八、直（置）十六、直（置）41 卅二，并以爲法，以五尺偏（遍）乘之各自爲實，實如法得尺，不盈尺者十之，如法一寸，不盈寸者，以法命之。王已讎。42"。

《九章算術》"衰分"第四題"今有女子善織，日自倍，五日織五尺。問日織幾何？答曰：初日織一寸三十一分寸之十九；次日織三寸三十一分寸之七；次日織六寸三十一分寸之十四；次日織一尺二寸三十一分寸之二十八；次日織二尺五寸三十一分寸之二十五。術曰：置一、二、四、八、十六爲列衰；副并爲法；以五尺乘未并者，各自爲實，實如法得一尺"。

$$(10 \times 1) \div (1 + 2 + 4) = \frac{10}{7} = 1 \frac{3}{7} \text{（尺）。}$$

$$(10 \times 2) \div (1 + 2 + 4) = \frac{20}{7} = 2 \frac{6}{7} \text{（尺）。}$$

$$(10 \times 4) \div (1 + 2 + 4) = \frac{40}{7} = 5 \frac{5}{7} \text{（尺）。}$$

【今譯】

☒（五尺又七分之）五（尺）。它的算法是：開始那天擺置一，其次（那天）擺置二，再次（那天）擺置四，在旁邊擺置，相加它們（成爲）七，七作爲除數，用十尺全部乘以它擺置的各自的（工作量）作爲被除數，被除數中有與除數相等的，就得一尺。Q7_2_131_0972A

【釋文】

［有婦］三人①，［長］者一日織五十尺②，中者二日［織］五十［尺③，少者］

三日織五十尺④。⁽⁻⁾今威有攻（功）五十尺⑤，問：各受 Q7_2_127_J09 + J11A⑥ 幾可（何）？曰⑦：長者受廿七尺十一分尺三，中者受十三尺十一分尺七，少者受九尺十一分尺一。述（術）曰：各直（置）一日所織。Q7_2_128_0827A

【校記】

（一）此據許道勝（2012J）改逗號爲句號。

【匯釋】

①婦：**兒媳**。《爾雅·釋親》："子之妻爲婦。"《詩經·衛風·氓》："三歲爲婦，靡室勞矣。"鄭玄箋："有舅姑曰婦。"

②長者：**年紀大或輩分高的人，此指年紀大的兒媳**。《孟子·告子下》："徐行後長者謂之弟，疾行先長者謂之不弟。"司馬遷《報任安書》："僕雖罷駑，亦嘗側聞長者之遺風矣。"

織：**製作織物**。《說文·糸部》："織，作布帛之總名也。"《詩經·大雅·瞻卬》："婦無公事，休其蠶織。"許道勝（2013A）：製作布帛之總稱。

③中者：**年紀中等的兒媳**。

④少者：**年紀輕的兒媳**。

⑤威：**婆婆，即丈夫的母親**。《說文·女部》："威，姑也。从女、从戌。漢律曰：'婦告威姑'。"陳偉（2010A）聯繫張家山漢簡《二年律令·告律》簡133"子告父母，婦告威公，奴婢告主、主父母妻子，勿聽而棄告者市"，指出《數》簡"威""婦"分別指"婆""媳"。陳松長（2018：111）：婆婆或婆母。蕭燦（2015：83）：威，姑，姑婆。

攻：**通"功"，事功，工作，工作量**。《詩經·豳風·七月》："嗟我農夫，我稼既同，上入執宮功。"鄭玄箋："可以上入都邑之宅，治宮中之事矣。"整理者（2011：98）引用鄒大海2010年11月28日郵件内容：指工作或工作量……"功"在本算題中指織布的工作量，亦用單位尺來表示。日本"中國古算書研究會"（2016：121）："攻"同"功"，指功績或勞動的成果。

⑥受：**接受**。《廣雅·釋詁三》："受，得也。"《尚書·大禹謨》："滿招損，謙受益。"

整理者（2011：98）：簡J09與簡J11拼綴。簡J11下段留有空白，可以書寫五至六字。

⑦許道勝、李薇（2010B）在"曰"前補"得"。

【算法解析】

今按：可參見《算數書》"婦織"算題"有婦三人，長者一日織五十尺，中者二日織五十尺，少者三日織五十尺。今織有攻（功）五十尺，問各受幾何尺？其得曰：長者受廿五尺，中者受十六尺有（又）十八分尺之十二，少者受八尺有（又）

十八分尺之六。其术（術）曰：直（置）一、直（置）二、直（置）三，而各幾以爲法，有（又）十而五之以爲實，如法而一尺。不盈尺者，以法命分。三爲長者實，二爲中者，一爲少者。楊已讎”，該“婦織”算題答案錯誤。

本題根據三個兒媳織五十尺（織物）所需的天數和五十尺工作量，計算每人接受的工作量是多少，算法爲：每人每天的工作量÷三人每天的工作量總數×五十尺的工作量＝（每人每天的工作量×五十尺的工作量）÷三人每天的工作量總數＝（五十尺÷織五十尺各自所需要的天數×五十尺的工作量）÷三人每天的工作量總數＝每個人所接受的工作量。

年紀大的兒媳所接受的工作量：$(50 \times 50) \div (50 + \frac{50}{2} + \frac{50}{3}) = \frac{300}{11} = 27\frac{3}{11}$（尺）。

年紀中等的兒媳所接受的工作量：$(\frac{50}{2} \times 50) \div (50 + \frac{50}{2} + \frac{50}{3}) = \frac{150}{11} = 13\frac{7}{11}$（尺）。

年紀輕的兒媳所接受的工作量：$(\frac{50}{3} \times 50) \div (50 + \frac{50}{2} + \frac{50}{3}) = \frac{100}{11} = 9\frac{1}{11}$（尺）。

【今譯】

有兒媳三人，年紀大的兒媳一天織五十尺（織物），年紀中等的兒媳兩天織五十尺（織物），年紀輕的兒媳三天織五十尺（織物）。假如婆婆有五十尺工作量，問：各接受Q7_2_127_J09＋J11A多少（工作量）？（答案）是：年紀大的兒媳接受二十七尺（又）十一分之三尺，年紀中等的兒媳接受十三尺（又）十一分之七尺，年紀輕的兒媳接受九尺（又）十一分之一尺。算法是：各自擺置一天所織的（織物）。Q7_2_128_0827A

【釋文】

［凡食攻（功）出（之）述（術）曰①：以］人數爲［法，以食攻（功）丈數爲𧴥（實），𧴥（實）］如法得（得）一丈。［不盈丈者，因而十出（之），如法②，人〖得（得）〗⁽一⁾一尺；不盈尺者，因］Q7_2_129_1136A＋C410115A⁽二⁾而十出（之），如法，人得（得）一寸；不盈寸者，以分命出（之）③。Q7_2_130_0022A

【校記】

（一）此據蕭燦（2015：84）注釋補“得”。

（二）陶安（2016：327）改簡號爲C166。

【匯釋】

①食：有四說：一、訓“食”爲“食祿或受俸”，也可能是“可以取得的成果”的意思（日本“中國古算書研究會”，2016：123）。二、訓“食”爲“接受”

"享受、得到"等。蕭燦（2015：85）訓爲"受，接受"，也包含"享受""獲得"的意思。整理者（2011：100）引鄒大海 2010 年 10 月 19 日郵件內容，訓"享受、得到""分得"。三、**改釋爲"受"**。許道勝（2012H）據《爲吏治官及黔首》簡 1553 紅外影像"受"，改"食"爲"受"，並引《左傳・定公元年》"庚寅，栽。宋仲幾不受功"。四、**訓"食"爲"用"，訓"食攻"爲"用工"**（陳松長，2018：111），並引高誘注《戰國策・衛策》"始君之所行於世者，食高麗也"爲"食，用也"。馬芳（2013）也持此觀點。

食攻："攻"通"功"，工程。食功，用於換取廩食的土木工程，本題爲計算每個人所承擔的用於換取廩食的土木工程的工程量。雲夢睡虎地 77 號漢墓竹簡《算術》的題名中有"食攻"。有三說：一、已知有若干（以長度計的）工作量（如要織多少布，要挖多長的堤之類），由若干人完成。"凡食攻之述"就是計算每個人所分得的工作量的多少（可以是布，或別的以長度計量的工作）的方法（陳松長，2018：111，引用鄒大海郵件內容）。二、**"食攻"是享受、得到供給的（以長度計的）物資（如布匹）的量，則"凡食攻之述"是總共供應多少物資，分給若干人，計算每人分得多少的方法**（陳松長，2018：111，引用鄒大海郵件內容）。三、訓"食攻"爲"用工"（陳松長，2018：111）。

②許道勝（2012J）認爲此處"如法"和該簡下一處"如法"均後不斷讀。

③C410115 右邊殘，整理者（2011：155）作"☐☐如法☐☐☐不盈尺者以☐"，簡 1136 下端左邊殘，二簡殘斷處吻合。陳松長（2018：111）將簡 C410115 與簡 1136 綴合。

【今譯】

凡是用於換取廩食的土木工程的工程量算法是：用人數作爲除數，用食攻（功）丈數作爲被除數，被除數中有與除數相等的，得到一丈。不滿足一丈的，因而十（乘以）它，（被除數中）有與除數相等的，人（得到）一尺；不滿足一尺的，因Q7_2_129_1136A＋C410115A而十（乘以）它，（被除數中）有與除數相等的，人得到一寸；不滿足一寸的，用分數命名它。Q7_2_130_0022A

【釋文】

布八尺十一錢①，今有布三尺，得（得）錢幾可（何）？得（得）曰：四錢八分錢一。其述（術）曰：八尺爲濾（法），即以三尺棻（乘）十一錢以爲穎（實），穎（實）Q7_2_145_0773A⁽一⁾如濾（法）得一錢。Q7_2_146_0985A

【校記】

（一）陶安（2016：322）改簡號爲 0772。

【匯釋】

①布：布匹。

【算法解析】

今按：可參見《九章算術》"衰分"章第十三題："今有布一匹，價直一百二十五。今有布二丈七尺，問得錢幾何？"整理者（2011：110）、陳松長（2018：112）認爲本算題與《九章算術》"衰分"都不屬於衰分問題。

本題爲根據八尺布值十一錢，推算三尺布值多少錢，算法爲：三尺布 × 每尺布的價錢 = 三尺布 × 十一錢 ÷ 八尺布，即 $3 \times 11 \div 8 = \frac{33}{8} = 4\frac{1}{8}$（錢）。

【今譯】

八尺布（值）十一錢，假如有三尺布，得到多少錢？得到是：四錢又八分之一錢。它的算法是：八尺作爲除數，就用三尺乘十一錢作爲被除數，被除數 Q7_2_145_0773A 與除數相等的，就得一錢。Q7_2_146_0985A

九、少廣類算題

【釋文】

少廣①。下有半②，以〖一〗爲二③，半爲一，同出（之）三④，以爲法⑤。赤〈亦〉直（置）二百卌（冊）步⑥，亦以一爲二，爲四百八十步，除〖出（之）〗⁽⁻⁾，如法得（得）一步，爲從（縱）百六十⑦Q7_2_160_0942A步，［令奥〈與〉］廣相粜（乘）也⑧，而成田一畮（畝）。⑨Q7_2_58_0761A

【校記】

（一）此從謝坤（2014）依文例補“出（之）”。

【匯釋】

①少廣：**古代九種算法之一，由已知長方形面積或長方體體積求其一邊之長的方法**。見於《算數書》《九章算術》和尚未公開發表的睡虎地漢簡《算術》與北京大學秦簡《算書》。《九章算術·少廣》：“少廣以御積冪方圓。”日本“中國古算書研究會”（2016：3－4）：“少廣”的“廣”指寬幅。“少廣”題意爲：由已知長方形面積（1畮＝240步），根據廣長 $1+\frac{1}{2}+\cdots\cdots+\frac{1}{n}$ 形式的變化，求與其相應變化的縱長。許道勝（2013A）：傳統的“少廣術”是已知長方形面積而求其一邊之長。《數》及張家山漢簡《算數書》“少廣”類簡文均爲已知長方形面積及廣而求其縱。……因其下即是術文（省略“術”或“術曰”），故“少廣”應是術文的引首語而非題名。

②下：**下面，指除數**。許道勝（2013A）：指法，即分母。

③以〖一〗爲二：**把一變爲二，即乘以二**。

④同：**與“併”意思相近，使……合在一起，即相加**。見簡133/0765。陳松長（2018：112）：同之，各數相加。謝坤（2014）釋“同之三”爲“相加爲三”。

⑤謝坤（2014）認爲“以爲法”爲“以之爲法”之省。

⑥整理者（2011：119）認爲：赤，可能是“亦”的誤寫。《說文·玉部》“瓊，亦玉也”，段玉裁注“亦，各本作赤，非”，即以“赤玉”是“亦玉”之訛誤。

⑦整理者（2011：119）認爲簡160/0942可補“步，成一畮（畝）”。許道勝（2013A）：文意未盡，卻已書至簡末。缺字或在另簡。

⑧興〈與〉：**和、同，並列連詞。**《易·說卦》："立天之道曰陰與陽，立地之道曰柔與剛，立人之道曰仁與義。"《儀禮·大射禮》："工人士與梓人升自北階兩楹之間。"《論語·公冶長》："夫子之言性與天道，不可得而聞也。"

⑨蕭燦（2015：51）：簡 0761 完好，前接簡缺失，可能包含對"縱"的敘述。日本"中國古算書研究會"（2013）：根據"令（縱）與廣相乘也，而成田一畝"的語句，估計本題屬於"少廣"題的驗算部分。《算數書》"少廣"有"復之，即以廣乘縱，令復爲二百四十步一畝"的文句與本題類似。蔡丹（2013）將簡 160/0942 與簡 58/0761 連讀，指出整理者將簡 58/0761 誤歸入面積類算題。陳松長（2018：112）也將二簡連讀。

【算法解析】

今按：可參見《算數書》"少廣"中"投少廣之術曰：先直（置）廣。即曰：下有若干步，以一爲若干，以半爲若干，以三分爲若干，積分以盡所投分同 164 之，以爲法。即耤（藉）直（置）田二百卅步，亦以一爲若干，以爲積步，除積步，如法得從（縱）一步。不盈步者，以法命其分。有（又）曰：復 165 之，即以廣乘從，令復爲二百卅步田一畝。……166"和"少廣：廣一步、半步，以一爲二，半爲一，同之三，以爲法。即直（置）二百卅步，亦以一爲二，除，如法得從（縱）一步。爲從（縱）百六十步。因以一步、半步乘。167"。

可參見雲夢睡虎地七十七號漢墓竹簡《算術》簡 1—2（見熊北生、陳偉、蔡丹，2018）"凡生少廣之法曰：直（置）其分數以下分命倍之，令母分以爲法，即左置一筭（算），以倍分數輒倍之，以乘二百卅步，而令如法得一步，即一畝田從（縱）也，以乘分，成田一畝。乘分曰：一不分，直（置）如法，加以不而分之"。還可參見《九章算術》"少廣"章第一題"今有田廣一步半。求田一畝，問從（縱）幾何？答曰：一百六十步。術曰：下有半，是二分之一。以一爲二，半爲一，并之得三，爲法。置田二百四十步，亦以一爲二乘之，爲實。實如法得從步"。

本題爲根據一畝（二百四十平方步）田和田的寬度$\left(1+\frac{1}{2}\right)$步，推算田的長度：

長度（即縱）＝田的面積÷寬度（即廣），即 $240 \div \left(1+\frac{1}{2}\right)$，爲了化分數爲整數，被除數和除數同時乘以二，$240 \times 2 \div \left[\left(1+\frac{1}{2}\right) \times 2\right] = 480 \div (2+1) = 480 \div 3 = 160$（步）。

【今譯】

少廣算法。除數有二分之一，把（一）變爲二，二分之一變爲一，相加它們（成爲）三，作爲除數。也擺置二百四十平方步，也把一變爲二，成爲四百八十平方步，除以（它們），（被除數中）有與除數相等的，得到一步，成爲長度一百六十 Q7_2_160_0942A步，讓（長度）與寬度相乘，然後成爲一畝田。Q7_2_58_0761A

【釋文】

下有四［分］①，以一爲十二②，以半爲六，三分爲四③，四分爲三，同凵（之）廿五，以爲法。直（置）二百卌（冊）步，亦以一爲十二，爲二千八百八十步，Q7_2_161_0949A［除］凵（之），如法得（得）一步，爲從（縱）百一十五步有（又）廿五分步五，成〖田〗⁽一⁾一畝（畝）。④Q7_2_162_0846A⁽二⁾

【校記】

（一）此據許道勝（2013A）及文例補"田"。

（二）陶安（2016：322）改簡號爲0845。

【匯釋】

①四分：四分之一。

②以一爲十二：把一變爲十二，即乘以十二。

③三分：三分之一。

④蘇意雯（2012）認爲"成田一畝"是"長乘以寬驗算爲240即爲一畝田"。

【算法解析】

今按：可參見《九章算術》"少廣"章第三題"今有田廣一步半、三分步之一、四分步之一。求田一畝，問從幾何？答曰：一百一十五步五分步之一。術曰：下有四分，以一爲一十二，半爲六，三分之一爲四，四分之一爲三，并之，得二十五，以爲法。置田二百四十步，亦以一爲一十二乘之，爲實。實如法而一，得從步"。

本題爲根據一畝（二百四十平方步）田和田的寬度$\left(1+\dfrac{1}{2}+\dfrac{1}{3}+\dfrac{1}{4}\right)$步，推算田的長度：長度（即縱）＝田的面積÷寬度（即廣），即$240÷\left(1+\dfrac{1}{2}+\dfrac{1}{3}+\dfrac{1}{4}\right)$，爲了化分數爲整數，被除數和除數同時乘以十二，$240×12÷\left[\left(1+\dfrac{1}{2}+\dfrac{1}{3}+\dfrac{1}{4}\right)×12\right]=2\,880÷(12+6+4+3)=2\,880÷25=115\dfrac{5}{25}$（步）。

驗算，則$\left(1+\dfrac{1}{2}+\dfrac{1}{3}+\dfrac{1}{4}\right)×115\dfrac{5}{25}=240$（平方步）。

【今譯】

除數有四分之一，把一變爲十二，把二分之一變爲六，把三分之一變爲四，把四分之一變爲三，相加它們（成爲）二十五，作爲除數。擺置二百四十平方步，也把一變爲十二，成爲二千八百八十平方步，Q7_2_161_0949A除以它們，（被除數中）有與除數相等的，就得一平方步，成爲長度一百一十五步又二十五分之五步，（驗算）成爲一畝（田）。Q7_2_162_0846A

【釋文】

下有五分^①，以一爲六十，以半爲世（卅），三分爲廿，四分爲十五，五［分爲］十二，同出（之）［百世（卅）］七，［以爲法］。直（置）二百卅（卌）步，亦以一爲［六十］，Q7_2_163_0811A爲萬四千四［百］，除［出（之），如］法得（得）一步，爲從（縱）百五步有（又）百世（卅）七［分步］十五，［成〖田〗一畝（畮）］。Q7_2_164_0850A^{（一）}

【校記】

（一）陶安（2016：322）改簡號爲0848。

【匯釋】

①五分：**五分之一。**

【算法解析】

今按：《九章算術》"少廣"章第四題與該算題相似："今有田廣一步半、三分步之一、四分步之一、五分步之一。求田一畝，問從幾何？答曰：一百五步一百三十七分步之一十五。術曰：下有五分，以一爲六十，半爲三十，三分之一爲二十，四分之一爲一十五，五分之一爲一十二，并之，得一百三十七，以爲法。置田二百四十步，亦以一爲六十乘之，爲實。實如法得從步。"

本題爲根據一畝（二百四十平方步）田和田的寬度$\left(1+\frac{1}{2}+\frac{1}{3}+\frac{1}{4}+\frac{1}{5}\right)$步，推算田的長度：長度（即縱）＝田的面積÷寬度（即廣），即$240\div\left(1+\frac{1}{2}+\frac{1}{3}+\frac{1}{4}+\frac{1}{5}\right)$，爲了化分數爲整數，被除數和除數同時乘以六十，$240\times60\div\left[\left(1+\frac{1}{2}+\frac{1}{3}+\frac{1}{4}+\frac{1}{5}\right)\times60\right]=14\,400\div(60+30+20+15+12)=14\,400\div137=\frac{14\,400}{137}=105\frac{15}{137}$（步）。

驗算，則$\left(1+\frac{1}{2}+\frac{1}{3}+\frac{1}{4}+\frac{1}{5}\right)\times105\frac{15}{137}=240$（平方步）。

【今譯】

除數有五分之一，把一變爲六十，把二分之一變爲三十，三分之一變爲二十，四分之一變爲十五，五分之一變爲十二，相加它們（成爲）一百三十七，作爲除數。擺置二百四十平方步，也把一變爲六十，Q7_2_163_0811A成爲一萬四千四百，除以它們，（被除數中）有與除數相等的，得到一步，成爲長度一百零五步又一百三十七分之十五步，（驗算）成爲一畝（田）。Q7_2_164_0850A

【釋文】

下有七分，以一爲四百廿，以半爲二百一十，三分爲百卌（卌），四分爲｛［分］爲｝百五①，五分爲八十四，六分爲七十②，七分爲六十③，同出（之）千Q7_2_165_0948A【八十九，以爲法】。直（置）二［百卌（卌）］步，亦以一爲四百廿，爲十萬［八百，除］【出（之）】，［如］法得（得）一步，爲從（縱）九十二步有（又）千八十九分步六百一十二，成田一畮（畞）。Q7_2_166_2103⁽⁻⁾ +2160A

【校記】

（一）陶安（2016：322）改簡號爲2102。

【匯釋】

①許道勝（2013A）認爲“分爲”是衍文。陳松長（2018：113）採用。

②六分：六分之一。

③七分：七分之一。

【算法解析】

今按：《九章算術》“少廣”章第六題與該算題相似：“今有田廣一步半、三分步之一、四分步之一、五分步之一、六分步之一、七分步之一。求田一畮，問從幾何？答曰：九十二步一百二十一分步之六十八。術曰：下有七分，以一爲四百二十，半爲二百一十，三分之一爲一百四十，四分之一爲一百五，五分之一爲八十四，六分之一爲七十，七分之一爲六十，并之得一千八十九，以爲法。置田二百四十步，亦以一爲四百二十乘之，爲實。實如法得從步。”

本題爲根據一畮（二百四十平方步）田和田的寬度 $\left(1 + \frac{1}{2} + \frac{1}{3} + \frac{1}{4} + \frac{1}{5} + \frac{1}{6} + \frac{1}{7}\right)$ 步，推算田的長度：長度（即縱）＝田的面積÷寬度（即廣），即 $240 \div \left(1 + \frac{1}{2} + \frac{1}{3} + \frac{1}{4} + \frac{1}{5} + \frac{1}{6} + \frac{1}{7}\right)$，爲了化分數爲整數，被除數和除數同時乘以四百二十，$240 \times 420 \div \left[\left(1 + \frac{1}{2} + \frac{1}{3} + \frac{1}{4} + \frac{1}{5} + \frac{1}{6} + \frac{1}{7}\right) \times 420\right] = 100\,800 \div (420 + 210 + 140 + 105 + 84 + 70 + 60) = 100\,800 \div 1\,089 = 92\frac{612}{1\,089}$（步）。

驗算，則 $\left(1 + \frac{1}{2} + \frac{1}{3} + \frac{1}{4} + \frac{1}{5} + \frac{1}{6} + \frac{1}{7}\right) \times 92\frac{612}{1\,089} = 240$（平方步）。

【今譯】

除數有七分之一，把一變爲四百二十，把二分之一變爲二百一十，三分之一變爲一百四十，四分之一變爲一百零五，五分之一變爲八十四，六分之一變爲七十，七分之一變爲六十，相加它們（成爲）一千零 Q7_2_165_0948A（八十九，作爲除數）。擺置二百四十平方步，也把一變爲四百二十，成爲十萬零八百，除以（它們），（被除數中）有與除數相等的，得到一步，成爲長度九十二步又一千零八十九分之六百一十二步，（驗算）成爲一畝田。Q7_2_166_2103 + 2160A

【釋文】

下有八分，以一爲八百卅（卌），以半爲四百廿，三分爲二百八十，四分爲二百一十，五分爲百六十八，六分爲百卅（卌），七分爲 Q7_2_167_0821A 百廿，八分爲 ［百五①，同出（之）二千］二百八十三，爲法。直（置）二百卅（卌）步，亦 ［以一爲］ 八百卅（卌），爲廿萬一千 ［六百，除］ 出（之），如 ［法得（得）一步，爲從（縱）］ □▢② Q7_2_168_0763A

【匯釋】

①八分：八分之一。

②陳松長（2018：114）認爲尚有後續簡未發現，據題意可補 "八十八步二千二百八十三分步六百九十六，成田一畝"。

【算法解析】

今按：可參見《九章算術》"少廣" 章第七題 "今有田廣一步半、三分步之一、四分步之一、五分步之一、六分步之一、七分步之一、八分步之一。求田一畝，問從幾何？答曰：八十八步七百六十一分步之二百三十二。術曰：下有八分，以一爲八百四十，半爲四百二十，三分之一爲二百八十，四分之一爲二百一十，五分之一爲一百六十八，六分之一爲一百四十，七分之一爲一百二十，八分之一爲一百五，并之得二千二百八十三，以爲法。置田二百四十步，亦以一爲八百四十乘之，爲實。實如法得從步"。

本題爲根據一畝（二百四十平方步）田和田的寬度（$1 + \frac{1}{2} + \frac{1}{3} + \frac{1}{4} + \frac{1}{5} + \frac{1}{6} + \frac{1}{7} + \frac{1}{8}$）步，推算田的長度：長度（即縱）＝田的面積÷寬度（即廣），即 $240 \div \left(1 + \frac{1}{2} + \frac{1}{3} + \frac{1}{4} + \frac{1}{5} + \frac{1}{6} + \frac{1}{7} + \frac{1}{8}\right)$，爲了化分數爲整數，被除數和除數同時乘以八百四十，$240 \times 840 \div \left[\left(1 + \frac{1}{2} + \frac{1}{3} + \frac{1}{4} + \frac{1}{5} + \frac{1}{6} + \frac{1}{7} + \frac{1}{8}\right) \times 840\right] = 201\,600 \div (840 + 420 + 280 + 210 + 168 + 140 + 120 + 105) = 201\,600 \div 2\,283 = 88\frac{696}{2\,283}$（步）。

驗算，則 $\left(1 + \frac{1}{2} + \frac{1}{3} + \frac{1}{4} + \frac{1}{5} + \frac{1}{6} + \frac{1}{7} + \frac{1}{8}\right) \times 88\frac{696}{2\,283} = 240$（平方步）。

【今譯】

除數有八分之一，把一變爲八百四十，把二分之一變爲四百二十，三分之一變爲二百八十，四分之一變爲二百一十，五分之一變爲一百六十八，六分之一變爲一百四十，七分之一變爲Q7_2_167_0821A一百二十，八分之一變爲一百零五，相加它們（成爲）二千二百八十三，作爲除數。擺置二百四十平方步，也把一變爲八百四十，成爲二十萬一千六百，除以（它們），（被除數中）有與除數相等的，得到一步，成爲長度□□Q7_2_168_0763A

【釋文】

下有十分，以〖一〗爲二千五百廿，半爲千二百六十，三分爲八百卌（卅），四[分] 爲六百卅（卅），五分爲五百 [四]，[六分爲四] 百廿，七分爲三 [百六十，八分] Q7_2_169_0958A爲三百一十五，九分爲二百八十[1]，十〖分〗[(一)] 爲二百五十二[2]，同 [卅（之）七千三百] 八十一，以 [爲] 法。直（置）二百卅（卅）步，[亦以一爲] 二千五 [百廿]，凡六十萬四千八 [百，除] Q7_2_170_0789A卅（之），如法得一步，爲從（縱）八十一步有（又）七千三百八十一分步卅（之）六千九百卅（卅）九，成田一畝（畝）。Q7_2_171_0855A

【校記】

（一）此從許道勝（2013A）據文意補“分”。

【匯釋】

①九分：九分之一。
②十分：十分之一。

【算法解析】

今按：可參見《九章算術》“少廣”章第九題“今有田廣一步半，三分步之一、四分步之一、五分步之一、六分步之一、七分步之一、八分步之一、九分步之一、十分步之一。求田一畝，問從幾何？答曰：八十一步七千三百八十一分步之六千九百三十九。術曰：下有十一分，以一爲二千五百二十，半爲一千二百六十，三分之一爲八百四十，四分之一爲六百三十，五分之一爲五百四，六分之一爲四百二十，七分之一爲三百六十，八分之一爲三百一十五，九分之一爲二百八十，十分之一爲二百五十二，并之得七千三百八十一，以爲法。置田二百四十步，亦以一爲二千五百二十乘之，爲實。實如法得從步”。

本題爲根據一畝（二百四十平方步）田和田的寬度（$1 + \frac{1}{2} + \frac{1}{3} + \frac{1}{4} + \frac{1}{5} + \frac{1}{6} + \frac{1}{7} + \frac{1}{8} + \frac{1}{9} + \frac{1}{10}$）步，推算田的長度：長度（即縱）＝田的面積÷寬度（即

廣），即 $240 \div \left(1 + \frac{1}{2} + \frac{1}{3} + \frac{1}{4} + \frac{1}{5} + \frac{1}{6} + \frac{1}{7} + \frac{1}{8} + \frac{1}{9} + \frac{1}{10}\right)$，爲了化分數爲整數，

被除數和除數同時乘以二千五百二十，$240 \times 2\,520 \div \left[\left(1 + \frac{1}{2} + \frac{1}{3} + \frac{1}{4} + \frac{1}{5} + \frac{1}{6} + \right.\right.$

$\left.\left.\frac{1}{7} + \frac{1}{8} + \frac{1}{9} + \frac{1}{10}\right) \times 2\,520\right] = 604\,800 \div (2\,520 + 1\,260 + 840 + 630 + 504 + 420 + 360 +$

$315 + 280 + 252) = 604\,800 \div 7\,381 = 81\frac{6\,939}{7\,381}$（步）。

驗算，則 $\left(1 + \frac{1}{2} + \frac{1}{3} + \frac{1}{4} + \frac{1}{5} + \frac{1}{6} + \frac{1}{7} + \frac{1}{8} + \frac{1}{9} + \frac{1}{10}\right) \times 81\frac{6\,939}{7\,381} = 240$（平方步）。

【今譯】

除數有十分之一，把（一）變爲二千五百二十，把二分之一變爲一千二百六十，三分之一變爲八百四十，四分之一變爲六百三十，五分之一變爲五百零四，六分之一變爲四百二十，七分之一變爲三百六十，八分之一Q7_2_169_0958A變爲三百一十五，九分之一變爲二百八十，十（分之一）變爲二百五十二，相加它們（成爲）七千三百八十一，作爲除數。擺置二百四十平方步，也把一變爲二千五百二十，總計六十萬四千八百，除以Q7_2_170_0789A它們，（被除數中）有與除數相等的，得到一步，成爲長度八十一步又七千三百八十一分之六千九百三十九步，（驗算）成爲一畝田。Q7_2_171_0855A

【釋文】

述（術）曰：［以少廣。①曰：下有三分，以一爲六②，凡成十一以爲］法，亦令材一爲六③，如法一人。④Q7_2_172_1741A

【匯釋】

①以少廣：**用少廣算法計算。**許道勝（2013A）認爲“廣”和“曰”應連讀。

②許道勝（2013A）：據文意，參《數》“少廣”簡用字及表達習慣，“以一爲六”後省略了“以半爲三，三分爲二”之類的表述。

③材：**疑爲“材官”，地方預備兵兵種。**嶽麓肆簡381/0525“材官、趨發、發弩、善士敢有相責（債）入舍錢酉（酒）肉及予者，捕者盡如此令”，“材官”應是跟“趨發”“發弩”“善士”一類的人。陳松長（2018：42）指出嶽麓秦簡《爲吏治官及黔首》簡13/1539“發弩材官”的“材官”有三種可能的訓釋：一是訓“地方預備兵兵種”，如《史記·韓長孺列傳》“當是時，漢伏兵車騎材官三十餘萬，匿馬邑旁谷中”。二是訓“武卒或供差遣的低級武職”，如《史記·張丞相列傳》“申屠丞相嘉者，梁人，以材官蹶張從高帝擊項籍，遷爲隊率”。三是訓“職官名和官署名”，如嶽麓秦簡383/0669“縣輸從反者、收人、材官，多毋（無）衣履，毋

（無）以蔽"。日本"中國古算書研究會"（2016：16）：題中"材"字語義不詳，從"如法一人"一語來看，"材"可能是具備某種能力的集團。本題可能是將集團人數 x 以 $1:\frac{1}{2}:\frac{1}{3}$ 的比例進行分配。陳松長（2018：115）採用此觀點。

六：許道勝（2013A）認爲據文意，"六"後或可補"以爲實"。

④許道勝（2013A）：《數》"少廣"缺"下有三分"的內容，而本簡正好涉及這部分內容。

【算法解析】

爲了化分數爲整數，被除數和除數同時乘以六，材 $\div\left(1+\frac{1}{2}+\frac{1}{3}\right)=1\times6\div$

$\left[\left(1+\frac{1}{2}+\frac{1}{3}\right)\times6\right]=1\times6\div(6+3+2)\ =1\times6\div11=\frac{6}{11}$（人）。

【今譯】

算法是：用少廣算法。（算法）是：除數有三分之一，把一變爲六，總計成爲十一作爲除數，也讓材官一變爲六，（被除數中）有與除數相等的，（成爲）一人。Q7_2_172_1741A

【釋文】

［田廣五分步四，啟從（縱）］三百［步①，成田一畆（畝），以少廣求出（之）］。②Q7_2_173_1833A

【匯釋】

①啟：開闢、開啟、開拓。參簡63/1714注①。

②蕭燦（2015：103）：疑爲簡下段缺失，所見爲上編繩和中編繩，文字於上、中編繩之間已書寫完畢。現存簡文包括條件、答案和解題方法提示，可視爲完整算題。

許道勝（2013A）認爲本題文字有省略：一是省略了"問"的內容，二是省略了答案部分的引首語（如"得""曰"或"得曰"等），三是術文的引首語（如"術曰"等）也省略了。……本算題完整的表述應該是：田廣五分步四，【爲啟從（縱）幾何成田一畆。得曰：】啟從（縱）三百步，成田一畆。【術曰：】以少廣求之。

【算法解析】

日本"中國古算書研究會"（2016：17）：具體計算爲：$240\div\frac{4}{5}$，因除數中有

$\frac{4}{5}$，故將除數與被除數均乘以 60，其計算公式爲：$240 \div \frac{4}{5} = （240 \times 60）\div （\frac{4}{5} \times 60）= 14\,400 \div 48 = 300$（步），如此，因除數、被除數均化爲整數，使計算得以化簡。

今按：可參見《算數書》"啟從（縱）"條"廣廿三步，爲啟從（縱）〖幾何〗求田四畮。〖曰：卌一步廿三分步之十七〗。术（術）曰：直（置）四畮步數〖爲實〗令如廣步數〖爲法〗，而得從（縱）一步，不盈步者，以廣命分。復之，令相乘也，160 有分步者，以廣命分。復之，令相乘也，160 有分步者，以廣乘分子如廣步數得一步。161 廣八分步之六，求田一〈七〉分〖步〗之四。其從（縱）廿一分〖步〗之十六。廣七分步之三，求田四分步之二〖爲縱幾何〗。其從（縱）一步六分步之 162 一。求從（縱）术（術）：廣分子乘積分母爲法，積分子乘廣分母爲實，實如法一步。〖復之〗，節（即）以廣、從（縱）相乘，凡令分母相乘爲法，分子相乘爲實，實如法一"。

本題爲根據一畮（二百四十平方步）田和田的寬度 $\frac{4}{5}$ 步，推算田的長度：長度（即縱）＝田的面積÷寬度（即廣），即 $240 \div \frac{4}{5} = 300$（步）。

驗算，則 $\frac{4}{5} \times 300 = 240$（平方步）。

【今譯】

田寬五分之四步，開拓長度三百步，成爲一畮田，用少廣算法求取它。
Q7_2_173_1833A

【釋文】

▢ ▢[一] ［即以少］廣［曰：下有三分，以一爲▢ ［▢[二]六，凡成百卅（卅）六］以爲法[1]。Q7_2_174_J02A

【校記】

（一）此從許道勝（2013A）補"▢"。
（二）此從整理者（2011：124）據彩色圖版補"▢"。

【匯釋】

①有兩說：一、J02 的兩段殘片不屬於同一算題。許道勝（2011：125）、陳松長（2018：115）持此觀點。蘇意雯（2012）：第一段文字中，"下有三分"，應該接"以一爲六，以半爲三，三分二，同之十一，以爲法"。第二段文字中，"凡成百卅六以爲法"，明顯地從數據分析，兩段屬不同題。二、J02 的兩段殘片可綴合。許道勝（2013A）：兩段殘簡斷口基本可合，文意亦相接，似可綴合。參照簡 172/1741，

綴合後，釋文連讀作"☒☐即以少廣曰：下有三【分】，【以】一【爲】六，凡成百世（卅）六以爲法"。

【今譯】

☒ ☐就用少廣算法：除數有三分之一，把一變爲☒☐六，總計成爲一百三十六作爲除數。Q7_2_174_J02A

十、體積類算題

【釋文】

粱（乘）園（圓）亭出（之）述（術）曰①：下周桔（藉）出（之）②，上周桔（藉）出（之）③，〔各〕自〔粱（乘）〕也，以上周壹粱（乘）下周④，〖而并出（之）〗(一)⑤，以高粱（乘）出（之），卅（卅）六而成一。Q7_2_191_0768A＋0808A(二)

【校記】

（一）此參見簡187/0818補"而并出（之）"。

（二）陶安（2016：322）改簡號爲0807。

【匯釋】

①乘：**計算**（許道勝，2013A）。《周禮·天官·宰夫》："乘其財用之出入。"鄭玄注："乘，猶計也。"

園亭："**園**"通"**圓**"。圓亭，**圓臺形亭子**。

②下周：**圓亭下周的周長**（許道勝，2013A）。

③上周：**圓亭上周的周長**（許道勝，2013A）。

下周桔（藉）出（之），上周桔（藉）出（之）：**圓亭下周的周長擺置它，圓亭上周的周長擺置它。**譚競男（2015A）：簡191（0768＋0808）意爲上周、下周各自另置行，各乘各。

許道勝（2013A）據紅外線影像，認爲"二殘簡可綴合爲一整簡"，釋文連讀。陳松長（2018：115）從之。

④壹粱（乘）：**同樣乘以**。《左傳·昭公十年》"佻之謂甚矣，而壹用之，將誰福哉"，杜預注"壹，同也"。許道勝（2013A）：乘一次。

以上周壹粱（乘）下周：**用圓亭上周的周長同樣乘以圓亭下周的周長。**譚競男（2015A）：上周和下周同樣做乘法。日本"中國古算書研究會"（2016：44）：將上周乘下周一次的得數全部加總，再乘以高，然後除以36。

⑤有兩說：一、"以上周壹乘下周"後或脫"并之"或"同之"（許道勝，2013A）。二、脫落"皆并"或"并之"（日本"中國古算書研究會"，2016：44）。今按：參見簡187/0818可補"而并出（之）"。

【算法解析】

蕭燦（2015：115）：這一圓臺求積公式與《九章算術》"商功"章的圓臺求積公式相同，它是按"周三徑一"的比例得出的近似公式，但如不考慮不精確的圓周率，它是一個標準的公式。現代數學中求圓臺體積的公式爲：$V = \frac{\pi}{3}h\ (R^2 + r^2 + R \cdot r)$。今按：可參見《算數書》"圜亭"條"圜亭上周三丈，大〈下〉周四丈，高二丈，積二千五十五尺卅六分尺廿。術曰：下周乘上周，周自乘，皆并，以高149乘之，三十六成〚一〛。今二千五十五尺分廿 150"。還可參見《九章算術》"商功"章"今有圓亭下周三丈，上周二丈，高一丈。問積幾何？答曰：五百二十七尺、九分尺之七。術曰：上、下周相乘，又各自乘，并之，以高乘之，三十六而一"。

本題講述求取圓臺形亭子的體積的算法，算法爲：圓臺形亭子的體積 =（上周的周長^2 + 下周的周長^2 + 上周的周長·下周的周長）$\times$ 高 $\times \frac{1}{36}$。

圓臺形亭子的體積 $V = \frac{\pi}{3}h\ (R^2 + r^2 + R \cdot r)\ = \frac{\pi}{3}h\ [(\frac{上周長}{2\pi})^2 + (\frac{下周長}{2\pi})^2 + (\frac{上周長}{2\pi}) \cdot (\frac{下周長}{2\pi})]\ = \frac{\pi}{3} \cdot h \cdot (\frac{上周長 \cdot 上周長}{4\pi \cdot \pi} + \frac{下周長 \cdot 下周長}{4\pi \cdot \pi} + \frac{上周長 \cdot 下周長}{4\pi \cdot \pi})$，$\pi$ 取 3，那麼 $V = \frac{1}{36} \cdot h \cdot$（上周長^2 + 下周長^2 + 上周長·下周長），$R = \frac{上周長}{2\pi} = \frac{上周長}{6}$，$r = \frac{下周長}{2\pi} = \frac{下周長}{6}$。

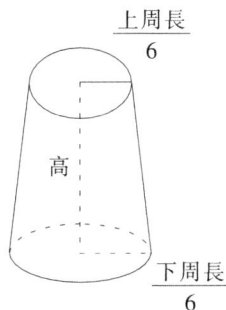

【今譯】

計算圓臺形亭子（體積）的算法是：下周的周長在旁邊擺置它，上周的周長在旁邊擺置它，各自自身相乘，用圓臺形亭子上周的周長同樣乘以圓臺形亭子下周的周長，（然後相加它），用高乘以它，除以三十六。Q7_2_191_0768A＋0808A

【釋文】

員（圓）亭上周五丈①，下〚周〈一〉八〛丈，高二丈，爲積尺七千一百六十六尺大半尺。其术（術）曰：耤（藉）上周各自下出（之）后而各自［益］。②
Q7_2_192_0766A

【校記】

（一）此從許道勝、李薇（2010B）補“周”。

【匯釋】

①員：**“員”通“圓”，與“方”相對。**《孟子·離婁下》：“規矩，方員之至也。”

②耤上周各自下出（之）后而各自益：此句費解。其意思可參見簡191/0768＋0808“下周耤（藉）出（之），上周耤（藉）出（之），各自乘（乘）也，以上周壹乘（乘）下周，〖而并出（之）〗”。許道勝認爲“本術文可能與別簡的術文抄混，甚不可解”。

【算法解析】

今按：本題爲根據圓臺形亭子的上周的周長五丈（即五十尺），下周的周長八丈（即八十尺），高二丈（即二十尺），推算亭子的體積，參見簡191/0768＋0808，算法爲：圓臺形亭子的體積＝（上周的周長²＋下周的周長²＋上周的周長·下周的周長）×高×$\frac{1}{36}$，$(50^2+80^2+50\times80)\times20\times\frac{1}{36}=\frac{21\,500}{3}=7\,166\frac{2}{3}$（立方尺）。

【今譯】

圓臺形亭子上周的周長五丈，下（周的周長八）丈，高二丈，成爲體積立方尺數七千一百六十六立方尺（又）三分之二立方尺。它的算法是：在旁邊擺置上周、下周各自相乘之後各自相加。Q7_2_192_0766A

【釋文】

方［亭①，乘（乘）］出（之）②，上自乘（乘）③，下自乘（乘）④，下壹乘（乘）上，同出（之），以高乘（乘）出（之），令三而成一。Q7_2_186_0830A

【匯釋】

①方亭：**正四棱臺形亭子。**郭書春（2009：178）、陳松長（2018：116）：方亭，其形爲方棱錐平頭截體，即正四棱臺。蘇意雯（2012）：截頂方錐。謝坤（2014）：“亭”爲古代邊境崗亭。秦漢時期，常在邊境置亭障用來警戒。日本“中國古算書研究會”（2016：47）：“方亭”指正四角錐臺。

②許道勝（2013A）據簡187/0818等推測“方亭乘之”或爲“乘方亭之”之誤，倘若推測無誤，則“之”後省略了“術”或“術曰”。

③**上**：指上底的邊長（蘇意雯，2012）。許道勝（2013A）：上，爲"上方"之略稱，指上底正方形的邊長。

④**下**：指下底的邊長（蘇意雯，2012）。許道勝（2013A）：下，爲"下方"之略稱，指下底正方形的邊長。

【算法解析】

今按：可參見《九章算術》"商功"章"方亭術"："上下方相乘，又各自乘，并之，以高乘之，三而一。"

現代數學中求正四棱臺體積的公式爲 $V = \dfrac{1}{3}h\left(S_1 + S_2 + \sqrt{S_1 \cdot S_2}\right)$，$h$ 爲高，S_1 爲上底面積，S_2 爲下底面積。本題講述求取正四棱臺形亭子的體積的算法，算法爲：

正四棱臺形亭子的體積 =（上邊長 × 上邊長 + 下邊長 × 下邊長 + 上邊長・下邊長）× 高 × $\dfrac{1}{3}$ =（上邊長^2 + 下邊長^2 + 上邊長・下邊長）× 高 × $\dfrac{1}{3}$。

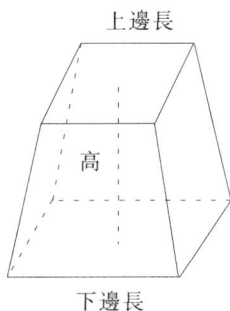

【今譯】

正四棱臺形亭子，乘以它，上邊長自身相乘，下邊長自身相乘，下邊長同樣乘上邊長，相加它們，用高乘以它們，讓除以三。Q7_2_186_0830A

【釋文】

棨（乘）方亭，述（術）曰：上方耤（藉）屮（之），下【方耤（藉）屮（之）】$^{(一)}$①，各自棨（乘）也，而并屮（之），令上【下】$^{(二)}$方有（又）相棨（乘）也，【同屮（之）】$^{(三)}$，以高棨（乘）屮（之），六成一。②Q7_2_187_0818A

【校記】

（一）此從武田時昌、鄒大海、蘇意雯（2012）補"方耤之"。

（二）此從鄒大海、蘇意雯（2012）補"下"。

（三）此從武田時昌、蘇意雯（2012）、日本"中國古算書研究會"（2016：48）補"同之"。

【匯釋】

①日本"中國古算書研究會"（2016：48）："下"屬上，"下"後斷讀。

②有五說：一、校補爲"上方耤之，下【方耤之】，各自乘也，而幷之，令上【下】方有相乘也，【同之】，以高乘之，六成一"。蘇意雯（2012）綜合武田時昌與鄒大海的校勘意見對簡文進行校改。二、校補爲"上方耤之，下【方耤之】，各自乘也，而幷之，令上方有〈下〉相乘也。【同之】，以高乘之，六成一"。陳松長（2018：116）引用武田時昌的意見，其中"而幷之"理解爲"（上方＋下方）"。"令上方有相乘也"中的"有"字可能是"下"字誤寫，表示用"上方""下方"分別乘以前面"幷之"步驟得到的"上方＋下方"。列式：［上方^2＋下方^2＋（上方＋下方）×上方＋（上方＋下方）×下方］×高×$\frac{1}{6}$，與《數》簡186/0830所記術文和《九章算術·商功》的"方亭"公式等價。三、校補爲"乘方亭述曰：上方耤之，下【方耤之】，各自乘也，而幷之，令上、【下】方有相乘也，以高乘之，六〈三〉成一"。陳松長（2018：116）引用鄒大海校改方案，在"各"前補"方耤之"，"令上"之後補"下"字，改"六"爲"三"。四、無改動術文，用"借算"理解簡文。吳朝陽（2013B）將"耤"解爲"借"，意思爲"借算"，將"上方耤之下"解讀成"上方"（上底邊長）借與"下方"（下底邊長），"借行"的數值等於"上底邊長＋下底邊長"，"各自乘也"承"耤之下"而來，因而"借算"的主體是"下方"，"各自乘也，而幷之"是"借行自乘"與"下方自乘"相加，他記"上方"爲A_1，"下方"爲A_2，高爲H，列式"$\frac{H}{6}\left[(A_1+A_2)^2+A_2^2+A_1^2\right]$"，經化簡可得：$\frac{H}{3}\left[A_1^2+A_2^2+A_1\times A_2\right]$"。譚競男（2015A）認爲整理者將"而幷之"理解爲"（上方＋下方）"，改"令上方有相乘也"的"有"爲"下"較勉強，他贊成吳朝陽（2013B）"將上方借與下方"，把"耤"解讀爲"借算"，但與開方術"借一算"等同不妥。五、無改動術文，將該題解讀爲"上方擺在下方，上方、下方各自乘。然後將下方加到上方，進而使加下方的上方自乘。全部加總之後，對此乘以高，最後除以6"。日本"中國古算書研究會"（2016：48－49）認爲"方亭可以視爲芻童的特殊立體（即裹＝厚）"，將芻童體積公式"$\frac{1}{6}$［上裹×上厚＋下裹×下厚＋（上裹＋下裹）（上厚＋下厚）］×高"的"裹"及"厚"置換成"方"，得到"$\frac{1}{6}$［上方×上方＋下方×下方＋（上方＋下方）（上方＋下方）］×高＝$\frac{1}{6}$［上方^2＋下方^2＋（上方＋下方）^{2}］×高"。他們認爲吳朝陽（2013B）"不能證明在秦代'借算'辦法的存在，而且不能提出'耤'表示'借算'的例子"。

今按：蘇意雯（2012）的校改意見可從。列式：正四棱臺形亭子的體積＝［上方^2＋下方^2＋（上方＋下方）×上方＋（上方＋下方）×下方］×高×$\frac{1}{6}$。

【今譯】

計算正四棱臺形亭子，算法是：上邊長在旁邊擺置它，下（邊長在旁邊擺置它），各自自身相乘，然後相加上下邊長，讓上（下）邊長又相互乘（上下邊長的和），（相加它們），用高乘以它們，除以六。Q7_2_187_0818A

【釋文】

［方$^{(一)}$亭］^{①}，下方三丈，上方三〈二〉丈，［高］三丈，爲積尺萬九千尺。Q7_2_188_0777A

【校記】

（一）此參見同屬"方亭"算題的簡189/0959，算題完整，刪去"☐"。

【匯釋】

①張顯成、謝坤（2013）"亭"前補"方"。

蕭燦（2015：113）：簡188/0777簡首殘，現存長度約23.9cm。下部爲空白。算題完整。

【算法解析】

今按：本題爲根據正四棱臺形亭子的下邊長三丈（即三十尺），上邊長二丈（即二十尺），高三丈（即三十尺），推算正四棱臺形亭子的體積，算法爲：

參照簡187/0818，正四棱臺形亭子的體積 ＝［上方^2＋下方^2＋（上方＋下方）×上方＋（上方＋下方）×下方］×高×$\frac{1}{6}$，即［20^2＋30^2＋（20＋30）×20＋（20＋30）×30］×30×$\frac{1}{6}$＝19 000（立方尺）。

也可以參照簡185/0830，正四棱臺形亭子的體積 ＝（上邊長^2＋下邊長^2＋上邊長·下邊長）×高×$\frac{1}{3}$，即（20^2＋30^2＋20×30）×30×$\frac{1}{3}$＝19 000（立方尺）。

【今譯】

正四棱臺形亭子，下邊長三丈，上邊長二丈，高三丈，成爲體積立方尺數一萬九千立方尺。Q7_2_188_0777A

【釋文】

方亭，下方四丈，上〖方〗三丈^①，高三丈，爲積尺三萬七千尺。Q7_2_189_0959A

【匯釋】

①許道勝、李薇（2010B）和陳松長（2018：116）據文例補"方"。

【算法解析】

今按：本題爲根據正四棱臺形亭子的下邊長四丈（即四十尺），上邊長三丈（即三十尺），高三丈（即三十尺），推算正四棱臺形亭子的體積，算法爲：參照簡187/0818，正四棱臺形亭子的體積 = ［上方^2 + 下方^2 + （上方 + 下方）×上方 + （上方 + 下方）×下方］×高×$\frac{1}{6}$，即 ［$30^2 + 40^2$ + （30 + 40）×30 + （30 + 40）× 40］× 30 ×$\frac{1}{6}$ = 37 000（立方尺）。

也可以參照簡185/0830，正四棱臺形亭子的體積 = （上邊長^2 + 下邊長^2 + 上邊長·下邊長）×高×$\frac{1}{3}$，即 （$30^2 + 40^2$ + 30 × 40）× 30 ×$\frac{1}{3}$ = 37 000（立方尺）。

【今譯】

正四棱臺形亭子，下邊長四丈，上（邊長）三丈，高三丈，成爲體積立方尺數三萬七千立方尺。Q7_2_189_0959A

【釋文】

☑□［上方五丈］，下方三丈，深丈五尺，［爲積尺二萬四千五百尺］☑
Q7_2_190_1658A

【算法解析】

陳松長（2018：116）：算題描述的是一個向下挖的方棱錐平頭截體，即倒過來的“方亭”。

今按：本題爲根據正四棱臺形亭子的上邊長五丈（即五十尺），下邊長三丈（即三十尺），深一丈五尺（即十五尺），推算正四棱臺形亭子的體積，算法爲：參照簡187/0818，正四棱臺形亭子的體積 = ［上方^2 + 下方^2 + （上方 + 下方）×上方 + （上方 + 下方）×下方］×高×$\frac{1}{6}$，即 ［$50^2 + 30^2$ + （50 + 30）× 50 + （50 + 30）× 30］× 15 ×$\frac{1}{6}$ = 24 500（立方尺）。

也可以參照簡185/0830，正四棱臺形亭子的體積 = （上邊長^2 + 下邊長^2 + 上邊長·下邊長）×高×$\frac{1}{3}$，即 （$50^2 + 30^2$ + 50 × 30）× 15 ×$\frac{1}{3}$ = 24 500（立方尺）。

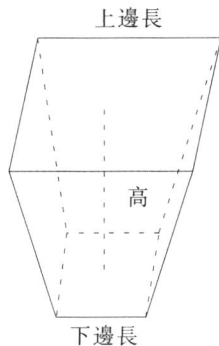

上邊長

高

下邊長

【今譯】

□□上邊長五丈，下邊長三丈，深一丈五尺，成爲體積立方尺數二萬四千五百立方尺□Q7_2_190_1658A

【釋文】

投除齿（之）述（術）曰[1]：半其袤，以廣高椉（乘）齿（之），即成尺數也[2]。Q7_2_193_0977A

【匯釋】

①除：**臺階。**形狀是"水平表面爲長方形的直角三棱柱"，與《九章算術·商功》和《算數書》的"羨除"形狀不同。整理者（2011：138）、陳松長（2018：117）：除，道、臺階，用於指一面有如臺階逐漸向下延伸的楔形體。據術文，本題的除指水平表面爲長方形的直角三棱柱，它與《九章算術》的"壍堵"形狀相同。蘇意雯（2012）："除"的本意爲"殿升"，也就是宮殿之石階。

②尺數：**立方尺數，即積尺。**

【算法解析】

今按：可參見《九章算術》"商功"章第十四題"今有壍堵下廣二丈，袤一十八丈六尺，高二丈五尺。問積幾何？答曰：四萬六千五百尺。術曰：廣袤相乘，以高乘之，二而一"。

依題列式：臺階的體積 $= \dfrac{1}{2} \times$ 袤 $\times$ 廣 $\times$ 高。

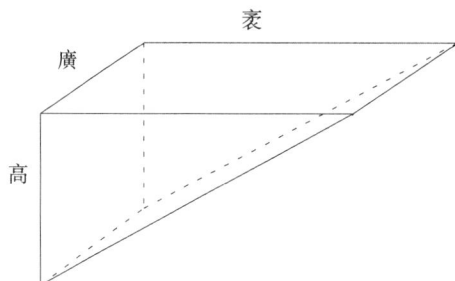

【今譯】

求取臺階的算法是：二分之一（乘以）它的長度，用寬度和高乘以它，就成爲立方尺數。Q7_2_193_0977A

【釋文】

☐［廣］袤［相］枀（乘），〖以〗高枀（乘）出（之）①，二成一尺。Q7_2_196_J13A

【匯釋】

①許道勝（2013A）據文意認爲似可補“以”。陳松長（2018：117）補“以”。

【算法解析】

今按：如果本題爲“除”的體積計算，則可參見簡193/0977，列式：臺階的體積 $= \dfrac{1}{2} \times$ 袤 $\times$ 廣 $\times$ 高。

【今譯】

☐寬度長度相互乘，（用）高乘以它，二平均一尺。Q7_2_196_J13A

【釋文】

積［佳（錐）］者①，兩廣相枀（乘）也，〖以〗高枀（乘）出（之）②，三［成］一尺。Q7_2_194_0997A

【匯釋】

①佳：**通“錐”，在此算題中爲四棱錐體**（陳松長，2018：117）。
積佳：**四棱錐體的體積。**
②許道勝、李薇（2010B）和陳松長（2018：117）補“以”。

【算法解析】

陳松長（2018：117）：$V = 廣 a \times 廣 b \times 高 \times \dfrac{1}{3}$，此公式與《九章算術》之'商功'章的方錐求積公式相同。

蘇意雯（2012）認爲"兩廣可以不等的話，則我們就無法同意蕭燦將此題解讀爲與《九章算術》'商功'章的方錐相同。如果這是一個底面爲長方形的錐體，那麼，就與《九章算術》與《算數書》不同，它們祇有陽馬、方錐兩種特殊的四方錐，以及相當於截頂長方錐的芻童，沒有長方錐"。

今按：當兩廣相等時，可參見《九章算術》"商功"章第十二題"今有方錐，下方二丈七尺，高二丈九尺。問積幾何？答曰：七千四十七尺。術曰：下方自乘，以高乘之，三而一"。

依題列式：四棱錐體的體積 = $寬_1 \times 寬_2 \times 高 \times \dfrac{1}{3}$（$寬_1$、$寬_2$也可以相等）。

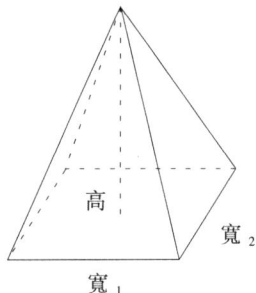

【今譯】

四棱錐體的體積，兩寬度相互乘，（用）高乘以它，三平均一尺。Q7_2_194_0997A

【釋文】

☒□$^{（一）}$尺，積尺萬五千六百。术（術）曰：上后（厚）桒（乘）上裵（袤），下后（厚）桒（乘）Q7_2_182_1740A下裵（袤），并出（之），有（又）并上下［裵〖后（厚）〗相桒（乘）也^{①}，同出（之）二千六百，以高］桒（乘）出（之），六成一^{②}。Q7_2_183_1746A

【校記】

（一）此從許道勝（2013A）依圖版補"□"。

【匯釋】

①日本"中國古算書研究會"（2016：58）、陳松長（2018：118）補"后（厚）"。

后：通“厚”，寬度。

②六成一：六成爲一，即除以六。

【算法解析】

有六說：一、校補術文，補成“……有（又）并上、下袤【，后】，相乘也……”［蕭燦（2015：109）引用林力娜、K. Chemla 的補法］。二、校補術文，補成“……有（又）并上下袤【，亦并上下后】，相乘也……”［蕭燦（2015：109）引用林力娜、K. Chemla 的補法］或“有（又）并上下袤【與上下后各】相乘也”［蕭燦（2015：108）引鄒大海郵件中的觀點］，算式爲“［上袤×上后＋下袤×下后＋（上袤＋下袤）×上后＋（上袤＋下袤）×下后］×高÷6＝積”，與《算數書》“芻”條的方法本質相同。蘇意雯（2012）贊成鄒大海和林力娜的校補，認爲“本題的立體應該與《九章算術》‘商功’章及《算數書》中的芻童是相同的”。三、校補術文，補成“……有（又）并上、下袤【、后互】相乘也……”［蕭燦（2015：109）引徐義保的補法］，徐義保也指出不一定要按“芻童”形體來考慮，或可能找到體積可以按照簡文中的“術”來計算的幾何體。四、“并之”理解爲“（上后＋下后）”。在“上后（厚）乘上袤，下后（厚）乘下袤”之後，將“上后”“下后”“并之”，得到“（上后＋下后）”，再與後面“有（又）并上下袤”得到的“（上袤＋下袤）”相乘。後面的“同之”表示將它前面三項乘積“上袤×上后，下袤×下后，（上后＋下后）×（上袤＋下袤）”合計［陳松長（2018：118）引武田時昌的解讀］。五、直接解釋術文，“有（又）并上下袤相乘也”受前文“上后乘上袤，下后乘下袤”中的“上后”“下后”支配，含義爲“（上后＋下后）×（上袤＋下袤）”［蕭燦（2015：107–108）引彭浩觀點］。

蕭燦（2015：106–107）認爲“因算題不完整，上袤、下袤、上后、下后四個數據缺失。復原方案可有多種”，並且列舉其中兩種：其一是“上袤一丈，下袤二丈，上后二丈，下后三丈六尺，高三丈六尺。計算式爲：$[10×20＋20×36＋（20＋36）×（10＋20）]×36×\frac{1}{6}＝2\,600×36×\frac{1}{6}＝15\,600$（立方尺）”；其二是“上袤二丈五尺，下袤三丈二尺，上后一丈，下后二丈，高三丈六尺。計算式爲：$[25×10＋32×20＋（10＋20）×（25＋32）]×36×\frac{1}{6}＝2\,600×36×\frac{1}{6}＝15\,600$（立方尺）”。

今按：可參照《算數書》“芻”條“芻童及方闕下廣丈五尺、袤三丈，上廣二丈、袤四丈，高丈五尺，積九千二〈八〉百｛五十｝尺。術（術）曰：上廣袤、下廣袤各自乘，又上 144 袤從下袤以乘上廣，下袤從上袤以乘下廣，皆并，乘之〈高〉，六成一。145”，其列式爲［上袤×上廣＋下袤×下廣＋（上袤＋下袤）×上廣＋（下袤＋上袤）×下廣］×高×$\frac{1}{6}$。還可參見《九章算術·商功》“芻童”的術文“倍上袤，下袤從之，亦倍下袤，上袤從之，各以其廣乘之，并，以高若深乘之，皆六而一”，其列式爲“［（2×上袤＋下袤）×上廣＋（2×下袤＋上袤）×

下廣〕×高×$\frac{1}{6}$"。

本題從林力娜的第一種校補，列式：〔上后×上袤＋下后×下袤＋（上袤＋下袤）×（上后＋下后）〕×高×$\frac{1}{6}$＝積，即 2 600×高×$\frac{1}{6}$＝15 600，那麽高＝36（尺），即高爲三丈六尺。

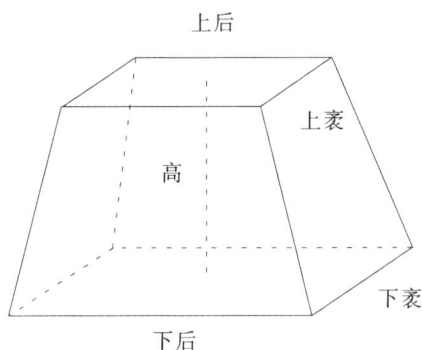

【今譯】

☐ ☐尺，容積的立方尺數一萬五千六百。算法是：上寬度乘以上長度，下寬度乘Q7_2_182_1740A以下長度，相加它們，又相加上下長度、上下（寬度），相互乘，相加它們（成爲）二千六百，用高乘它，除以六。Q7_2_183_1746A

【釋文】

〔倉廣〕二丈五尺①，問：袤幾可（何）容禾〔萬石〕②？曰：袤卌（卅）丈。术（術）曰：以廣棄（乘）高〖爲〗法，即日，禾石居十二尺③，萬石④，十二萬Q7_2_175_0498A⁽⁻⁾尺爲蕡（實），蕡（實）如法得（得）袤一尺，其以求高及廣皆如此⑤。Q7_2_176_0645A

【校記】

（一）陶安（2016：322）改簡號爲0499。

【匯釋】

①倉：**糧倉，收藏穀物的地方**。參簡153/0819＋0828注①。謝坤（2014）：倉，儲藏穀物的建築物。如米倉、糧倉……此倉爲方倉，其形狀如今天所說的長方體。

②袤：**長度，一般指南北的長度**。參簡70/1836＋0800注⑥。

③居：**佔據，相當**。參簡49/0474注③。蘇意雯（2012）據簡107/0760、108/0834，認爲"禾石居十二尺"是"將一石的禾堆積成底面一尺見方的長方體時，高爲十二尺"。日本"中國古算書研究會"（2016：61）認爲"即將禾1石容納於底面

1 尺×1 尺的直方體時，高爲 12 尺"。

④許道勝（2013A）"萬石"後不斷讀，補"居"。

⑤如此：這樣。

【算法解析】

陳松長（2018：119）：已知倉廣 25 尺，禾堆積 12 尺高，每 12 立方尺禾爲一石，萬石禾體積就是 120 000 立方尺。求倉袤。這是有關長方體的計算。

今按：可參見《九章算術·商功》第二十七題"今有倉廣三丈，袤四丈五尺，容粟一萬斛。問高幾何？答曰：置粟一萬斛積尺爲實。廣袤相乘爲法。實如法而一，得高尺"。

本題爲根據糧倉容積（十二萬立方尺），寬度二丈五尺（即二十五尺）和高度十二尺，推算糧倉長度，算法爲：糧倉容積＝長度（即袤）×寬度（即廣）×高度，長度（即袤）＝糧倉容積÷寬度÷高度＝糧倉容積÷（寬度×高度），120 000 ÷（25 × 12）＝120 000 ÷ 300 ＝ 400（尺），根據一丈等於十尺，400 ÷ 10 ＝ 40（丈）。

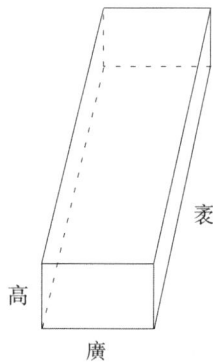

【今譯】

糧倉寬度二丈五尺，問：多少長度可容納一萬石糧食作物？（答案）是：長度四十丈。算法是：用寬度乘以高度（作爲）除數，就是一石糧食作物佔據十二立方尺，一萬石（糧食作物），十二萬Q7_2_175_0498A立方尺作爲被除數，被除數中有與除數相等的，得到長度一尺，它用來求取高度和寬度都是這樣。Q7_2_176_0645A

【釋文】

倉廣五丈，袤七丈，童高二丈①，今粟在中，盈與童平②，粟一石居二尺七寸③，問倉積尺及容粟各幾Q7_2_177_0801A⁽一⁾可（何）④？曰：積尺七萬尺，容粟二萬五千九百廿五石廿七分石廿五。述（術）曰：廣袤相椉（乘），有（又）以高椉（乘）出（之），即尺。以二尺【七寸椉（乘）出（之）】。⑤Q7_2_178_0784A

【校記】

（一）陶安（2016：322）改簡號爲0802。

【匯釋】

①童高：**長方體糧倉的高度**。本題"童"與《算數書》"芻"條的"芻童"、《九章算術》"商功"章的"芻童"不同。**關於"童"有三說。一、認爲"童"是長方體**，如陳松長（2018：119）、蘇意雯（2012）。**二、釋"童"爲"芻童"，一種方棱臺體**（陳松長，2018：119引彭浩電話內容）。**三、疑"童"讀爲"棟"，爲倉的一種指標**（許道勝，2013A）。

②盈與童平：**裝滿的糧食和糧倉上部相平**。陳松長（2018：119）："盈與童平"即糧食堆積與倉上部相平，因此"童高"指長方體倉的高度。蘇意雯（2012）："盈與童平"是說明粟米放的高度與童高一樣。謝坤（2014）："盈與童平"是說明粟米放的高度與童高一樣，即一石的粟堆積成以一尺見方爲底的長方體時，高度爲二尺七寸。日本"中國古算書研究會"（2016：61）：倉庫中粟容納至童的高度。

③粟一石居二尺七寸：**粟一石佔據二尺七寸高，容積即二又十分之七立方尺**。蘇意雯（2012）：意即一石的粟堆積成以一尺見方爲底的長方體時，高度爲二尺七寸。陳松長（2018：119）：這是從一個底爲一平方尺的四棱柱其高爲二尺七寸這個角度來衡量的。

④積尺：**容積立方尺數**。《商君書·境內》："其攻城圍邑也，國司空訾其城之廣厚之數，國尉分地，以徒校分積尺而攻之。"許道勝（2013A）：積尺，指面積或體積的數量。

容粟：**盛載粟的量**。

⑤有三說：**一、補"七寸乘之"**（陳松長，2018：119）。**二、另簡或有"七寸爲法，以七萬尺爲實，即容粟"之類的表述**（許道勝，2013A）。**三、其他的竹簡可能有"以二尺七寸爲法，七萬尺爲實，實如法得容粟一石"**（蘇意雯，2012；謝坤，2014）。日本"中國古算書研究會"（2016：63）："以二尺"後面似可續接"70 000立方尺除以2尺7寸，得粟的容積"的語句。

【算法解析】

今按：本題爲根據糧倉寬五丈（即五十尺），長七丈（即七十尺），高二丈（即二十尺），推算糧倉容積立方尺數，根據粟一石佔據二尺七寸高，容積即二又十分之七立方尺，推算該糧倉能盛載多少粟，算法爲：糧倉容積立方尺數（即積尺）＝寬（即廣）×長（即衺）×高（即童高），$50 \times 70 \times 20 = 70\,000$（立方尺），$70\,000 \div 2\frac{7}{10} = 25\,925\frac{25}{27}$（石）。

【今譯】

糧倉寬度五丈，長度七丈，童高二丈，假如粟在其中，裝滿的糧食和糧倉上部相平，一石粟佔據二尺七寸高，問（糧倉）容積立方尺數及盛載粟各自是 Q7_2_177_0801A 多少？（答案）是：（糧倉）容積立方尺數七萬立方尺，盛載粟二萬五千九百二十五（又）二十七分之二十五石。算法是：寬、長相乘，又用高乘它，就是（糧倉）容積立方尺數。用二尺（七寸乘以它）。Q7_2_178_0784A

【釋文】

投城出（之）述（術）曰①：〔并上〕下厚而半出（之）②，以〖高〗袤桀（乘）出（之），即成尺③。Q7_2_180_0767A

【匯釋】

①城：**城邑**。陳松長（2018：119）參見郭書春（2009：169）：城，同《九章算術》"商功"章的"城"。城的上下兩底是互相平行的長方形，它們的長相等而寬不等，兩側爲相等的兩長方形，兩端爲垂直於地面的全等的兩等腰梯形。日本"中國古算書研究會"（2016：64）：本題的城是等腰臺形柱。

②厚：**義與"廣"同，指寬度，表示物體東西兩端間的寬度。**

③蘇意雯（2012）、謝坤（2014）認爲"成"應爲"城"字。

【算法解析】

今按：可參見《九章算術》"商功"章算題："城、垣、堤、溝、壍、渠，皆同術。術曰：并上下廣而半之，以高若深乘之，又以袤乘之，即積尺。"

本題講述了城邑容積的算法，算法爲：城邑容積立方尺數 = 大長方體體積 + 小長方體體積的一半 =（上厚 × 袤 × 高）+ $\frac{1}{2}$ ×（下厚 − 上厚）× 袤 × 高 =（上厚 + 下厚）× $\frac{1}{2}$ × 高 × 袤。

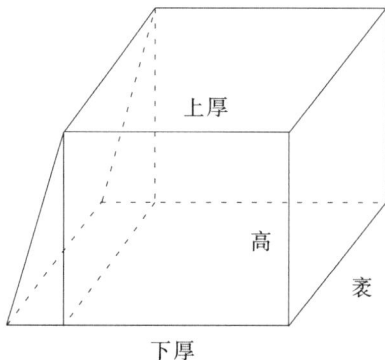

【今譯】

求取城邑的算法是：相加上寬度和下寬度，然後用二分之一（乘以）它，用（高度）、長度乘以它，就成爲容積立方尺數。Q7_2_180_0767A

【釋文】

☑ □①投城止（之）②□□③☑Q7_2_C030207A⁽⁻⁾

【校記】

（一）陶安（2016：326）改簡號爲 C113。

【匯釋】

①許道勝（2013A）、陳松長（2018：120）補“□”。

②許道勝（2013A）參照簡 179/1747“止”的寫法，改爲“止”。

③許道勝（2013A）認爲此處應有三個缺字，首字似是“十”，次字是“二”，並直接改“□”爲“二”，末字不可辨。

【今譯】

☑ □求取城邑的□□☑Q7_2_C030207A

【釋文】

城下后（厚）三丈①，上后（厚）二丈，高三丈，［袤丈，爲積尺七千五百尺］。Q7_2_181_0996A

【匯釋】

①后：通“厚”，寬度。參簡 182/1740 注①。

【算法解析】

今按：本題爲根據城邑的下寬度三丈（即三十尺），上寬度二丈（即二十尺），高三丈（即三十尺），長度一丈（即十尺），推算城邑的容積，算法爲：城邑容積立方尺數 =（上厚 + 下厚）× $\frac{1}{2}$ × 高 × 袤，（20 + 30）× $\frac{1}{2}$ × 30 × 10 = 7 500（立方尺）。

【今譯】

城邑下寬度三丈，上寬度二丈，高三丈，長度一丈，成爲容積立方尺數七千五百立方尺。Q7_2_181_0996A

【釋文】

城上廣［二丈，下廣五丈，上袤六丈六尺］，下［毋袤］，高六丈四尺，積尺六萬三千三百六十尺。术（術）曰：以上。Q7_2_195_0456A

【匯釋】

日本"中國古算書研究會"（2016：66）認爲本題是求"城"的一半的立體體積，即《九章算術》"商功"章中的"羨除"。大概是在已有下部"城"之上，築另一半"城"，並列術文"$\frac{1}{6}$（2×20+50）×66×64＝63 360（立方尺）"。

謝坤（2014）認爲該題可換算成一個"塹堵（按：即沿長方體相對兩棱斜解所得的楔形體）"和兩個"鱉臑（按：即四個面均爲直角三角形的直角三棱錐）"。整理者（2011：141）、謝坤（2014）、陳松長（2018：120）列式"$\frac{1}{2}$（20×66×64）＋2×$\frac{1}{6}\left[\left(\frac{50-20}{2}\right)×66×64\right]$＝63 360（立方尺）"。

今按：以上諸說所述的立方體相同，可作圖如下：

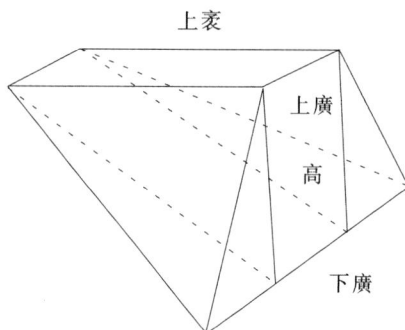

上袤 上廣 高 下廣

已知城的上廣二丈（二十尺），下廣五丈（五十尺），上袤六丈六尺（六十六尺），高六丈四尺（六十四尺），算法爲：立方體的體積＝長方體體積的一半＋兩個直角三棱錐體積＝$\frac{1}{2}$×上袤×上廣×高＋2×$\frac{1}{3}$×底面積×直角三棱錐的高，即$\frac{1}{2}$×66×20×64＋2×$\frac{1}{3}$×（$\frac{1}{2}$×上袤×高）×$\frac{下廣-上廣}{2}$＝$\frac{1}{2}$×66×20×64＋2×$\frac{1}{3}$×（$\frac{1}{2}$×66×64）×$\frac{50-20}{2}$＝66×64×（10＋$\frac{1}{3}$×$\frac{30}{2}$）＝63 360（立方尺）。

謝坤（2014）還列出由一個"塹堵"和一個"鱉臑"構成的立方體，但並未列式。可作圖如下：

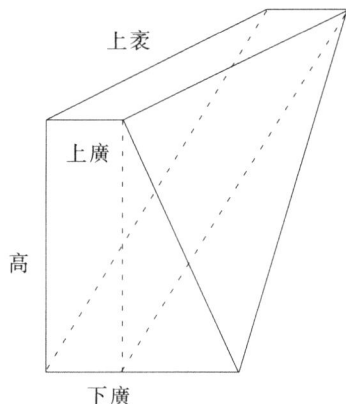

算法爲：立方體的體積＝長方體體積的一半＋一個直角三棱錐體積＝$\frac{1}{2}$×上袤×上廣×高＋$\frac{1}{3}$×底面積×直角三棱錐的高＝$\frac{1}{2}$×上袤×上廣×高＋$\frac{1}{3}$×（$\frac{1}{2}$×上袤×高）×（下廣－上廣）。

式子爲：$\frac{1}{2}$×66×20×64＋$\frac{1}{3}$×（$\frac{1}{2}$×66×64）×（50－20）＝63 360（立方尺）。

【今譯】

城邑上寬度二丈，下寬度五丈，上長度六丈六尺，下沒有長度，高六丈四尺，體積立方尺數六萬三千三百六十立方尺。算法是：用上。Q7_2_195_0456A

【釋文】

□城下后（厚）三［丈］□二☐①Q7_2_198_1843A(一)

【校記】

（一）陶安（2016：322）改簡號爲1842。

【匯釋】

①許道勝（2013A）認爲首字█可能是"投"字殘文。

許道勝（2013A）：本簡已殘，從現存內容看，應與簡182/1740、簡183/1746有關，但顯然與簡182/1740尚不能直接相接，因爲中間仍有殘缺：簡198/1843、簡182/1740的長度之和爲6.1＋12.9＝19.0釐米，以簡183/1746長27.0釐米計算，簡198/1843、簡182/1740中間約缺8.0釐米。

【今譯】

□城邑下寬度三丈□二☒Q7_2_198_1843A

【釋文】

［城止（址）⁽⁻⁾深］四尺①，廣三丈三尺，袤二丈五尺，積尺三千三百〖尺〗⁽⁻⁾。術（術）曰：以廣椉（乘）袤有（又）椉（乘）深即成。唯筑（築）⁽三⁾城止（址）⁽四⁾與此等。②Q7_2_179_1747A

【校記】

（一）整理者（2011：128）作“止”。

（二）此從許道勝（2013A）補“尺”。

（三）陳松長（2018：120）作“筑”。此處改爲“筑（築）”。

（四）同（一）。

【匯釋】

①止：後作“址”“阯”，地基。《說文·止部》：“止，下基也。”《說文·阜部》：“阯，基也。址，阯或从土。”段玉裁注：“阯者，城阜之基也。”許道勝（2013A）：簡文言及深、廣、袤，因知此處所言爲城址起溝。日本“中國古算書研究會”（2016：68）：“城址”是爲築“城”打基礎而挖掘的長方體空間。

城止：城的地基（陳松長，2018：119）。許道勝（2013A）：此指城址起垣。

②唯：也作“惟”“維”，助詞，用於句首。《論語·述而》：“互鄉難與言，童子見，門人惑。子曰：‘與其進也，不與其退也，唯何甚！’”許道勝（2013A）讀爲“雖”。

等：等同。《淮南子·主術訓》：“有法者而不用，與無法等。”高誘注：“等，同。”《睡虎地秦墓竹簡·秦律·倉律》：“城旦之垣及它事而勞與垣等者，旦半夕參。”

【算法解析】

今按：本題爲根據城的地基深四尺，寬三丈三尺（即三十三尺），長二丈五尺（即二十五尺），推算地基的容積，算法爲：城的地基的容積立方尺數（即積尺）＝深（即深）×寬（即廣）×長（即袤），即 4×33×25 = 3 300（立方尺）。

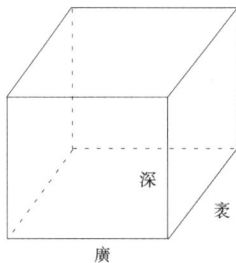

【今譯】

城墙的地基深四尺，寬三丈三尺，長二丈五尺，容積立方尺數三千三百（立方尺）。算法是：用寬度乘長度又乘以深度就完成。築造城墙的地基和這個算法等同。Q7_2_179_1747A

【釋文】

投隄廣袤不等者①，同袤半出（之）②，亦同廣半出（之）③，乃各以其徐（餘）廣袤相乘（乘）④，〖以〗⁽⁻⁾高乘（乘）即成⑤。廣袤等者，徑令廣袤Q7_2_184_0940A相［乘（乘）高］即成⑥。Q7_2_185_0845A⁽⁻⁾

【校記】

（一）此據許道勝（2013A）依文意補"以"。

（二）陶安（2016：322）改簡185/0845簡號爲185－1/0844－1和185－2（舊）/0846－2，認爲簡185/0845的後半段空白簡185－2（舊）/0846－2應該放在簡41/0847［陶安（2016：320）改簡號爲41－1/0846－1］下，而蕭燦誤拼，還指出簡185－2（新）/0844－2失收。

【匯釋】

①隄：同"堤"（整理者，2011：132）。《禮記·月令》："修利隄防，道達溝瀆。"蘇意雯（2012）認爲"隄"同"堤"，即堤防，與《九章算術》"商功"章的"堤"同爲兩端是等腰梯形的柱體。日本"中國古算書研究會"（2016：70）：堤防義。其形狀爲等腰臺形，與"城"相同。

②同袤半出：相加兩長度，二分之一（乘以）它。

③同廣半出：相加兩寬度，二分之一（乘以）它。即把不相等的兩廣相加除以二（陳松長，2018：121）。

④徐：通"餘"，剩餘。有四說：一、通"餘"，剩餘，"指前述未用的另一個廣與袤"（日本"中國古算書研究會"，2016：70）。二、訓"展開""延展"（整理者，2011：132）。三、"徐"通"除"，除去、減［整理者（2011：132）引鄒大海的觀點］。四、疑"徐"爲"餘"的訛字（許道勝，2013A）。

⑤有兩說：一、"高"前補"以"，"乘"後可補"之"（許道勝，2013A）。二、"高"前補"三成一，以"或"三而一，以"［陳松長（2018：121）轉述鄒大海的意見］。

⑥許道勝（2013A）認爲"高"前似可補"又乘"。

【算法解析】

陳松長（2018：121）指出簡文前部分講"廣袤不等者"這一情況，後部分講"廣袤等者"這一情況，"記上廣爲a_1，下廣爲a_2，袤爲b，高爲h，依術文寫成算式：$V = \frac{1}{2}(a_1 + a_2)bh$"，"廣袤不等者"可能分別指"廣不等"與"袤不等"兩種情況。袤不等時，"同袤半之"，廣不等時，"亦同廣半之"，然後"乃各以其徐廣袤相乘"，最後"高乘即成"，求得體積。算式如下：

$$V_{隄} = \frac{1}{2} \times （上廣 + 下廣）\times 袤 \times 高 \qquad （廣不等）$$

$$V_{隄} = \frac{1}{2} \times （上袤 + 下袤）\times 廣 \times 高 \qquad （袤不等）$$

"廣袤等者"，實際爲一長方體，算法是："徑令廣袤相乘高即成"，算式如下：

$$V_{隄} = 廣 \times 袤 \times 高 \qquad （廣袤等）$$

日本"中國古算書研究會"（2016：70）的解讀與整理者（2011：132）相似。

蘇意雯（2012）：所謂"廣不等"與"袤不等"，應該是指隄的方向不同，"廣不等"就是城兩端的梯形面在廣那一面，"袤不等"就是在袤那一面。

陳松長（2018：122）引述鄒大海的另一種釋讀意見，復原成"救（求）隄廣袤不等者，同袤半之，亦同廣半之，乃各以其徐廣袤，相乘，【三而一，以】高乘即成。廣袤等者，徑令廣袤 0940"，所描述的立體相當於"芻童"，"記其上、下廣爲 a_1、a_2，上、下袤爲 b_1、b_2，高爲 h。……"其"爲代詞，表示"同廣半之"與"同袤半之"所得結果$\left(\frac{a_1 + a_2}{2} 與 \frac{b_1 + b_2}{2}\right)$。"各以其徐廣袤"即分別用"同廣半之"所得的結果和"同袤半之"得到的結果與廣和袤相減：$a_2 - \frac{a_1 + a_2}{2}$ 或 $\frac{a_1 + a_2}{2} - a_1$，都等於 $\frac{a_2 - a_1}{2}$，$b_2 - \frac{b_1 + b_2}{2}$ 或 $\frac{b_1 + b_2}{2} - b_1$，都等於 $\frac{b_2 - b_1}{2}$。簡文相當於公式：

$$\left[\frac{b_1 + b_2}{2} \times \frac{a_1 + a_2}{2} + \left(a_2 - \frac{a_2 - a_1}{2}\right) \times \left(b_2 - \frac{b_1 + b_2}{2}\right)\right] \div 3 \times h，都等於$$

$\left(\frac{b_1 + b_2}{2} \times \frac{a_1 + a_2}{2} + \frac{a_2 - a_1}{2} \times \frac{b_2 - b_1}{2} \div 3\right) \times h$。這與《九章算術》的芻童公式（相當於 $\left[（2b_1 + b_2）\times a_1 + （2b_2 + b_1）\times a_2\right] \times h \div 6$）是等價的。

今按：本算題採用陳松長（2018：121）、日本"中國古算書研究會"（2016：70）的解法。

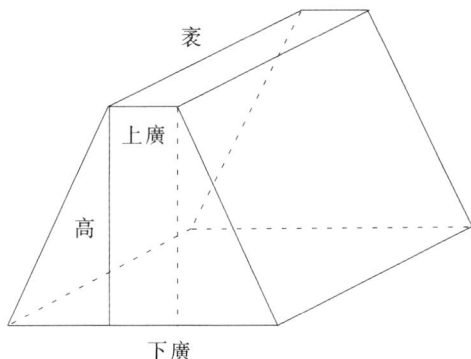

廣袤不等之"廣不等"

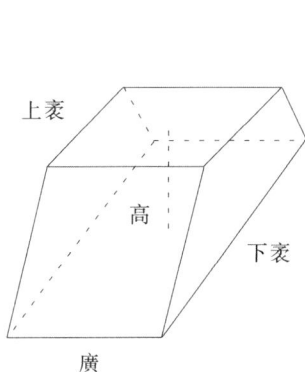

廣袤不等之"袤不等"

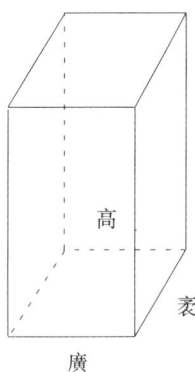

廣袤相等

【今譯】

求寬度或長度不相等的堤防（的體積），（兩長度不同時），相加兩長度，二分之一（乘以）它，（兩寬度不同時）也相加兩寬度，二分之一（乘以）它，於是各自用它們剩餘的寬度或長度相乘，（用）高乘以它們就完成。寬度、長度相等的，直接讓寬度、長度Q7_2_184_0940A乘以高就完成。Q7_2_185_0845A

【釋文】

丈，［上］袤四丈，高九尺，爲積尺八千六百卌（卅）［尺］，［大凡三萬五千］九百卌（卅）尺[1]。Q7_2_199_0980A

【匯釋】

①日本"中國古算書研究會"（2016：71）：8 640 立方尺與 35 940 立方尺關係不明，因而本題的立體形狀亦不明。

【今譯】

丈，上長度四丈，高九尺，成爲體積立方尺數八千六百四十立方尺，總計三萬五千九百四十立方尺。Q7_2_199_0980A

【釋文】

有玉方八寸[1]，欲以爲方半寸骳（棋）[2]，問［得（得）幾］可（何）？曰：四千九十六。［述（術）］：置八寸，有（又）耤（藉）置八寸，相桒（乘）爲［六十］四，［有（又）耤（藉）置六］。[3]Q7_2_197_J25A

【匯釋】

①方：**邊長，此處指正方形的邊長**。參簡 52/1100 注①。

②骳：**通"棋"，棋子**（整理者，2011：142）。睡虎地秦簡《爲吏之道》："凡治事，敢爲固，謁私圖，畫局陳骳以爲耤。"

③許道勝（2013A）：此簡完整，但文意未盡，當有另簡接續。推測另簡或有"四寸，相桒（乘）爲四千九十六"之類的表述。

【算法解析】

蕭燦（2010A）列式" $(8 \div \frac{1}{2})^3 = (8 \times 2) \times (8 \times 2) \times (8 \times 2) = 8 \times 8 \times 8 \times 8 = 64 \times 64 = 4\,096$ "，認爲"玉方"算題可能是"化除數爲乘法，用分次平方運算代替立方運算"。

陳松長（2018：122）引用鄒大海的解釋：八寸見方的立體，可以這樣得到：一寸見方的棋可以通過將長、寬、高都平分，分解爲八個半寸棋。八個一寸棋可以排成長八寸、寬一寸、高一寸的長條，它含有的半寸棋數爲 $8 \times 8 = 64$ （個）。將這樣的長條排八排形成一層立方棋，再疊八層就得到八寸見方的大立方體，即"玉方八寸"。這個大立方體含 $8 \times 8 = 64$ （個）長條，所以它所含的半寸棋數爲： $64 \times 64 = 4\,096$ 。

日本"中國古算書研究會"（2016：247）：此立方體能做成 $8 \times 8 \times 8$ 個一邊 1 寸的立方體。在一邊 1 寸的立方體中有 8 個一邊半寸的立方體，因而一共能做成 $8 \times 8 \times 8 \times 8 = 64 \times 64 = 4\,096$ 個。

今按：依題列式： $8 \times 8 = 64$ ， $64 \times 64 = 4\,096$ （個）。

【今譯】

有邊長八寸的玉，想要用（它）製作邊長半寸的棋子，問得到多少（棋子）？（答案）是：四千零九十六。算法：擺置八寸，又擺置八寸，相乘爲六十四，又在旁邊擺置六。Q7_2_197_J25A

【釋文】

☑衺六十步。其述（術）曰：以☐^{（一）}☑Q7_2_201_2187A

【校記】

（一）此從許道勝（2013A）依圖版補"☐"。

【今譯】

☑長度六十步。它的算法是：用☐☑Q7_2_201_2187A

十一、贏不足類算題

【釋文】

贏不足①。三人共以五錢市②，今欲賞（償）出（之）③，問：人出（之）出幾可（何）錢？［得（得）曰］：人出一［錢］三［分錢］二。其述（術）［曰：以贏］、不足互棄（乘）母④，Q7_2_202_0413A⁽⁻⁾【并以爲實，并贏、】⁽⁻⁾［不］足以爲法⑤，如法而得（得）一錢。⑥Q7_2_211_0905A⁽⁻⁾

【校記】

（一）陶安（2016：322）改簡號爲0412。

（二）此補“并以爲實，并贏、”。

（三）此從蔡丹（2013）將簡0413和簡0905連讀。陶安（2016：322）改簡號爲0915。

【匯釋】

①贏：**通“盈”，有餘。**

贏不足：**有餘和不足。**亦作“盈不足”，《算數書》作“贏不足”，《九章算術》作“盈不足”，日本稱爲“過不足算”。李籍《九章算術音義》：“盈者，滿也。不足者，虛也。滿、虛相推，以求其適，故曰盈不足。”許道勝（2013A）：“盈不足”意即“借有餘、不足以求隱含之數”。謝坤（2014）：贏不足，算題名，一般用來計算分配方法中出現贏和不足時的計算方式。

②市：**交易、進行買賣。**《爾雅·釋言》：“貿、賈，市也。”邢昺疏：“謂市，買賣物也。”

③賞：**通“償”，償還。**《說文·人部》：“償，還也。”《里耶秦簡（壹）》8-461號木方“賞如故，更償責”。秦始皇二十六年（前221）前用“賞”字表償債的“償”，秦始皇統一中國之後用“償”表償債的“償”。

④母：**即贏母、不足母。**指假設的兩個量，與“子（即不足子、贏子）”相對。鄒大海（2007）指出《算數書》中也有把贏和不足稱爲“子”，把對應於《九章算術》“盈不足”章標準型問題之所出率的已知量稱爲“母”的情況。

⑤許道勝（2013A）“因字僅殘存一短豎筆”改釋“不”爲“□”。

⑥蕭燦（2015：126）：簡0905首殘，現存長度約23釐米，下部爲空白。簡0905現存長度與完整簡的27.5釐米相差4.5釐米，除去上編繩以上1.5釐米及上編

繩佔位，餘長還能書寫五六個字。

蔡丹（2013）據簡 0905 殘缺長度和簡的内容，認爲：簡 0905 應可置於簡 0413 之後，並與之連讀。據前後文，並參考簡 0790，我們可將簡 0905 簡首補上"以爲實，并贏、"。

【算法解析】

陳松長（2018：123）引用郭書春 2010 年 8 月 29 日郵件内容：根據題設，通過兩次假設，比如假設人出 2，盈 1，人出 1，不足 2，就會化爲盈不足問題。值得注意的是，這是特意爲盈不足術求不盈不朒之正數而設的題目。因爲直接求解形如 $ax = b$ 的一元二次方程，得出 $x = \dfrac{b}{a}$ 更爲方便。

蘇意雯（2012）：贏不足的方法等價於簡單的二元一次聯立方程組的問題，……以贏母、不足母互相乘上對方的不足子與贏子，如此一來，母錢就會依照子錢不足與贏平均分配，也就是 $2 \times \dfrac{2}{3} + 1 \times \dfrac{1}{3}$。

日本"中國古算書研究會"（2016：186）：在計算過程中，將假定的分配金額分置於左右，稱爲"母"；將其盈分與不足分置於其下，稱爲"子"。"互乘"，指上下 2 列的 4 數，各自與斜對方之數兩兩相乘。……

$$
\begin{array}{cccccc}
 & 算 & \rightarrow & 互乘 & \rightarrow & 加算 \\
上 & a \quad b & & an \quad bm & & na + mb \text{（實）} \\
下 & m \quad n & & m \quad n & & m + n \text{（法）}
\end{array}
$$

假設付了 1 錢，剩 2 錢。付了 2 錢，不足 1 錢。將這些條件（在 $a = 1$，$b = 2$ 時，$m = 2$，$n = 1$）適用到盈不足術的公式：$\dfrac{1 \text{錢／人} \times 盈 1 錢 + 2 \text{錢／人} \times 不足 2 錢}{不足 2 錢 + 盈 1 錢} = \dfrac{5}{3}$ 錢／人 $= 1\dfrac{2}{3}$ 錢／人。

今按：可參見《算數書》"分錢"條"分錢人二而多三，人三而少二，問幾何人、錢幾何？得曰：五人，錢十三。贏（盈）不足互乘母【并以】爲實，子相從爲法。皆贏（盈）若133不足，子互乘母而各異直（置）之，以子少者除子多者，餘爲法，以不足爲實。134"和《九章算術》"盈不足術曰：置所出率，盈、不足各居其下。令維乘所出率，并以爲實。并盈、不足爲法。實如法而一"。

假設每人出二錢，則盈一錢，每人出一錢，則不足二錢，那麼贏子（即有餘子）爲盈 1 錢，不足母爲每人所出的 1 錢，不足子爲不足 2 錢，贏母（即有餘母）爲每人所出的 2 錢，算法爲：平均數 =（贏子 × 不足母 + 不足子 × 贏母）÷（贏子 + 不足子），即（$1 \times 1 + 2 \times 2$）÷（$1 + 2$）$= \dfrac{5}{3} = 1\dfrac{2}{3}$（錢）。

其實本題祇需列式 $5 \div 3 = 1\frac{2}{3}$（錢）。

【今譯】

有餘和不足（算法）。三個人共同用五錢交易，假如想要償還它，問：每人出多少錢？得到是：每人出一錢三分之二錢。它的算法是：用有餘子、不足子相互乘不足母、有餘母，Q7_2_202_0413A（相加作爲被除數，相加有餘子）、不足子作爲除數，（被除數中）有與除數相等的，就得一錢。Q7_2_211_0905A

【釋文】

凡以贏不足有（又）［求足］①，耤（藉）出（之）②，［曰：貣（貸）人錢］三，［今欲賞（償）米］，斗二錢，賞（償）一斗，［不足一錢，賞（償）二斗］，有（又）贏一錢，即直（置）一斗、二斗，〖以爲母〗(一)。各直（置）(二)Q7_2_203_0920A + C410104A(三)贏、不足其下，以爲子，子互桼（乘）母，并以爲贆（實），而并贏、不足以爲法，如法一斗┆半┆(四)。Q7_2_204_0790A

【校記】

（一）此從日本"中國古算書研究會"（2016：188）依"以爲子，子互乘母"補"以爲母"。

（二）此從許道勝（2013A）、日本"中國古算書研究會"（2016：188）據圖版、簡文內容刪"直（置）"後的"☒"。

（三）陶安（2016：326）改簡號爲 C133。

（四）此從日本"中國古算書研究會"（2016：188）據文例以"半"爲衍字。

【匯釋】

①足：**足數**。

②耤出：**在旁邊擺置它**。譚競男（2015A）：與下文盈不足的計算方式有關，即將一斗、二斗置於上行，盈、不足數置於下行。

【算法解析】

陳松長（2018：123 – 124）引述 2010 年 8 月 29 日郭書春郵件：用贏不足術求解：賞 1 斗，不足 1 錢，賞 2 斗，贏 1 錢，則賞$\frac{2 \times 1 + 1 \times 1}{1 + 1} = 1\frac{1}{2}$（斗）爲不盈不朒之正數。……設人出 A，盈（或不足）a，人出 B，不足（或盈、或適足）b。計算 $Ab + Ba$ 作爲實，計算 $a + b$ 作爲法。則人出$\frac{Ab + Ba}{a + b}$爲不盈不朒之正數。

日本"中國古算書研究會"（2016：188）：假如貸米 1 斗，錢價爲 2 錢，不足 1 錢；假如貸米 2 斗，錢價爲 4 錢，剩 1 錢。因而 1 斗與 2 斗之間應該有爲整爲 3 錢的答案。於是，將各個數字適用盈不足術的公式如下：$\dfrac{2\text{斗}\times\text{不足}1\text{錢}+1\text{斗}\times\text{盈}1\text{錢}}{\text{盈}1\text{錢}+\text{不足}1\text{錢}}=$ $\dfrac{3}{2}$（斗）$=1\dfrac{1}{2}$（斗）。

今按：假設用米償還欠款，一斗米值二錢，還一斗米，則不足一錢，還二斗米，則盈一錢，那麼贏子（即有餘子）爲盈 1 錢，不足母爲所還的 1 斗米，不足子爲不足 1 錢，贏母（即有餘母）爲所還的 2 斗米，算法爲：平均數 =（贏子×不足母 + 不足子×贏母）÷（贏子 + 不足子），即（1×1＋2×1）÷（1＋1）$=\dfrac{3}{2}=1\dfrac{1}{2}$（錢）。

其實本題祇需列式 $3\div 2=\dfrac{3}{2}=1\dfrac{1}{2}$（錢）。

【今譯】

凡是用有餘和不足（算法）又求取足數，擺置它們，（算法）是：借了人三錢，假如想要償還成米，一斗（米）二錢，償還一斗，不足一錢，償還二斗，又餘下一錢，就擺置一斗、二斗，（作爲不足母、贏母）。各自擺置 Q7_2_203_0920A + C410104A 有餘子、不足子在它們的下面，作爲子，子互相乘以母，相加作爲被除數，然後相加有餘子、不足子作爲除數，（被除數中）有與除數相等的，（就得）一斗。Q7_2_204_0790A

【釋文】

米一斗五錢，村（叔一菽）五斗一錢，今欲以一錢買二物〖共一斗〗①，各得（得）幾可（何）？曰：米得（得）一升三分升二，村（叔一菽）得（得）八升三分升一。术（術）以 Q7_2_205_0499A⁽一⁾［贏］不足出（之）。☐②Q7_2_206_0026A⁽二⁾

【校記】

（一）陶安（2016：322）改簡號爲 0500。
（二）陶安（2016：322）改簡號爲 0032。

【匯釋】

①二物：**兩種穀物，指米和菽**。
②許道勝（2013A）依圖版刪去"☐"。

【算法解析】

日本"中國古算書研究會"（2016：190）設定"若所買 1 斗穀物全部爲米時，其費用爲 5 錢，不足 4 錢。若所買 1 斗全部爲菽時，其費用爲 $\dfrac{1}{5}$ 錢，剩 $\dfrac{4}{5}$ 錢"，"若買米 1 斗（10 升），不足 4 錢；若買米 0 斗（0 升），剩 $\dfrac{4}{5}$ 錢"，"若買菽 0 斗（0 升），不足 4 錢；若買菽 1 斗（10 升），剩 $\frac{4}{5}$ 錢"。列式：米：$\dfrac{10\ 升 \times \frac{4}{5}\ 錢 + 0\ 升 \times 4\ 錢}{4\ 錢 + \frac{4}{5}\ 錢} =$

$8 \div \dfrac{24}{5} = 1\frac{2}{3}$（升），菽：$\dfrac{0\ 升 \times \frac{4}{5}\ 錢 + 10\ 升 \times 4\ 錢}{4\ 錢 + \frac{4}{5}\ 錢} = 40 \div \dfrac{24}{5} = 8\frac{1}{3}$（升）。

陳松長（2018：124）和日本"中國古算書研究會"（2016：190）對買入米、菽的數量進行同樣的假設，"米得 $\dfrac{\frac{4}{5}}{4 + \frac{4}{5}} \times 10 = \frac{5}{3} = 1\frac{2}{3}$（升），菽得 $\dfrac{4}{4 + \frac{4}{5}} \times 10 = \frac{25}{3} =$

$8\frac{1}{3}$（升）"。

今按：可參見《算數書》"米出錢"條"糲〈粺〉米二斗三錢，糲米三斗二錢。今有糲、粺十斗，賣得十三錢，問糲、粺各幾何。曰：粺七斗五分三〖斗〗，135 糲二斗五分二〖斗〗。術（術）曰：令偕（皆）糲〈粺〉也，錢贏（盈）二；令偕（皆）粺〈糲〉也，錢不足六〖錢〗少半〖錢〗。同贏（盈）、不足以爲法，以贏（盈）乘十斗爲粺〈糲〉〖實〗，以不 136 足乘十斗爲糲〈粺〉〖實〗，皆如法一斗。137"和"米斗一錢三分錢二，黍斗一錢半錢。今以十六錢買米、黍凡十斗，問各幾何，用錢亦各幾何。138 得曰：米六斗、黍四斗，米錢十、黍六。術（術）曰：以贏（盈）不足，令皆爲米，多三分錢二；皆爲黍，少〖一〗錢。下有三分，139 以一爲三，命曰各而少三，并多而少爲法。更異直（置）二、三，以十斗各乘之〖爲實〗，即貿其得，如法一斗。140"。

還可參見《九章算術》"盈不足"章第十三題"今有醇酒一斗，直錢五十；行錢一斗，直錢一十。今將錢三十，得酒二斗。問醇、行酒各得幾何。答曰：醇酒二升半，行酒一斗七升半。術曰：假令醇酒五升，行酒一斗五升，有餘一十。令之醇酒二升，行酒一斗八升，不足二"。

解法一：已知一斗米五錢，五斗菽一錢，用一錢來購買共一斗的米和菽，那麼假設買一斗米，那麼所買菽爲零斗，則不足四錢，假設買零斗米，那麼所買菽爲一斗，花費五分之一錢，則盈五分之四錢，那麼贏子（即有餘子）爲盈 $\frac{4}{5}$ 錢，不足母爲 0 斗米，不足子爲不足 4 錢，贏母（即有餘母）爲 1 斗米，求菽的斗數，算法爲：菽的斗數 =（贏子 × 不足母 + 不足子 × 贏母）÷（贏子 + 不足子），即（$\frac{4}{5} \times 0 + 4 \times 1$）÷（$\frac{4}{5} + 4$）= $\frac{5}{6}$（斗），一斗等於十升，換算成升：$\frac{5}{6} \times 10 = \frac{25}{3} = 8\frac{1}{3}$（升）。$10 - 8\frac{1}{3} = 1\frac{2}{3}$（升），那麼買到 $1\frac{2}{3}$ 升米和 $8\frac{1}{3}$ 升菽。

同樣地，也可以假設買一斗菽，那么所買米爲零斗，花費五分之一錢，則盈五分之四錢，假設買零斗菽，那麼所買米爲一斗，則不足四錢，那麼贏子（即有餘子）爲盈 $\frac{4}{5}$ 錢，不足母爲1斗菽，不足子爲不足4錢，贏母（即有餘母）爲0斗菽，求米的斗數，算法爲：米的斗數 =（贏子 × 不足母 + 不足子 × 贏母）÷（贏子 + 不足子），即 $(\frac{4}{5} \times 1 + 4 \times 0) \div (\frac{4}{5} + 4)$ = $\frac{1}{6}$（斗），一斗等於十升，換算成升：$\frac{1}{6} \times 10 = \frac{5}{3} = 1\frac{2}{3}$（升）。$10 - 1\frac{2}{3} = 8\frac{1}{3}$（升），那麼買到 $1\frac{2}{3}$ 升米和 $8\frac{1}{3}$ 升菽。

解法二：本題可用二元一次方程求解。已知一斗米五錢，五斗菽一錢，用一錢來購買共一斗的米和菽，那麼一斗菽爲 $\frac{1}{5}$ 錢，設購買了 x 斗米和 y 斗菽，算法爲：$\begin{cases} x + y = 1 \\ 5x + \frac{y}{5} = 1 \end{cases}$，那麼 $x = \frac{1}{6}$，$y = \frac{5}{6}$。一斗等於十升，換算成升：$\frac{1}{6} \times 10 = \frac{10}{6} = 1\frac{2}{3}$（升），$\frac{5}{6} \times 10 = \frac{50}{6} = 8\frac{1}{3}$（升），那麼買到 $1\frac{2}{3}$ 升米和 $8\frac{1}{3}$ 升菽。

【今譯】

一斗米五錢，五斗菽一錢，假如想要用一錢購買二種穀物（共計一斗），各自得到多少？（答案）是：米得到一又三分之二升，菽得到八又三分之一升。算法用 Q7_2_205_0499A 贏不足（算法）求取它們。☐Q7_2_206_0026A

【釋文】

☐［斗］九錢，粱（粱）十☐［七］錢，村（叔一菽）十斗☐⁽一⁾☐［斗］，用八錢，問：各幾可（何）？曰：稻六斗 Q7_2_207_C020107A⁽二⁾ + 2197A + 0799A☐［術］曰：直（置）稻九，不足一其下，粱（粱）⁽三⁾七①，直（置）贏☐一其下，村（叔一菽）五②，直（置）贏三其下，粱（粱）⁽四⁾不足③☐Q7_2_208_2198 + 2179A☐［粜（乘）］粱（粱）⁽五⁾七，同出（之）卅（卅），爲稻覓（實）；以村（叔一菽）三粜（乘）村（叔一菽）五，十五爲粱（粱）⁽六⁾覓（實），以［稻］不足一粜（乘）村（叔一菽）五爲費⁽七⁾（實），同贏 Q7_2_209_0496A 不足，⁽八⁾五以爲法，如法各得（得）一斗。④Q7_2_210_C100108A⁽九⁾ + 0497A

【校記】

（一）此從許道勝（2012J）依圖版補"☐"。

（二）陶安（2016：326）改簡號爲C068。

（三）整理者（2011：148）、陳松長（2018：125）作"粜"。此處改爲"粱（粱）"。

（四）同（三）。

（五）同（三）。

（六）同（三）。

（七）陳松長（2018：125）作"覬"，此改爲"覬"。

（八）此從許道勝（2013A）加逗號。

（九）陶安（2016：326）改簡號爲C520。

【匯釋】

①蕭燦（2010A）斷讀爲"不足一，其下粲（糳）七"。

②蕭燦（2010A）斷讀爲"一，其下叔（菽）五"。

③蕭燦（2010A）斷讀爲"直（置）贏三，其下粲（糳）不足"。

④陳松長（2018：125）的復原方案爲：【稻十】斗九錢，粲十【斗】七錢，叔（菽）十斗【五錢，今欲買三物共十】斗，用八錢，問各幾可（何）？曰：稻六斗，【粲三斗，叔（菽）一斗。述（術）】曰：直（置）稻九，不足一其下；粲七，直（置）贏一其下；叔（菽）五，直（置）贏三其下。粲不足【一乘稻九，以叔（菽）三】乘粲七，同之，卅，爲稻覬（實）；以叔（菽）三乘叔（菽）五，十五，爲粲覬（實）；以稻不足一乘叔（菽）五爲【叔（菽）】覬（實）。同贏、不足，五，以爲法，如法各得一斗。

日本"中國古算書研究會"（2016：192）的復原方案爲：□□□稻十斗九錢、粲（糳）十斗七錢，叔（菽）十斗五錢。今欲買三物，共十斗，用八錢。問各幾可（何）。曰：稻六斗、粲（糳）三斗、叔（菽）一斗。述（術）曰：稻九直（置）不足一其下：粲（糳）七直（置）贏一其下，叔（菽）五直（置）贏三其下。以稻不足一乘稻九，以叔（菽）贏三乘粲（糳）七，同之，卅爲稻實。以叔（菽）贏三乘叔（菽）五，十五爲粲（糳）實。以稻不足一乘叔（菽）五、五爲實。同贏不足五、以爲法。如法各得一斗。

今按：陳松長（2018：125）的說法可從。

【算法解析】

陳松長（2018：125）引鄒大海2010年11月2日郵件內容，認爲題述計算無規則可言，古人可能是先有答案和題設，然後擬合術文的，依照算題術文，可作如下理解：

直（置）	稻九	粲七	叔（菽）五
	不足一	贏一	贏三

粲1×稻9＋叔（菽）3×粲7＝30　　爲稻實

叔（菽）$3 \times$ 叔（菽）$5 = 15$　　　爲桼實

稻不足 $1 \times$ 叔（菽）$5 = 5$　　　爲叔（菽）實

贏 $1 +$ 贏 $3 +$ 不足 $1 = 5$　　　爲法

以法 5 分別除稻實 30、桼實 15、叔（菽）實 5，分別得到稻、桼、叔（菽）的數量爲 6、3、1 斗。

他們還用方程組求解：

設稻爲 x 斗，桼爲 y 斗，菽爲 z 斗，列方程組：

$$\begin{cases} x + y + z = 10 \\ \dfrac{9x}{10} + \dfrac{7y}{10} + \dfrac{5z}{10} = 8 \end{cases}$$

綜合兩式得到 $2x + y = 15$，如果求非負整數解：

當 $y = 1$ 時，$x = 7$，$z = 2$，這組解可計爲（7，1，2）。（第一組）

當 $y = 3$ 時，這組解爲（6，3，1）。（第二組）

當 $y = 5$ 時，這組解爲（5，5，0）。（第三組）

當 $y = 7$ 或 9 或更大的奇數時，z 爲負數，故不可計入解。

本題的答案中說"稻六斗"，可見衹取了第二組解。

日本"中國古算書研究會"（2016：195－197）設稻 a 斗、桼 b 斗、菽 c 斗，同樣列出三元一次方程式，"設定（a，b，c）爲（10，0，0）、（0，10，0）、（0，0，10）時，若將穀物從 3 種減到 2 種，求用 8 錢買 10 斗之答案的話，那時此題就變爲與前題相同的盈不足問題，能得出（5，5，0），（7.5，0，2.5），（0，15，－5）的配列組合。在固定的增總額與總額的條件之下，將 2 物增到 3 物的話，便能導出答案"。

今按：陳松長（2018：125）列三元一次方程式求非負整數解這一算法可從。

【今譯】

（十）斗（稻米）九錢，桼十（斗）七錢，菽十斗（五錢，假如想要買三種穀物共計十）斗，用了八錢，問：各自多少（錢）？（答案）是：稻六斗 Q7_2_207_C020107A＋2197A＋0799A，（桼三斗，菽一斗。算法）是：擺置稻九，不足一在它的下面，桼七，擺置贏一在它的下面；菽五，擺置贏三在它的下面，桼不足（一乘以稻九，用菽三）Q7_2_208_2198＋2179A乘以桼七，相加它們，爲三十，成爲稻的被除數；用菽三乘以菽五，十五成爲桼的被除數，用稻不足一乘以菽五成爲（菽的）被除數，相加贏Q7_2_209_0496A不足，五作爲除數，（被除數中）有與除數相等的，各自得到一斗。Q7_2_210_C100108A＋0497A

十二、勾股算題

【釋文】

□有園（圓）材薶（埋）地①，不智（智—知）小大，斲屮（之）②，入材一寸而得（得）平一尺，問：材周大幾可（何）？即曰，半平得（得）五寸③，令相桀（乘）也〖爲實〗（一），以深 Q7_2_213_0304A 一寸［爲法］，如法得（得）一寸，有（又）以深益屮（之）④，即材徑也。Q7_2_214_0457A

【校記】

（一）此據許道勝（2013A）依文意"也"後補"爲實"。

【匯釋】

①蕭燦、朱漢民（2009B）"有"前補"今"字。許道勝（2013A）據圖版改"□"爲"☑"。

薶：後作"埋"，埋藏。《荀子·正論》："雖此儓而薶之，猶且必捆也，安得葬薶哉！"《爾雅·釋言》："薶，塞也。"

②斲：砍，砍伐。《尚書·梓材》："若作梓材，既勤樸斲，惟其塗丹雘。"

③半平：二分之一（乘以）平面（直徑）。

④益：增加。參簡 9/0809 注⑤。

【算法解析】

今按：可參見《九章算術》"勾股"章第九題"今有圓材埋在壁中，不知大小。以鋸鋸之，深一寸，鋸道長一尺。問徑幾何？答曰，材徑二尺六寸。術曰，半鋸道自乘，如深寸而一，以深寸增之，即材徑"。

本題爲根據橫切的平面的直徑一尺（即十寸）和從上面砍入的木材深一寸，推算木材的直徑，算法爲：木材的直徑＝（一半的平面直徑×一半的平面直徑）÷深＋深，即 $\frac{10}{2} \times \frac{10}{2} \div 1 + 1 = 26$（寸）。

本題也可以用現代含未知數的方程求解。假設圓形木材半徑爲 x，砍入木材一寸後，與切口垂直的橫切平面的直徑是一尺（即十寸），根據"垂徑定理"（垂直於弦的直徑平分這條弦），切口所在的直徑平分與切口垂直的橫切平面的直徑，那麼圓形木材的半徑減去切口深度（$x-1$）所形成的綫段跟與橫切平面的半徑構成直角三角形的兩邊，圓形木材半徑爲斜邊，利用勾股定理，算法爲：$(x-1)^2 + \left(\dfrac{10}{2}\right)^2 = x^2$，$x = 13$（寸），那麼圓形木材的直徑爲 $2 \times 13 = 26$（寸）。

【今譯】

　　□有圓形的木材埋藏地下，不知道（直徑）大小，砍伐它，砍入木材一寸，然後得到平面的（直徑）一尺，問：木材圓周（直徑）多大？就是，二分之一（乘以）平面（直徑）得五寸，讓相乘，用深度Q7_2_213_0304A一寸作爲除數，（被除數中）有與除數相等的，得到一寸，又用深度相加它們，就是木材的直徑。Q7_2_214_0457A

十三、其　他

【釋文】

☑☑☑十一。①Q7_2_141_1853A

【匯釋】

①蕭燦（2015：92－93）認爲簡 0898 後續簡文應是“廿七分升十一”，但簡 1853 的筆畫殘痕與“廿七分升”字樣不合，不是簡 0898 的後續簡。

【釋文】

卅（卅）六得（得）一。①Q7_2_200_0762A

【匯釋】

①蕭燦（2015：120）：簡 0762 完好，應屬於圓亭類算題的術文部分。

【釋文】

☑一述（術）〔曰，以七十錢爲法，以〕三錢棄（乘）☑Q7_2_212_1655A(一)

【校記】

（一）陶安（2016：322）將簡 212/1655 簡號改爲 217－2（新）/1655－2，認爲應拼合於 217－1/1655－1 下。

【今譯】

☑一種算法是，用七十錢作爲除數，用三錢乘☑Q7_2_212_1655A

【釋文】

☑(一)☑☑☑☑☑☑☑〔而〕五①，〔同〕出（之）五〔斗〕，〔問除〕米幾 〔可（何）〕②？〔曰：廿一分〕斗出（之）五。其述（術）曰：置一人而四佰（倍） 〔出（之）爲〕廿一。③Q7_2_215_0889A(二)

【校記】

（一）此從許道勝（2013A）據紅外綫圖版不缺簡首，刪“☑”前“☑”。

（二）陶安（2016：322）改簡號爲0890。

【匯釋】

①許道勝（2013A）："而"上第三字，似是"之"字殘文。

②除：整理者（2011：153）作"得"。蕭燦（2015）釋文作"得"，在注釋中據筆畫殘痕作"除"。陳松長（2018：127）改作"除"。

②蕭燦（2015：128）：簡0889完好。簡上段字跡模糊不可辨識，約有九個字的墨跡。後續簡可能是簡0885。

許道勝（2013A）據"四倍之"列式"$2 \times 2 \times 2 \times 2 = 16$"，引述大川俊隆、張替俊夫、田村誠"廿一"的觀點，他們認爲"廿一"是從"$1 + 2 + 3 + 4 + 5 + 6$"計算出來，"好像是按照爵位分配的結果"。

【今譯】

□□□□□□□□□而五，相加它（成爲）五斗，問被賜予多少米？（答案）是：二十一分之五斗。它的算法是：擺置一人，然後四倍（乘以）它爲二十一。Q7_2_215_0889A

【釋文】

□爲［法］①，有（又）置五斗，^{（一）}五倍（倍）出（之）爲覵（實），覵（實）^{（二）}如法一。②Q7_2_216_0885A^{（三）}

【校記】

（一）此從許道勝（2013A）在"斗"後斷讀。

（二）陳松長（2018：127）作"實"，此改爲"覵（實）"。

（三）陶安（2016：322）改簡號爲0886。

【匯釋】

①許道勝（2013A）認爲首字似是殘文"三"。

②謝坤（2014）據《數》簡體例，認爲應補爲"實如法而得一"之類的術語。

【算法解析】

許道勝（2013A）列被除數的式子爲"$5 \times 2 \times 2 \times 2 \times 2 \times 2 = 160$（斗）"。今按：許道勝（2013A）將"五倍"理解爲五次加倍，實際是將五斗擴大到五倍，可列式爲$5 \times 5 = 25$（斗）。

【今譯】

□作爲除數，又擺置五斗，五倍（乘以）它作爲被除數，被除數中有與除數相

等的，（得到）一。Q7_2_216_0885A

【釋文】

☐可（何）①? 曰：四升有（又）七分升一。②Q7_2_217_1657A⁽⁻⁾

【校記】

（一）簡 217/1657 原錄兩段殘簡。簡 217/1657 後半段，整理者（2011：154）作"實爲☐"，陳松長（2018：127）作"實馬甲"。此據用字習慣，從許道勝（2013A）刪去簡 217/1657 後半段。陶安（2016：322）改簡 217/1657 前半段簡號爲 217－1/1655－1，改簡 217/1657 後半段簡號爲 217－2（舊）/1656－2，歸入《爲獄等狀四種》第三類，將簡 212/1655 簡號改爲 217－2（新）/1655－2，歸入此。

【匯釋】

①蕭燦（2015：128）、陳松長（2018：127）補"☐"。

②許道勝（2013A）據彩色圖版，認爲"有七"二字殘泐，似爲"十一"。

許道勝（2013A）"一"後補"☐"。

蕭燦（2015：129）：簡 1657 照片有三段殘簡。中間一段不是《數》的内容，釋文不錄入。第三段"實爲☐"也不像《數》的字體風格。許道勝（2013A）剔除"實爲☐"，認爲它與簡的前面部分"在内容、字體風格、字距等方面不存在關聯性"。今按：許說可從，《數》簡中用"君"（69 次）、"君"（4 次）記錄｛被除數｝，沒有出現"賓（實）馬甲"中"𦥸"這種"實"字字形，而且"賓（實）馬甲"的"實"並非用於記錄｛被除數｝。此外，"賓（實）馬甲"也與簡 217/1657 前半段的内容無關聯。

【今譯】

☐多少? （算法）是：四升又七分之一升。Q7_2_217_1657A

【釋文】

☐☐桊（乘）日一［錢］①。⁽⁻⁾Q7_2_218_1844A⁽⁻⁾

【校記】

（一）陳松長（2018：127）末字後作"☐"，此從許道勝（2013A）因末字下空白原簡，刪除"☐"，並補著句號。

（二）陶安（2016：322）改簡號爲 1843。

【匯釋】

①日：整理者（2011：154）作"曰"，許道勝（2013A）、陳松長（2018：127）改釋爲"日"。

錢：整理者（2011：154）作"□"。許道勝（2013A）、陳松長（2018：127）補"錢"。

【今譯】

☑□乘以每天一錢。Q7_2_218_1844A

【釋文】

☑六☑兩九［朱（銖）十三分］朱（銖）三。Q7_2_219_J12A

【今譯】

☑六☑兩九銖十三分之三銖。Q7_2_219_J12A

十四、殘　片

【釋文】

輿☐Q7_2_C090107A^(一)

【校記】

（一）陶安（2016：327）改簡號爲 C473。

【釋文】

☐七［分］^①☐Q7_2_C100302A^(一)

【校記】

（一）陶安（2016：327）改簡號爲 C490。

【匯釋】

①許道勝（2013A）“因字僅存一撇”，改“分”爲“☐”。

【釋文】

☐☐^①二［斤八兩］十二［朱（銖）］。^(一)Q7_2_C030103A^(二)

【校記】

（一）此從許道勝（2013A）據“朱”後空白簡末，刪除“☐”，並補著句號。

（二）陶安（2016：326）改簡號爲 C101。

【匯釋】

①許道勝（2013A）據圖版 和簡 19/0835 至簡 28/1651 類似文例，認爲是“租”字。

【釋文】

☐［券租］數［爲］^①☐Q7_2_C060209A^(一)

【校記】

（一）陶安（2016：326）改簡號爲 C327。

【匯釋】

①整理者（2011：155）作"□"。陳松長（2018：127）據文意改爲"爲"。

【釋文】

☑☑☑半屮（之）①，⁽⁻⁾令五［而］②☑Q7_2_C130309A⁽⁼⁾

【校記】

（一）此補逗號斷讀。

（二）陶安（2016：327）改簡號爲 C602。

【匯釋】

①有兩說：一、所殘缺二字爲"可半"。張顯成、謝坤（2013）參見《算數書》"約分"條簡 17"約分術曰：可半，半之；可令若干一，若干一"，認爲據字形和簡文大意補"可半"。二、據圖版和文意，所殘缺二字爲"十有"（許道勝，2013A）。

②而：有三說：一、釋爲"而"（陳松長，2018：127）。二、釋爲"而"，後補"成一"。張顯成、謝坤（2013）據墨痕與同批簡"而"相似以及"令 + 數值 + 而成一"的文例，補"而成一"。三、作"□"，未釋出（整理者，2011：155）。

【今譯】

☑☑☑二分之一（乘以）它，讓五☑Q7_2_C130309A

【釋文】

☑［法］，即直（置）輿田步數，如［法而］□①☑Q7_2_C020103A⁽⁻⁾

【校記】

（一）陶安（2016：326）改簡號爲 C053。

【匯釋】

①陳松長（2018：127）補"□"。

【今譯】

☑法，就擺置登記的田的步數，（被除數中）有與除數相等的，（就得到一平方步）☐☑Q7_2_C020103A

今按：許道勝（2013A）另補 4 個殘片，分別爲補殘 1 "廿☑" ［整理者（2011）未收，收錄在蕭燦（2015：105），許道勝（2013A）認爲末字與蕭燦所釋 "曰" 不類似］、補殘 2/0458－2 "可（何）人☐☑"、補殘 3/J2－3 "☑☐☐☐☐☑"、補殘 4/J2－4 "☑☐☐之（?）☑"。

摹　本

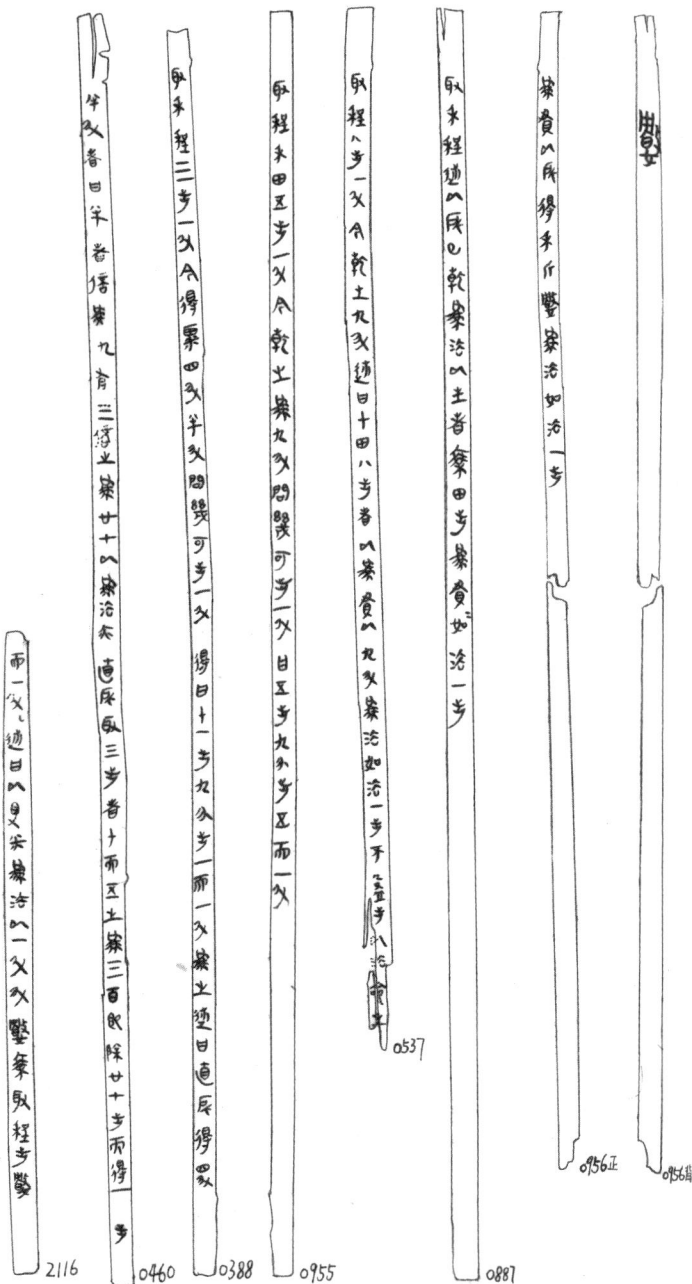

0537

0956正　0956背

2116　0460　0388　0955　　0887

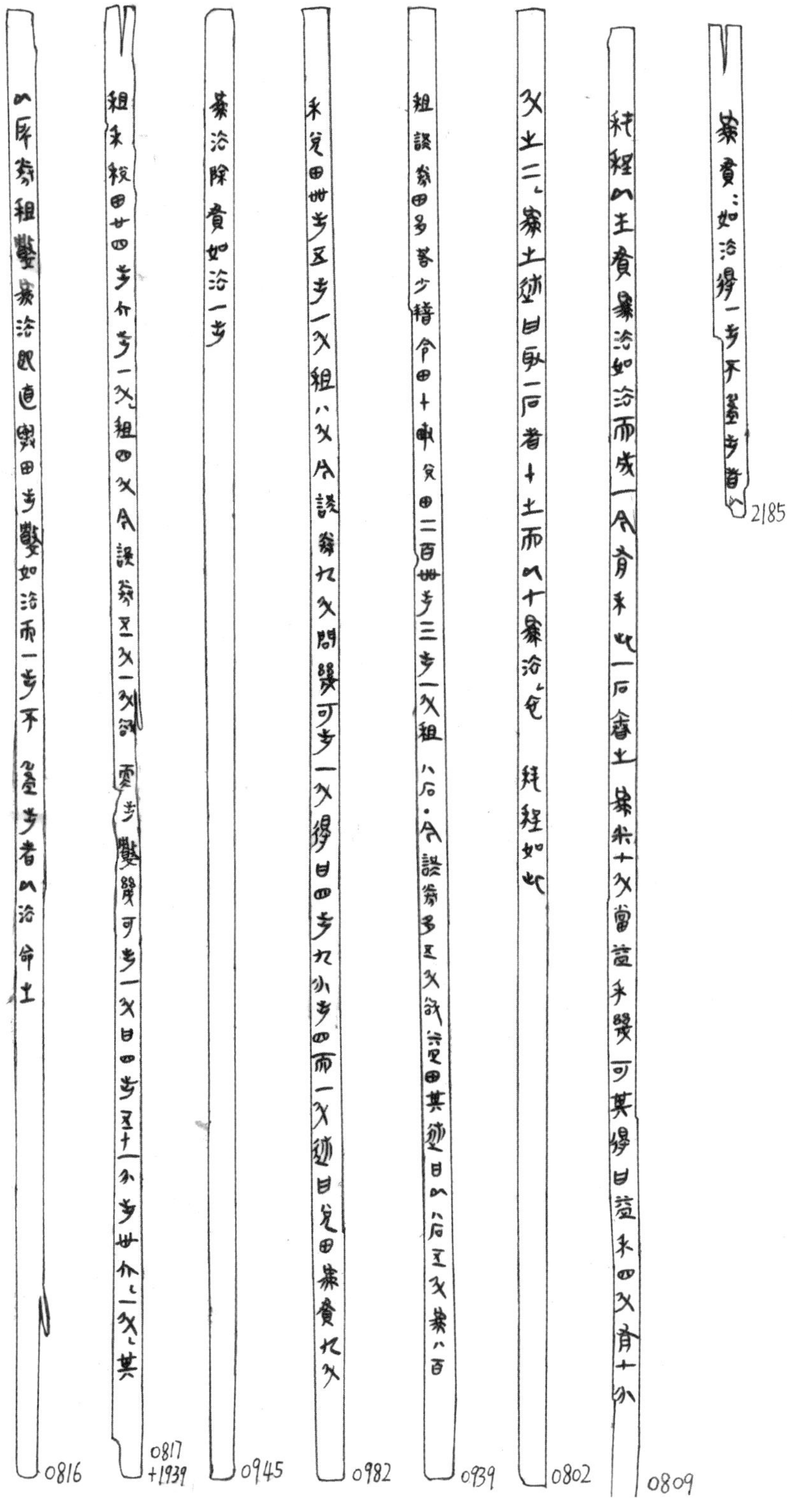
0816
0817
+1939
0945
0982
0939
0802
0809
2185

粟田□□廿十步欠粟倉五尺四步一束□田介十步四分步三租一斤九兩十束八斗束

欠粟田三步欠羊步倉五尺三而三步羊步一束租一兩十一束廿一分束十九

欠粟田三步少羊步倉介尺介步一束租一兩二束欠羊束

粟欺田五十步欠粟倉八尺介步一束租一介而五束三分束一

粟義田介步欠粟倉介尺十步一束租一兩十束十分束

五束治如治一而牙筭而者以一象廿四束土如治十束者以治令分

租粟廼日置寘田蘡欠粟七五土中粟廿介土卿象廿十土以倉象土象費步置十五以一束步蘡象

寘田租粟廼日欠粟五之中粟介土卿十之以倉象土象費道十五以一束步蘡象之象治費如治得

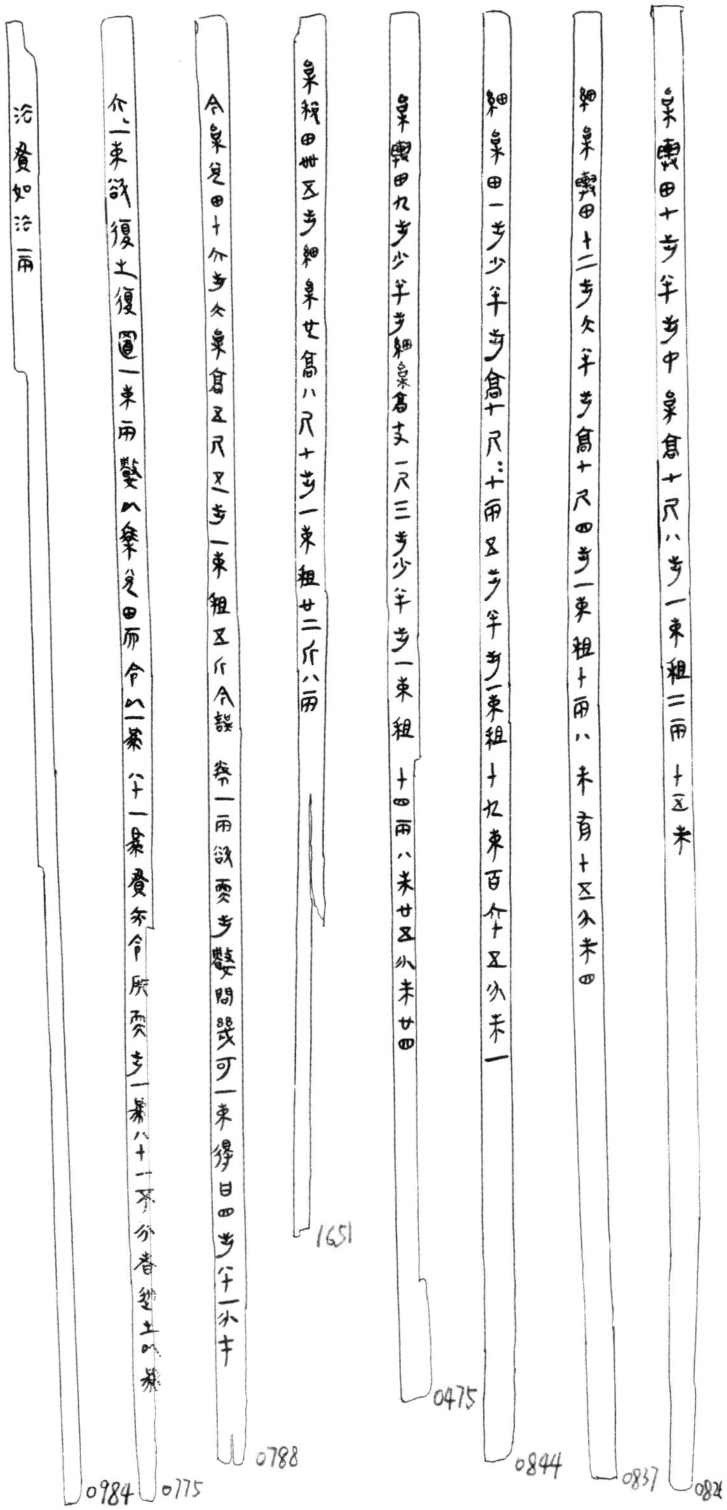

泠費如治二兩

今一束誨復土復圓一束兩娶八桑�€田而令以桑廿一桑費东令庶亵步一桑八十一茅分春徒土以桑

今桑免田十介步又桑倉五尺五步一束租五斤今誨岑一兩誨亵步娶間廿可一束祸日四步岑小寸

桑我田卅五步細桑廿䓁八尺十步一束租廿二斤八兩

桑雷田九步少半步細桑倉丈一尺三步少半步一束租十四兩八末廿五小末廿四

細桑田一步少半步細桑倉十尺十兩五步半步一束租十九束百廿五小末一

細桑雷田十二步又半步為十尺四步一束租十兩八末青十五分末四

桑雷田十步半步中桑倉十尺八步一束租二兩十五末

1651

0984　0775　0788　0475　0844　0837　0821

禾兌田十介步久禾爲五尺三步一束租八介五兩八末△復租之三步廿八步當三步青百九十六分步

土八十十而一束租十介四而三束九分末五枚此之勿曰直一束步毀替令相乗廿介一束步毀桼土介禾貴

杢直戻新毀才毀替令相乗廿介康治費如治塲一

自禾介介一束步對臺土束貴介戻毀才毀自桼廿禾治費如治得一步久禾五

禾五土中禾介土細禾十之

久禾爲五尺禾程八步一束治

弟禾主田介一束而毀臺治介一束步毀臺十五介兩毀臺土禾貴如治一步更禾步毀土勿介秾田臺

一束兩毀臺貴租兩毀臺治如治一步

0758　0952　2172　1652　0824　0387　0805　0841

205

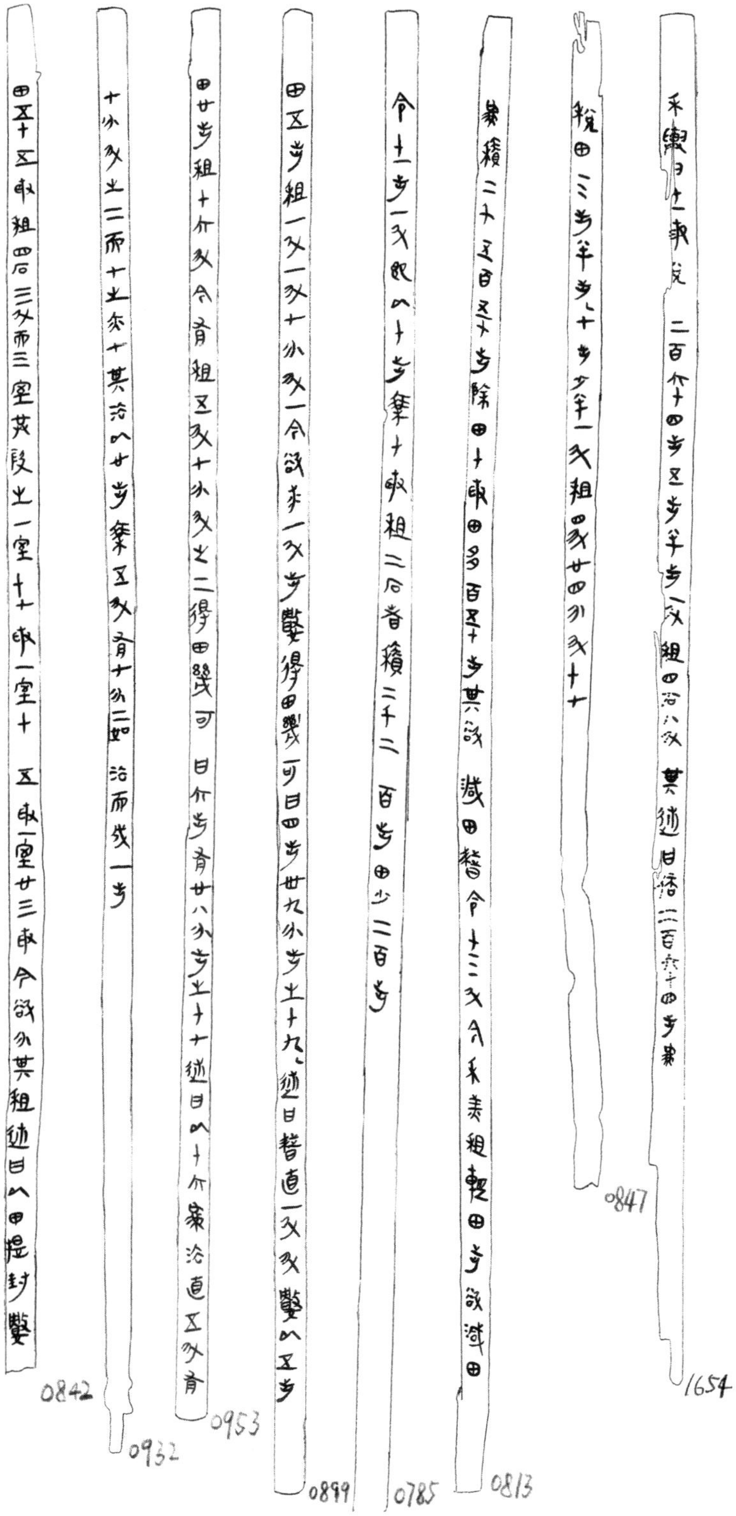
0842
0932
0953
0899
0785
0813
0847
1654

田廣介步半步四少步二從十步夂半步五少步二戈田五十九步育十五少步之十亖

廣十五步夂半步從十亇步少半步戈田廿二步 廿亇夂步五 □日周戈于相從以分于相稟

甲廣三步四少步三從五步三少步二戈田廿一步育田四少步土一

田才十五步亖半步稟 田一載 田□丰步

五步稟土賣直二圍十步替令相稟芒以稟治以治一步

十分步五而一束

稟治來直三步而三土尺九肥十土命廿二而戈一步□二戈育九少土四令四步廿二少步二而戈一戈

治□租稟以田如治一戈不竇父者十土如治得一戈

1742　0829　0764　1100　0912　0986　0474　0757

207

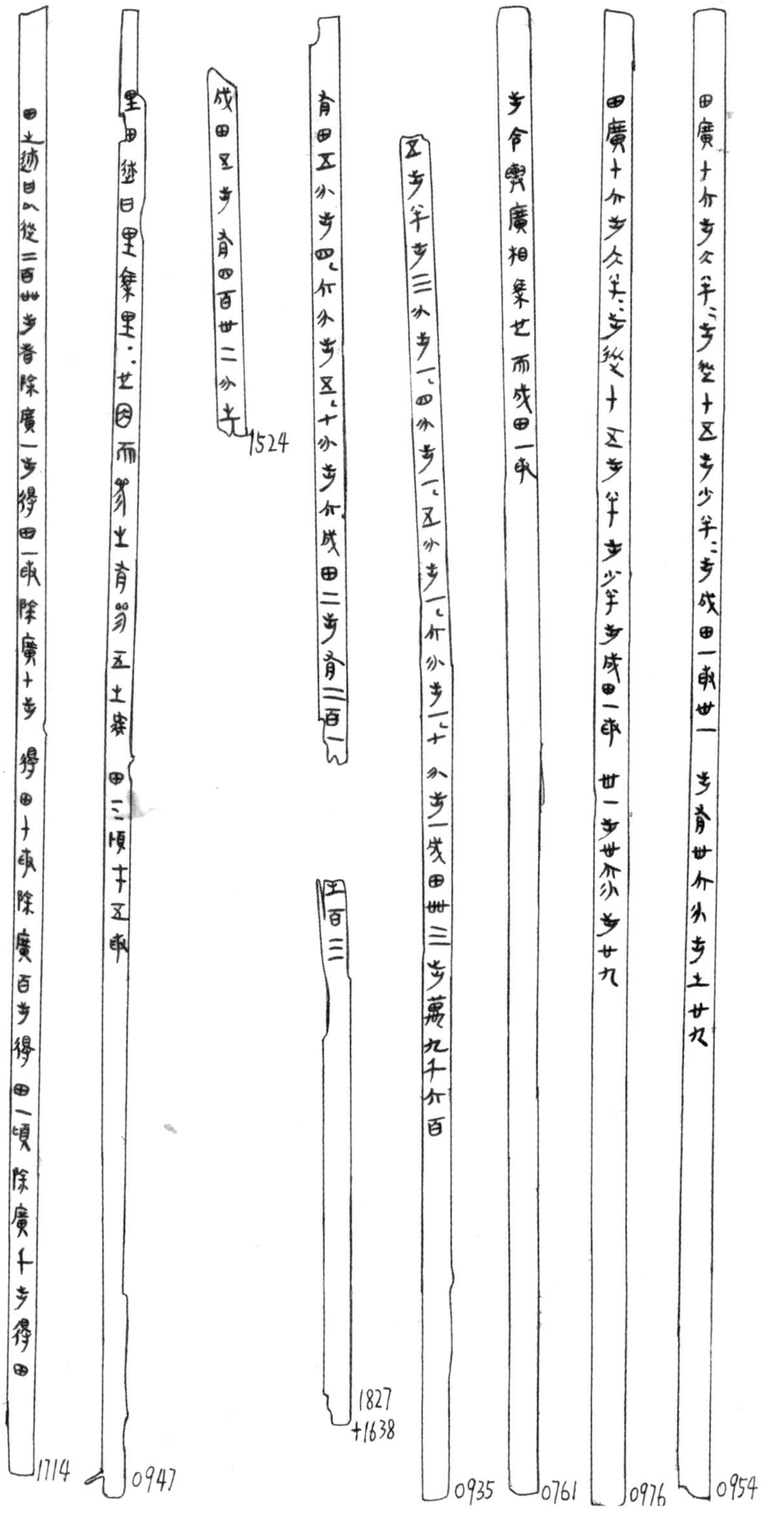
1714
0947
1524
1827
+1638
0935
0761
0976
0954

其田曰井吉達步鑿兩半土以秉廣道步中夾衛達中以秉從相秉以伐積步

冊田迻曰書秉用十二伐一其一迻曰半問半　　　　迻田以定徑秉用四伐一半　徑秉用二伐一

冊田卅步桼田千五步

豎田土迻曰光得久食變而除兩知各千二百八而半箕之有旨十而二三步道戟以三土四直戟

鹝田土五步道戟以五壽定萬人間徒幾可里其得　　　　　建三里十百卅步以三步道戟也

宇才百步三八居土莽廣五步問宇幾可其迻田除莽五步餘九十五步八三人秉土以莽以四百秉於十

五步若令如治一步以陰宇土徒也

合外迻曰以秉要秉治于正糸　　　秉責以治得一未以五治以治令小

　　　　　　　　　　　　J24　　1836+0800　0883　　0825　0884　　0812　　J07　　0936

209

1839

0646　0774　0778　0410　0941　0973　0685

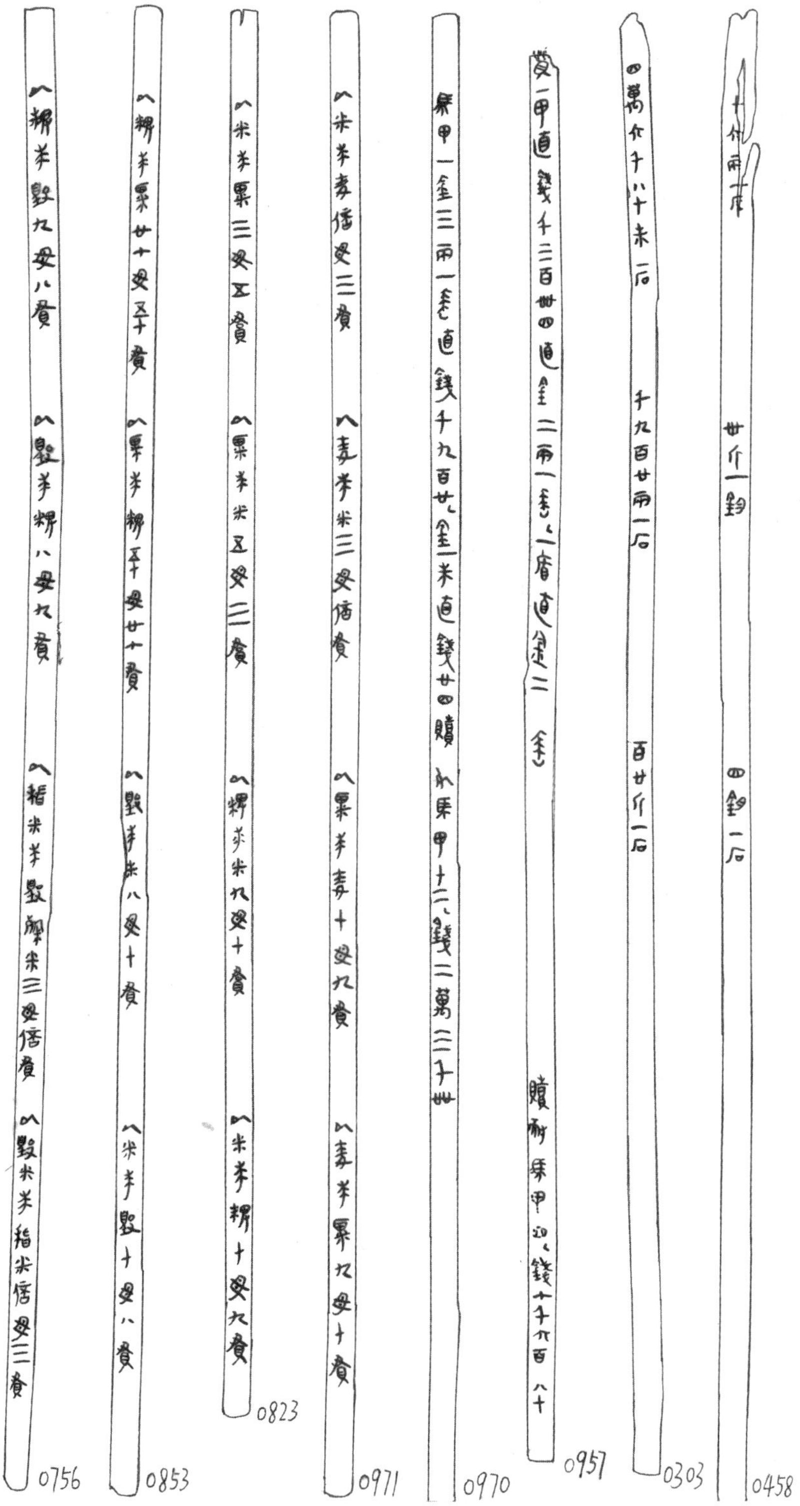
0756
0853
0823
0971
0970
0957
0303
0458

0538

2021+0822

0647

0389

J26

0021+0409

1135

0974

0780　1745　0776　1825　0787　0786　0459　0981

C140101

0918

2066

0882

C100102

1733

0834

0760

0852

0886

0981

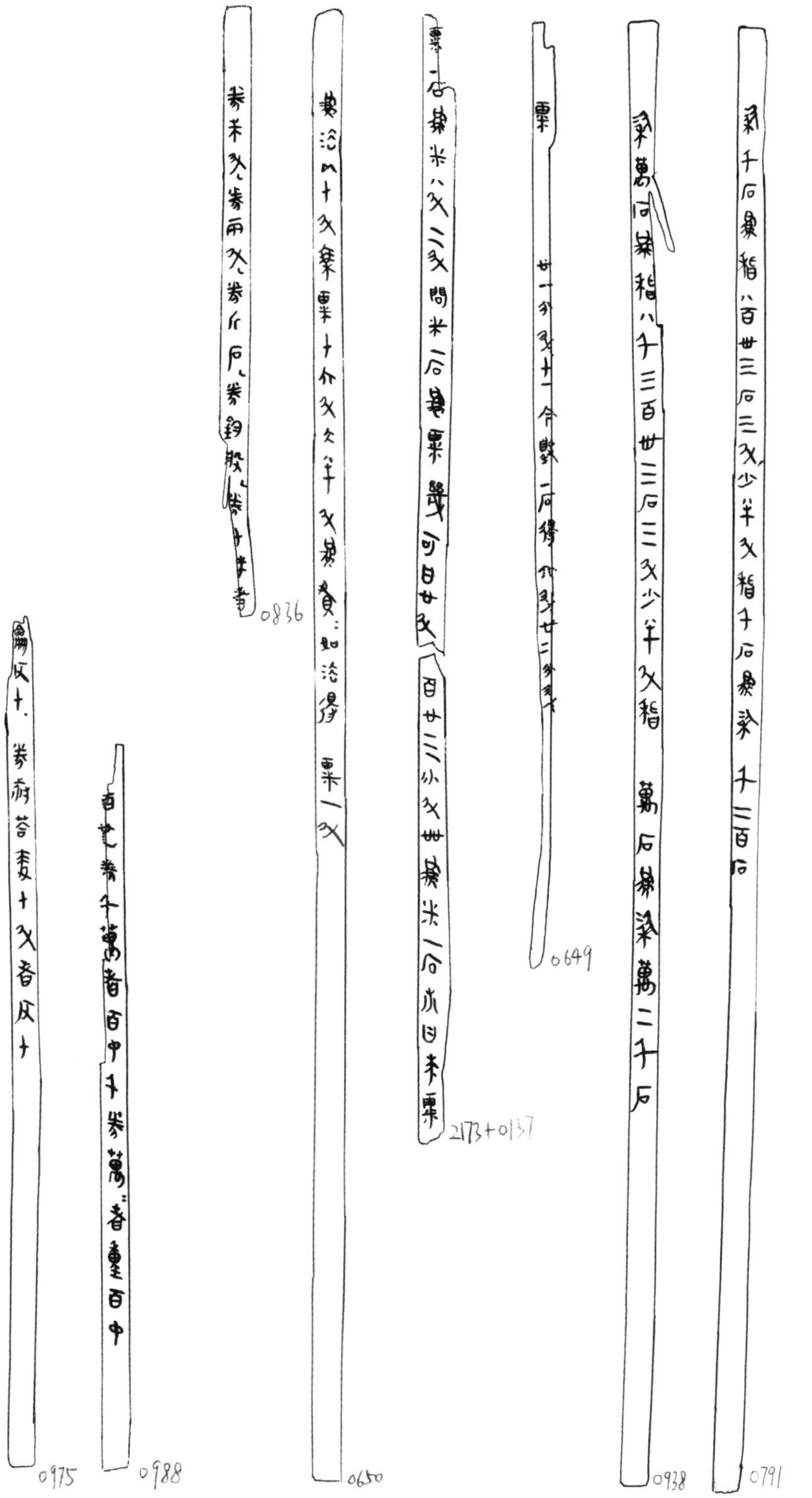
0836
0650
2173+0137
0649
0938
0791
0975
0988

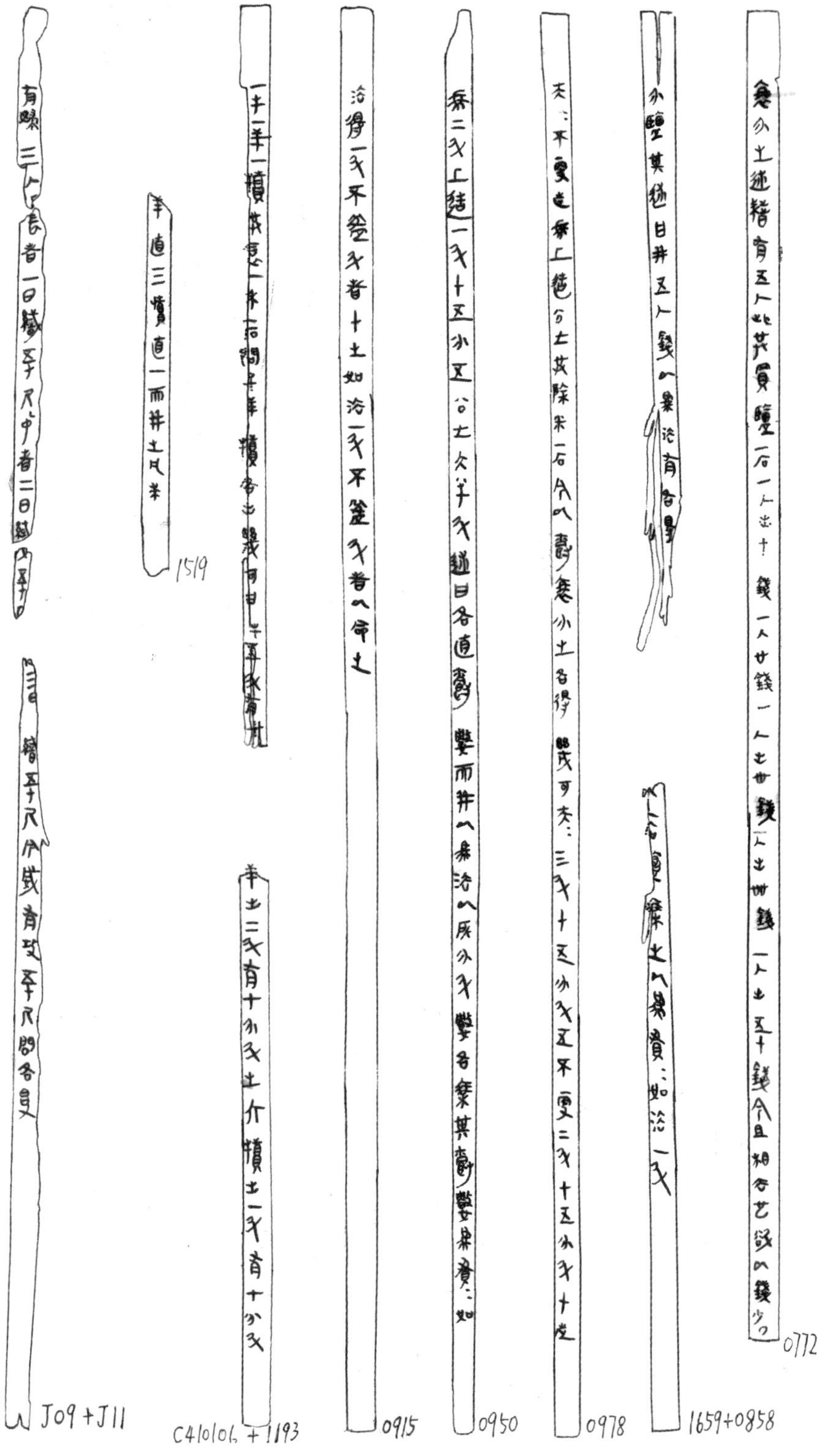
0772
1659+0858
0978
0950
0915
C410106+1193
1519
J09+J11

0827

1136

0022

0972

0820

0765

0943

0856

0933+0937　0979　1853　0898　1826+1842　0951　2082　0897

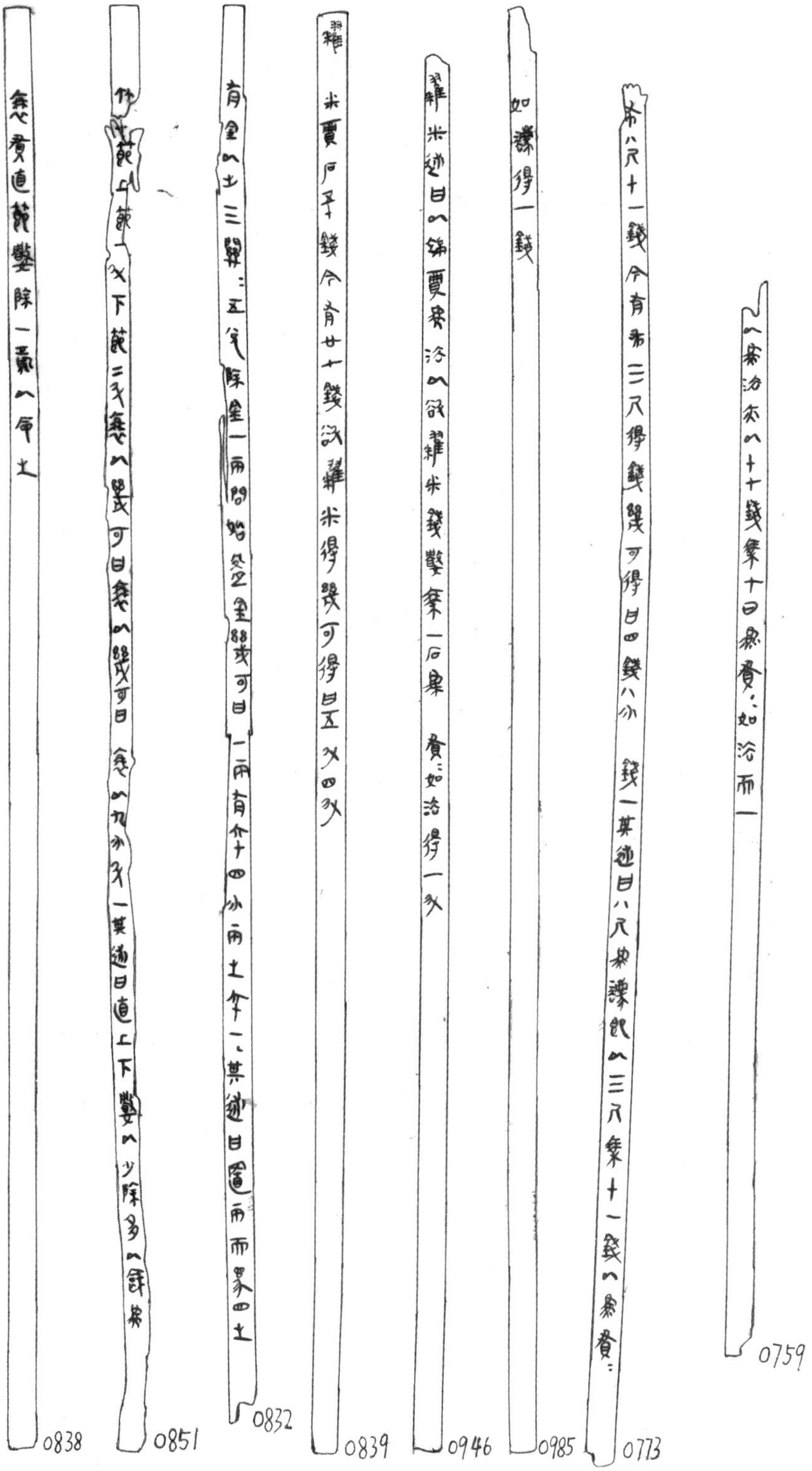
0838
0851
0832
0839
0946
0985
0773
0759

0983　0896　1710　1715　0902　0840　0819+0828　0305

少廣 下有半以桼一同土三以乘洽朿直二百卅
步尒以一乘二乘四百八十步除如洽
得一步乘從百尒
0942

下有四以八一乘十二以羊乘尒三分
桼三同土廿又以乘洽直二百卅步尒以一
乘十二乘二千八百八十
步
0949

除土如洽
得一步乘從百廿五步有廿五
少步五戈一成
0846

下有五以三分以一乘尒以羊乘卅三分桼廿以四
分乘十二

分乘十二目土百卅十以乘洽直二百卅步
尒以一乘尒
0811

下有十分以一乘四百廿以羊乘二百十二
三分桼百卅以四分乘百五三分桼
八十四以分乘乎十十分乘尒乎目土乎
0948

桼萬四十四百除土如洽得一步
乘從百五步有百卅十
少步十五戈一成
0850

如洽得一步乘從乎二步有千八十九分步尒百廿三成田一成
2103+2160

直二百卅步參以一乘四百廿乘十萬
八百除
0821

下有八分以一乘八百卅以八乎乘四百廿二三少乘三百尒四
分乘二百十以五少乘百尒八分乘
百卅十分乘

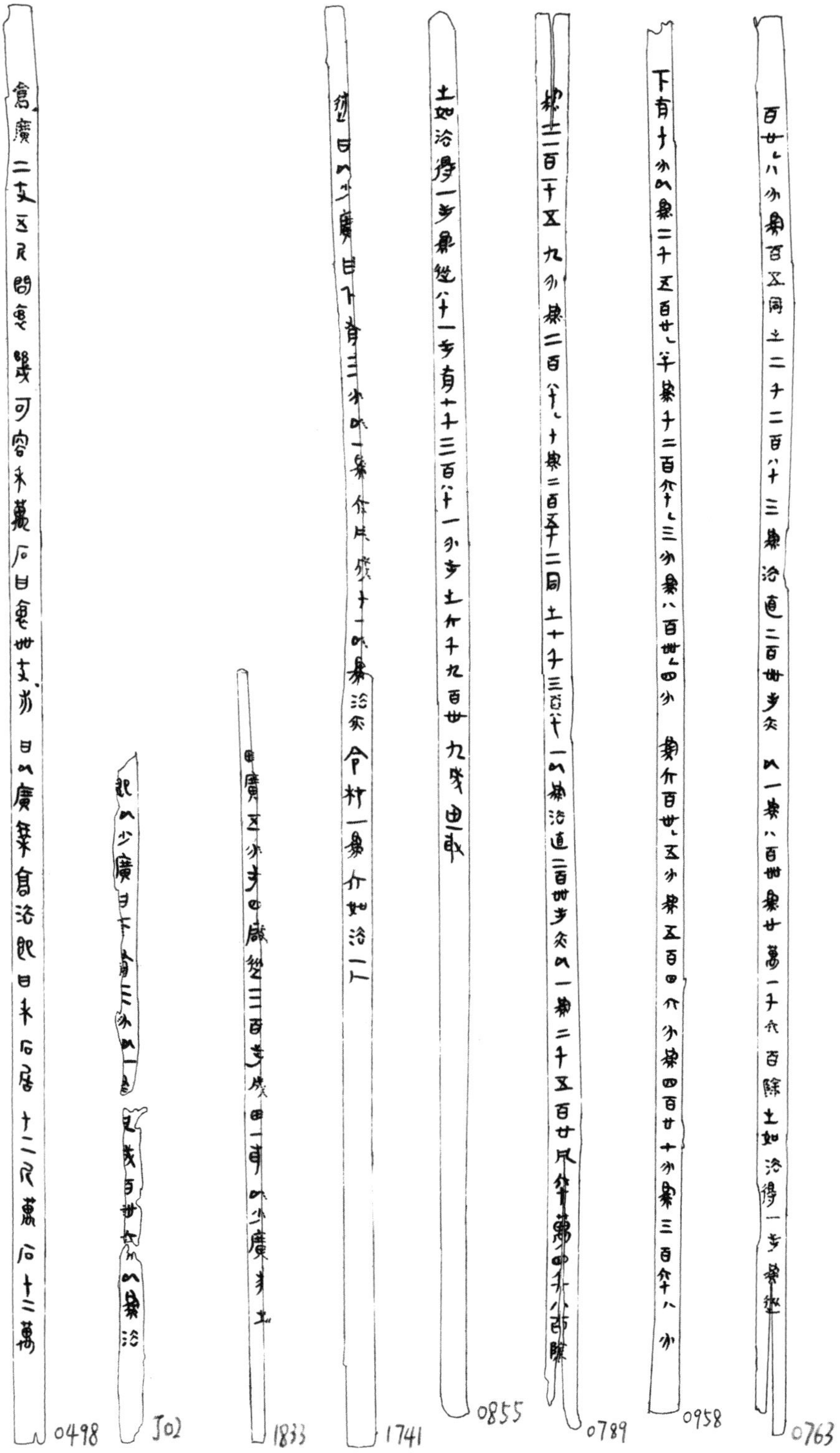
0498
J02
1833
1741
0855
0789
0958
0763

尺裹貨二如治偈東一尺其八亥高文廣皆如此　0645

倉廣五丈袤十支童倉二支八粟左中央與童平粟八石二尺十寸問倉積尺又字粟各幾　0801

可曰積尺十萬尺曰粟二萬五千九百廿五石廿小石廿五如曰廣袤相乘有八倉粟土郎尺八二尺　0784

袤也深四尺廣三丈三尺袤二支五尺積尺三千三百前曰八廣袤東肯粂深郎戈唯筑城也與此等　1747

投城土逝曰井上下虜而半土八東粂土郎戈尺　0767

城下后三支上后二支為三支袤支袤積尺十十五百尺　0996

尺積尺萬五千六百前曰上后粂工東下后粂　1740

下東井土有井上下東相粂尺同土二十六百八高粂土介戈一　1746

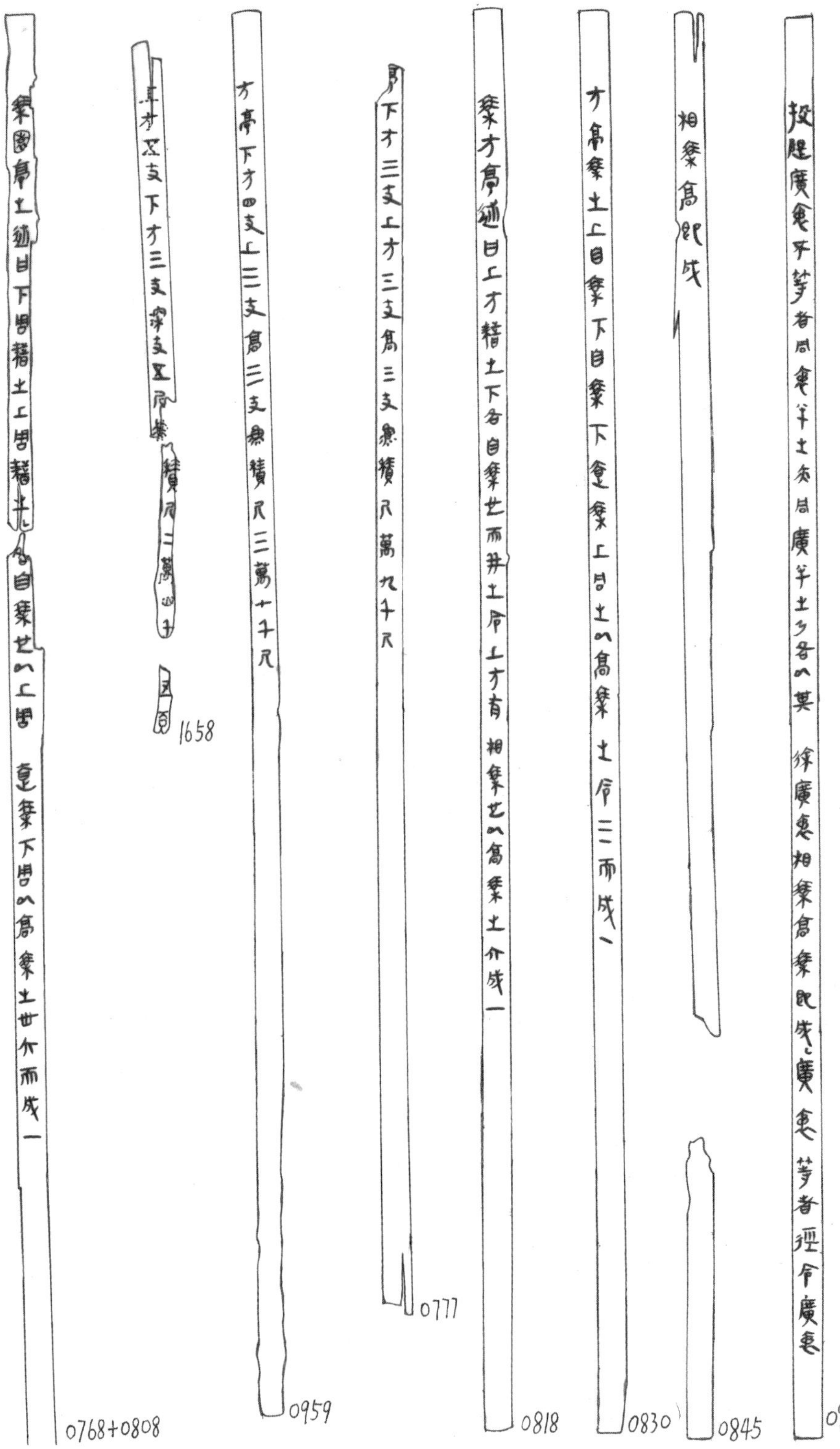

0768+0808 1658 0959 0777 0818 0830 0845 0940

廣自上醫五支下支高二支莘積尺十千一百竹 竹尺久牟尺其亦日替工博各自下止后丙各自空

投除土遮日牟其思以廣倉彖土氐戈尺整艺

積隹皆而廣相彖艺高彖土三戌一尺

城上廣二支下廣五支上思六支介尺下及思倉 介支四尺積尺介萬三十三百竹尺亦日以上

廣思相彖倉彖土三戌一尺

育王方八尺欵以氣方牟于與問彎 欵可四十九十介 逆置八尺育替置八尺相彖崇介十四育替置介

城下后三支
1843

支上思四支高九尺彖積尺八千介百世尺久凡三萬五十九百世尺

0980　　J25　　J13　　0456　　0997　　0977　　0766

2187

0026

C020107+2197+0799　0499　0790　0920+C410104　0413　0762

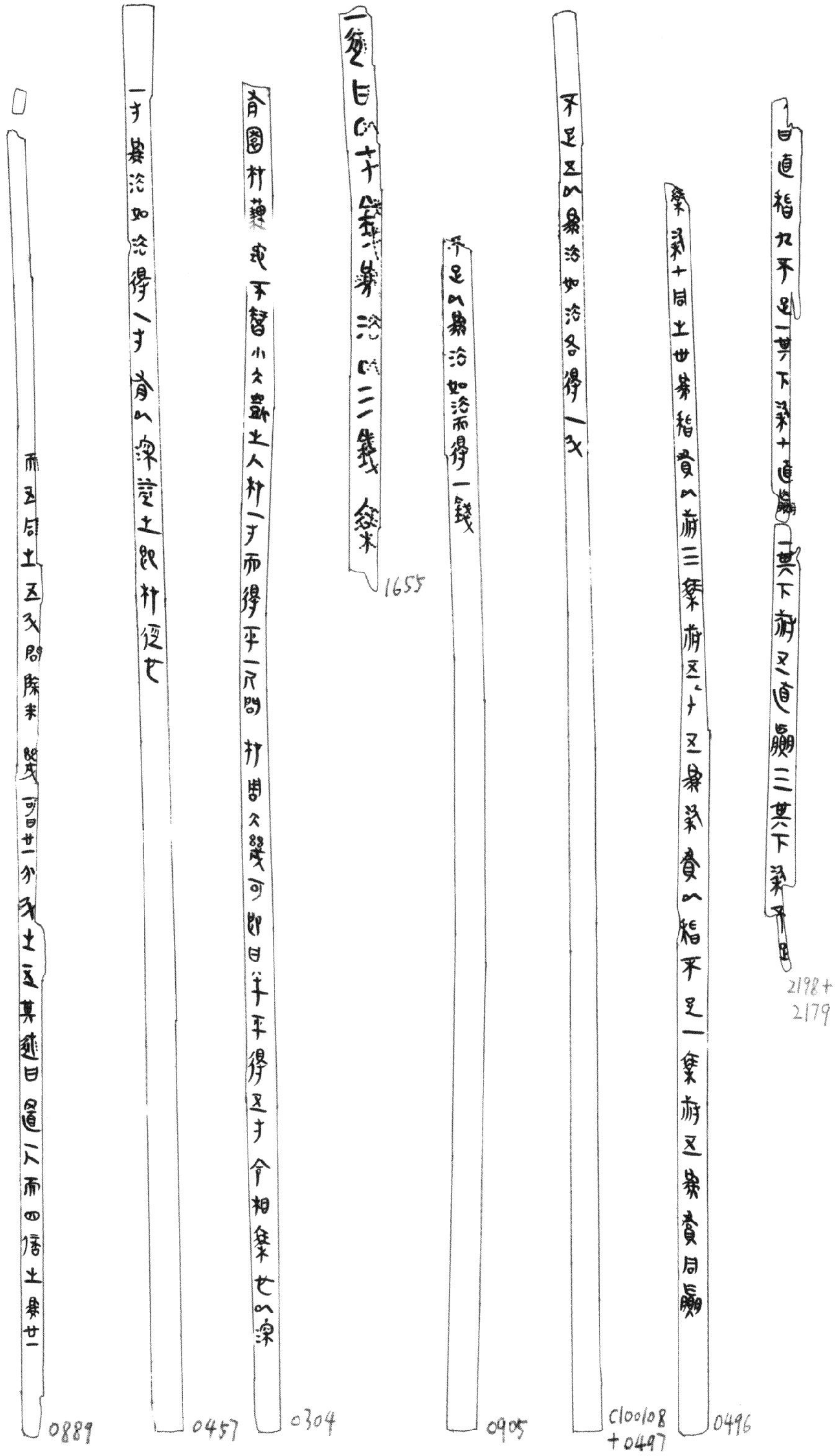
0889
0457
0304
1655
0905
C100108
+0497
0496
2198+
2179

士如治人一尺㕣聚庱番咊

C410115

开
㕣

C100302

多少半二半

C010108

與

C090107

介

而九半十三分半三

J12

余日一㣫

1844

寸曰四㝵有十分㝵一

實奉

1657

奉治有置五㝵五倍土㝵實：如治一

0885

内乡轴皂十一
C020311

卧卩亘臾田寺
孽又系布
C020103

辛千今呈布
C130309

方
租
孽
C060209

陵城立
C030201

二尺八蒭廿二者
C030103

一束分责
C410307

百
八
C410204

參考文獻

B

白於藍　2008　《簡牘帛書通假字字典》，福建人民出版社。

白於藍　2012　《戰國秦漢簡帛古書通假字彙纂》，福建人民出版社。

白於藍　2017　《簡帛古書通假字大系》，福建人民出版社。

北京大學出土文獻研究所　2012　《北京大學藏秦簡牘概述》，《文物》第 6 期。

C

蔡丹　2013　《讀〈嶽麓書院藏秦簡（貳）〉札記三則》，《江漢考古》第 129 期。

常儷馨　2011　《秦簡異體字整理研究》，西南大學碩士學位論文。

陳麗　2011　《出土秦系文獻形聲字研究》，福建師範大學碩士學位論文。

陳麗、馬貝加　2011　《漢語假設連詞研究的回顧與展望》，《中南大學學報》（社會科學版）第 1 期。

陳世輝、湯餘惠　2017　《古文字學概要》（修訂本），福建人民出版社。

陳松長　2009A　《嶽麓書院藏秦簡中的郡名考略》，《湖南大學學報》（社會科學版）第 2 期。

陳松長　2009B　《嶽麓書院所藏秦簡綜述》，《文物》第 3 期。

陳松長　2014　《嶽麓書院藏秦簡的整理與研究》，中西書局。

陳松長　2018　《嶽麓書院藏秦簡（壹—叁）釋文》（修訂本），上海辭書出版社。

陳松長、賀曉朦　2015　《秦漢簡牘所見“走馬”“簪裊”關係考論》，《中國史研究》第 4 期。

陳松長、李洪財、梁欣欣　2017　《嶽麓書院藏秦簡文字編（壹—叁）》，上海辭書出版社。

陳松長、蕭燦　2012　《從嶽麓書院藏秦簡〈數〉看中國早期的衰分問題》，武漢大學簡帛網，2012 年 2 月 26 日，http：//www. bsm. org. cn/show _ article. php？id = 1648。

陳偉　2010A　《嶽麓書院藏秦簡〈數〉書 J9 + J11 中的“威”字》，武漢大學簡帛網，2010 年 2 月 8 日，http：//www. bsm. org. cn/show_article. php？id = 1217。

陳偉　2010B　《秦漢算術書中的“輿”與“益耎”》，武漢大學簡帛網，2010

年 9 月 13 日，http：//www. bsm. org. cn/show_article. php？ id = 1300。

陳偉　2017　《秦簡牘整理與研究》，經濟科學出版社。

陳昭容　2003　《秦系文字研究：從漢字史的角度考察》，臺灣歷史語言研究所。

程少軒　2017　《小議秦漢簡中訓爲"取"的"投"》，中國文字學會《中國文字學報》編輯部編：《中國文字學報》（第七輯），商務印書館。

D

大川俊隆　2015　《關於嶽麓書院藏秦簡〈數〉中"物"字研究》，《中國研究集刊》（61）。

大川俊隆　2016　《嶽麓書院蔵〈数〉における文字と用語》，《大阪產業大學論集》（人文・社會科學編）26 號。

大川俊隆、籾山明、張春龍　2013　《里耶秦簡中の刻齒簡と〈數〉中の未解読簡》，《大阪產業大學論集》（人文・社會科學編）18 號。中本譯本參照：大川俊隆、籾山明、張春龍　2015　《里耶秦簡刻齒簡研究：兼論岳麓秦簡〈數〉中的未解讀簡》，《文物》第 3 期。

大川俊隆、田村誠、張替俊夫　2015　《北京大学〈算書〉の里田術と径田術について》，《大阪產業大學論集》（人文・社會科學編）23 號。

鄧星　2010　《嶽麓書院所藏秦簡研究綜述》，《科教導刊》第 8 期。

段玉裁　1988　《說文解字注》（第 2 版），上海古籍出版社。

F

方勇　2009　《讀嶽麓書院藏秦簡札記二則》，武漢大學簡帛網，2009 年 11 月 24 日，http：//www. bsm. org. cn/show_article. php？ id = 1180。

方勇　2010　《秦簡牘文字彙編》，吉林大學博士學位論文。

方勇　2012　《秦簡牘文字編》，福建人民出版社。

方勇　2016　《談一道金關漢簡所載的數學"衰分"題》，武漢大學簡帛網，2016 年 2 月 2 日，http：//www. bsm. org. cn/show_article. php？ id = 2462。

G

高亨、董治安　1989　《古字通假會典》，齊魯書社。

高明　1980　《古文字類編》，中華書局。

谷中信一　2011　《出土資料與漢字文化圈》，汲古書院。

郭書春　2001　《〈算數書〉校勘》，《中國科技史料》第 3 期。

郭書春　2003A　《試論〈算數書〉的數學表達方式》，《中國歷史文物》第 3 期。

郭書春　2003B　《〈算數書〉初探》，袁行霈主編：《國學研究》（第十一卷），北京大學出版社。

郭書春　2004A　《匯校九章算術》，遼寧教育出版社。

郭書春　2004B　《〈算數書〉與〈算經十書〉比較研究》，《自然科學史研究》第 2 期。

郭書春　2009　《九章算術譯注》，上海古籍出版社。

郭書春、李兆華　2010　《中國科學技術史‧數學卷》，科學出版社。

H

韓陳其　1986　《古漢語單音假設連詞之間的音韻關係》，《中國語文》第 5 期。

韓巍　2012B　《北大秦簡中的數學文獻》，《文物》第 6 期。

韓巍　2013　《北大秦簡〈算書〉土地面積類算題初識》，武漢大學簡帛研究中心主辦：《簡帛》（第八輯），上海古籍出版社。

韓巍　2015　《北大藏秦簡〈魯久次問數於陳起〉初讀》，《北京大學學報》（哲學社會科學版）第 2 期。

韓巍、鄒大海　2015　《北大秦簡〈魯久次問數於陳起〉今譯、圖版和專家筆談》，《自然科學史研究》第 2 期。

郝慧芳　2008　《張家山漢簡語詞通釋》，華東師範大學博士學位論文。

郝茂　2001　《秦簡文字系統之研究》，新疆大學出版社。

何家興　2010　《戰國文字分域研究》，安徽大學碩士學位論文。

何樂士　2004　《古漢語常用虛詞詞典》，語文出版社。

何琳儀　1998　《戰國古文字典：戰國文字聲系》，中華書局。

何琳儀　2017　《戰國文字通論（訂補）》，上海古籍出版社。

賀曉朦　2013　《〈嶽麓書院藏秦簡〉（貳）文字編》，湖南大學碩士學位論文。

胡平生　1991　《雲夢龍崗秦簡〈禁苑律〉中的"奣"（墻）字及相關制度》，《江漢考古》第 2 期。

胡平生　1998　《阜陽雙古堆漢簡數術書簡論》，中國文物研究所編：《出土文獻研究》（第四輯），中華書局。

胡偉　2014　《西漢文獻動詞研究》，社會科學文獻出版社。

胡憶濤　2006　《張家山漢簡〈算數書〉整理研究》，西南大學碩士學位論文。

胡志明　2010　《戰國文字異體現象研究》，福建師範大學博士學位論文。

湖北省文物考古研究所、雲夢縣博物館　2008　《湖北雲夢睡虎地 M77 發掘簡報》，《江漢考古》第 4 期。

湖南省文物考古研究所　2012　《里耶秦簡（壹）》，文物出版社。

黃文杰　2008　《秦至漢初簡帛文字研究》，商務印書館。

洪波　1998　《論漢語實詞虛化的機制》，郭錫良主編：《古漢語語法論集》，語文出版社。

洪波　2010　《漢語歷史語法研究》，商務印書館。

洪萬生、林倉億、蘇惠玉、蘇俊鴻　2006　《數之起源：中國數學史開章〈算數書〉》，臺灣商務印書館股份有限公司。

J

吉仕梅　2004　《秦漢簡帛語言研究》，巴蜀書社。

季旭昇　2014　《說文新證》，藝文印書館股份有限公司。

江陵張家山漢簡整理小組　2000　《江陵張家山漢簡〈算數書〉釋文》，《文物》第9期。

姜玉梅　2008　《秦簡文字形體研究》，南昌大學碩士學位論文。

蔣磊　2007　《〈算經十書〉稱數法研究》，南京師範大學碩士學位論文。

L

藍鷹　1990　《上古單音連詞考原：從邏輯義類角度的考察》，《當代電大》第2期。

李春桃　2016　《古文異體關係整理與研究》，中華書局。

李洪財　2017　《嶽麓秦簡的簡號問題》，武漢大學簡帛網，2017年2月11日，http：//wwwbsmorg.cn/show_article.php？id=2726。

李家浩　2002　《著名中年語言學家自選集·李家浩卷》，安徽教育出版社。

李均明、冯立昇　2013　《清華簡〈算表〉概述》，《文物》第8期。

李均明、劉軍　1999　《簡牘文書學》，廣西教育出版社。

李均明　2009　《秦漢簡牘文書分類輯解》，文物出版社。

李均明、劉國忠、劉光勝、鄔文玲　2011　《當代中國簡帛學研究（1949—2009）》，中國社會科學出版社。

李零　2011　《秦簡的定義與分類》，武漢大學簡帛研究中心主辦：《簡帛》（第六輯），上海古籍出版社。

李明曉　2010　《戰國楚簡語法研究》，武漢大學出版社。

李明曉、胡波、張國艷　2011　《戰國秦漢簡牘虛詞研究》，四川大學出版社。

李儼　1998　《中國數學大綱》（修訂本），李儼、錢寶琮：《李儼錢寶琮科學史全集》（第三卷），遼寧教育出版社。

李蘇和　2014　《秦文字構形研究》，復旦大學博士學位論文。

李薇　2012　《嶽麓秦簡〈數〉書研究論著目錄》，武漢大學簡帛網，2012年2月14日，http：//www.bsm.org.cn/show_article.php？id=1639。

李小博　2013　《嶽麓書院藏秦簡〈數〉書研究綜述》，《魯東大學學報》（哲學社會科學版）第4期。

李小博　2014　《嶽麓秦簡〈數〉與張家山漢簡〈算數書〉比較研究》，蘭州大學碩士學位論文。

李學勤　1981　《秦簡的古文字學考察》，中華書局編輯部編：《雲夢秦簡研究》，中華書局。

李永　2003　《"一個動詞核心"的句法限制與動詞的語法化》，《河南師範大學學報》（哲學社會科學版）第 3 期。

李園　2017　《秦簡牘詞彙研究》，東北師範大學博士學位論文。

劉堅、曹廣順、吳福祥　1995　《論誘發漢語詞彙語法化的若干因素》，《中國語文》第 3 期。

劉金華　2008　《張家山漢簡〈算數書〉研究》，華夏文學藝術出版社。

劉孝霞　2013　《秦文字整理與研究》，華東師範大學博士學位論文。

劉信芳、梁柱　1990　《雲夢龍崗秦簡綜述》，《江漢考古》第 3 期。

劉艷　2008　《張家山漢簡〈算數書〉所見社會經濟生活問題考察》，華東師範大學碩士學位論文。

劉雨林　2016　《〈嶽麓書院藏秦簡〉（壹—叁）通假字研究》，湖南大學碩士學位論文。

劉雲峰　2011　《張家山漢簡〈算數書〉研究綜述》，《魯東大學學報》（哲學社會科學版）第 4 期。

劉釗　2011　《古文字構形學》，福建人民出版社。

樓蘭　2006　《睡虎地秦墓竹簡字形系統定量研究》，華東師範大學碩士學位論文。

樓蘭　2009　《構件視角的秦簡牘文和楚簡帛文構形差異比較研究》，華東師範大學博士學位論文。

樓蘭　2012A　《文獻用字層面的秦楚簡文構形差異比較研究》，教育部人文社會科學重點研究基地華東師範大學中國文字研究與應用中心編：《第三屆中日韓（CJK）漢字文化國際論壇論文集》，上海人民出版社。

魯家亮　2012A　《讀嶽麓秦簡〈數〉筆記（一）》，武漢大學簡帛網，2012 年 2 月 25 日，http：//www. bsm. org. cn/show_article. php？id＝1645。

魯家亮　2012B　《讀嶽麓秦簡〈數〉筆記（二）》，武漢大學簡帛網，2012 年 3 月 23 日，http：//www. bsm. org. cn/show_article. php？id＝1656。

呂偉　2011　《戰國至秦代詞彙研究》，山東大學碩士學位論文。

M

馬彪　2006　《〈算數書〉之"益耎""與田"考：從〈龍崗秦簡〉到〈張家山漢簡〉的考察》，武漢大學簡帛網，2006 年 11 月 22 日，http：//www. bsm. org. cn/show_article. php？id＝467。

馬芳　2013　《嶽麓書院藏秦簡（壹、貳）整理與研究》，華東師範大學博士學位論文。

慕容浩　2017　《新出簡牘所見秦與漢初的田租制度及相關問題》，《社會科學研究》第 2 期。

P

彭浩　2001　《張家山漢簡〈算數書〉注釋》，科學出版社。

彭浩　2009　《嶽麓書院藏秦簡〈數〉中的"救（求）"字》，武漢大學簡帛網，2009 年 11 月 30 日，http：//www. bsm. org. cn/show_article. php？id＝1184。

彭浩　2010　《談秦漢數書中的"興田"及相關問題》，武漢大學簡帛網，2010 年 8 月 6 日，http：//www. bsm. org. cn/show_article. php？id＝1281。

彭浩　2012　《秦和西漢早期簡牘中的糧食計量》，中國文化遺產研究院編：《出土文獻研究》（第十一輯），中西書局。

彭浩　2013　《談秦簡〈數〉117 簡的"般"及相關問題》，武漢大學簡帛研究中心主辦：《簡帛》（第八輯），上海古籍出版社。

駢宇騫、段書安　2006　《二十世紀出土簡帛綜述》，文物出版社。

Q

錢寶琮　1998A　《校點〈算數十書〉》，李儼、錢寶琮：《李儼錢寶琮科學史全集》（第四卷），遼寧教育出版社。

錢寶琮　1998B　《中國數學史》，李儼、錢寶琮：《李儼錢寶琮科學史全集》（第五卷），遼寧教育出版社。

秦曉華　2011　《東周晉系文字中的幾組形近易混字辨析》，黨懷興、劉斌主編：《趙誠先生從事古文獻研究五十年紀念文集》，陝西師範大學出版社。

丘光明、邱隆、楊平　2001　《中國科學技術史·度量衡卷》，科學技術出版社。

邱亮　2012　《嶽麓書院藏秦簡（一）語言文字研究》，吉首大學碩士學位論文。

裘錫圭　2013　《文字學概要》（修訂本），商務印書館。

裘錫圭　2015　《簡牘帛書卷》，《裘錫圭學術文集》（第二卷），復旦大學出版社。

裘錫圭　2015　《語言文字與古文獻卷》，《裘錫圭學術文集》（第四卷），復旦大學出版社。

裘錫圭　2015　《雜著卷》，《裘錫圭學術文集》（第六卷），復旦大學出版社。

R

日本"中國古算書研究會"　2012　《嶽麓書院藏秦簡〈數〉訳注稿（1）》，《大阪產業大學論集》（人文·社會科學編）16 號。中文譯文參照：日本"中國古算書研究會"（大川俊隆、馬彪譯）2013《嶽麓書院藏秦簡〈數〉譯注稿（1）》，武漢大學簡帛網，2013 年 1 月 30 日，http：//www. bsm. org. cn/show_article. php？id＝1824。

日本"中國古算書研究會"　2013C　《嶽麓書院藏秦簡〈數〉訳注稿（4）》，

《大阪產業大學論集》（人文·社會科學編）19 號。

日本"中國古算書研究會" 2016 《嶽麓書院藏秦簡〈數〉譯注》，朋友書店。

S

單曉偉 2010 《秦文字疏證》，安徽大學博士學位論文。

沈剛 2017 《秦漢魏晉簡帛論文目錄（1955—2014）：集刊、論文集之部》，中西書局。

沈家煊 2001 《語言的"主觀性"和"主觀化"》，《外語教學與研究》第 4 期。

沈頌金 2003 《二十世紀簡帛學研究》，學苑出版社。

《數學辭海》編輯委員會 2002 《數學辭海》（第六卷），山西教育出版社。

睡虎地秦墓竹簡整理小組 1990 《睡虎地秦墓竹簡》，文物出版社。

蘇意雯 2012 《〈數〉簡校勘》，《HPM 通訊》第 11 期。

孫合肥 2014 《戰國文字形體研究》，安徽大學博士學位論文。

孫鶴 2004 《秦簡牘書研究》，首都師範大學博士學位論文。

孫鶴 2009 《秦簡牘書研究》，北京大學出版社。

孫思旺 2012 《嶽麓書院藏秦簡"營軍之術"史證圖解》，《軍事歷史》第 3 期。

T

譚競男 2013 《嶽麓簡〈數〉中"耤"字用法及相關問題梳理》，武漢大學簡帛網，2013 年 9 月 19 日，http：//www. bsm. org. cn/show_article. php？ id＝1910。

譚競男 2014A 《秦漢出土數書散札二則》，《江漢考古》第 5 期。

譚競男 2014B 《算數文獻散札（壹）》，武漢大學簡帛網，2014 年 6 月 22 日，http：//www. bsm. org. cn/show_article. php？ id＝2035。

譚競男 2015A 《嶽麓秦簡〈數〉中"耤"字用法試析》，武漢大學簡帛研究中心主辦：《簡帛》（第十輯），上海古籍出版社。

譚競男 2015B 《算術文獻散札（貳）》，武漢大學簡帛網，2015 年 11 月 13 日，http：//www. bsm. org. cn/show_article. php？ id＝2352。

湯餘惠 1986 《略論戰國文字形體研究中的幾個問題》，中國古文字研究會、陝西省考古研究所、中華書局編輯部編：《古文字研究》（第十五輯），中華書局。

陶安 2016 《嶽麓書院復原研究》，上海古籍出版社。

田村誠、張替俊夫 2010 《新たに出現した二つの古算書—〈数〉と〈算術〉（付）岳麓書院藏秦簡〈数〉から見た周秦交替期の幾何學的成就》，《大阪產業大學論集》（人文·社會科學編）9 號。

田村誠 2012 《嶽麓書院藏秦簡〈数〉について》，《数學史の研究》，2012

年 8 月 28 日。

田村誠、日本“中國古算書研究會”（大川俊隆、小寺裕、角谷常子、武田時昌、田村三郎、田村誠、馬場理惠子、張替俊夫、吉村昌之）　2013　《嶽麓書院藏秦簡〈數〉訳注稿（2）》，《大阪產業大學論集》（人文・社會科學編）17 號。中文譯文參照：大川俊隆、馬彪　2013　《嶽麓書院藏秦簡〈數〉譯注稿（2）》，武漢大學簡帛網，2013 年 4 月 20 日，http：//www. bsm. org. cn/show_article. php？ id = 1845。（日本“中國古算書研究會”，2013A）

田村誠、張替俊夫　2013　《嶽麓書院〈數〉衰分類未解読算題二題の解読》，《大阪產業大學論集》（人文・社會科學編）18 號。中文譯文參照：田村誠、張替俊夫、大川俊隆、馬彪　2013　《嶽麓書院藏秦簡〈數〉衰分類未解讀算題二題的解讀》，武漢大學簡帛網，2013 年 11 年 19 日，http：//www. bsm. org. cn/show_article. php？ id = 1954。

田村三郎、田村誠、馬場理惠子、張替俊夫、吉村昌之　2013　《嶽麓書院藏秦簡〈數〉訳注稿（3）》，《大阪產業大學論集》（人文・社會科學編）18 號，2013 年 6 月。（日本“中國古算書研究會”，2013B）

田煒　2018　《論秦始皇“書同文字”政策的内涵及影響：兼論判斷出土秦文獻文本年代的重要標尺》，武漢大學簡帛網，2018 年 12 月 10 日，http：//www. bsm. org. cn/show_article. php？ id = 3266。

W

汪葉林　2013　《戰國、秦代出土簡帛法律文獻研究》，安徽大學碩士學位論文。

王博凱　2017　《嶽麓書院藏秦簡研究簡目（2015—2016）》，“嶽麓書院”微信公眾號，2017 年 1 月 4 日，https：//mp. weixin. qq. com/s？ src = 3&timestamp = 1526374272&ver = 1&signature = FIM6Q4Yd3akGH88mPQ9J0OJLcpyIj − uLwDXle ∗ 0vSc MS9z8lj0RXyYHl − QTNRDRbmIIsVo ∗ z − n9R7l5Ujsj15fayLKhqE5btnpiQCrE4jKQKC 0NNceKNqJT − KleTkP4Vr3Qd9WX834RSPndUO2F2T ∗ jUgZVmGsX92OViKaGozVc =。

王貴元　2001　《秦簡字詞考釋四則》，《中國語文》第 4 期。

王輝、陳昭容、王偉　2016　《秦文字通論》，中華書局。

王力　2000　《王力古漢語字典》，中華書局。

王明明　2014A　《嶽麓秦簡（貳）的分數研究價值》，《唐山師範學院學報》第 4 期。

王明明　2014B　《〈嶽麓書院藏秦簡〉的辭書學價值》，《瓊州學院學報》第 4 期。

王園紅　2017　《日本嶽麓書院藏秦簡研究部分論著目錄（2010—2016）》，“嶽麓書院”微信公眾號，2017 年 5 月 30 日，https：//mp. weixin. qq. com/s？ src = 11&timestamp = 1526374272&ver = 877&signature = bTBeGWBOSAbTMXrCeZKMKbbpN1

H7cS08lW4BvgheT7LpT6IYZdzN4bSntBpIh16o3xv92wFrFdj＊e5bGSccdSnEtpygnYlp－6js ehRL8 BxTfrCEIlsuNt8IP6m7od3dO&new＝1。

王戰闊　2013　《由"訾粟而稅"看秦代糧食稅徵收》,《商丘師範學院學報》第 10 期。

王子今　2015　《嶽麓書院秦簡〈數〉"馬甲"與戰騎裝具史的新認識》,《考古與文物》第 4 期。

魏德勝　2000　《〈睡虎地秦墓竹簡〉語法研究》,首都師範大學出版社。

魏兆惠　2008　《上古漢語連動式研究》,上海三聯書店。

鄔文玲　2013　《里耶秦簡所見"戶賦"及相關問題瑣議》,武漢大學簡帛研究中心主辦:《簡帛》(第八輯),上海古籍出版社。

吳朝陽　2011A　《張家山漢簡〈算數書〉"少廣"之"救"字應釋"扱"》,武漢大學簡帛網,2011 年 6 月 23 日,http：//www. bsm. org. cn/show＿article. php？id＝1499。

吳朝陽　2011B　《張家山漢簡〈算數書〉研究》,南京師範大學博士學位論文。

吳朝陽　2012　《秦漢數學類書籍與"以吏爲師":以張家山漢簡〈算數書〉爲中心》,南京大學古典文獻研究所主辦:《古典文獻研究》(第十五輯),鳳凰出版社。

吳朝陽　2013A　《嶽麓秦簡〈數〉之"三步廿八寸"》,武漢大學簡帛網,2013 年 1 月 23 日,http：//www. bsm. org. cn/show＿article. php？id＝1823。

吳朝陽　2013B　《嶽麓秦簡〈數〉之"乘方術"》,武漢大學簡帛網,2013 年 1 月 30 日,http：//www. bsm. org. cn/show＿article. php？id＝1825。

吳朝陽　2013C　《嶽麓秦簡〈數〉之"石"、穀物堆密度與出米率》,武漢大學簡帛網,2013 年 1 月 30 日,http：//www. bsm. org. cn/show＿article. php？id＝1826。

吳朝陽　2014　《張家山漢簡〈算數書〉校證及相關研究》,江蘇人民出版社。

吳文俊、李迪　1998　《中國數學史大系》(第一卷　上古到西漢),北京師範大學出版社。

吳文俊、沈康身　1998　《中國數學史大系》(第二卷　中國古代數學名著《九章算術》),北京師範大學出版社。

武田時昌、日本"中國古算書研究會"(大川俊隆、小寺裕、角谷常子、武田時昌、田村三郎、田村誠、馬場理惠子、張替俊夫、吉村昌之)　2014　《嶽麓書院藏秦簡〈數〉訳注稿(6)》,《大阪產業大學論集》(人文・社會科學編) 21 號。(日本"中國古算書研究會",2014B)

X

夏利亞　2011　《秦簡文字集釋》,華東師範大學博士學位論文。

夏利亞　2012　《嶽麓書院藏秦簡研究綜述》,《安慶師範學院學報》(社會科學版）第 6 期。

蕭燦 2010A 《嶽麓書院藏秦簡〈數〉研究》，湖南大學博士學位論文。

蕭燦 2010B 《從〈數〉的"輿（與）田""稅田"算題看秦田地租稅制度》，《湖南大學學報》（社會科學版）第 4 期。

蕭燦 2010C 《嶽麓書院藏秦簡〈數〉兩例與糧米有關的算題研究》，武漢大學簡帛網，2010 年 12 月 20 日，http：//www. bsm. org. cn/show _ article. php? id = 1356。

蕭燦 2010D 《對〈嶽麓書院藏秦簡《數》的主要内容及歷史價值〉一文的校補》，武漢大學簡帛網，2010 年 12 月 24 日，http：//www. bsm. org. cn/show_article. php? id = 1357。

蕭燦 2011A 《秦簡〈數〉之"耗程""粟爲米"算題研究》，《湖南大學學報》（社會科學版）第 2 期。

蕭燦 2011B 《嶽麓書院藏秦簡〈數〉疑難算題研討》，武漢大學簡帛網，2011 年 4 月 12 日，http：//www. bsm. org. cn/show_article. php? id = 1445）。

蕭燦 2011C 《嶽麓書院藏秦簡〈數〉贏不足算題研討》，復旦大學出土文獻與古文字研究中心網站，2011 年 4 月 12 日，http：//www. gwz. fudan. edu. cn/SrcShow. asp? Src_ID = 1460。

蕭燦 2012 《秦漢土地測算與數學抽象化：基於出土文獻的研究》，《湖南大學學報》（社會科學版）第 5 期。

蕭燦 2013 《試析〈嶽麓書院藏秦簡〉中的工程史料》，《湖南大學學報》（社會科學版）第 3 期。

蕭燦 2015 《嶽麓書院藏秦簡〈數〉研究》，中國社會科學出版社。

蕭燦 2016 《秦人對數學知識的重視與運用》，《史學理論研究》第 1 期。

蕭燦、朱漢民 2009A 《嶽麓書院藏秦簡〈數書〉中的土地面積計算》，《湖南大學學報》（社會科學版）第 2 期。

蕭燦、朱漢民 2009B 《嶽麓書院藏秦簡〈數〉的主要内容及歷史價值》，《中國史研究》第 3 期。

蕭燦、朱漢民 2009C 《周秦時期穀物測算法及比重觀念：嶽麓書院藏秦簡〈數〉的相關研究》，《自然科學史研究》第 4 期。

蕭燦、朱漢民 2010 《勾股新證：嶽麓書院藏秦簡〈數〉的相關研究》，《自然科學史研究》第 3 期。

小寺裕、張替俊夫、日本"中國古算書研究會" 2014 《嶽麓書院藏秦簡〈數〉訳注稿（5)》，《大阪産業大學論集》（人文・社會科學編）20 號。（日本"中國古算書研究會"，2014A）

解惠全 1987 《談實詞的虛化》，《語言研究論業》編委會編：《語言研究論叢》（第 4 輯），南開大學出版社。

謝坤 2012 《嶽麓（貳）"租稅"類算題札記》，武漢大學簡帛網，2012 年 10

月 31 日，http：//www. bsm. org. cn/show_article. php？id = 1748。

　　謝坤　2014　《嶽麓書院藏秦簡〈數〉校理及數學專門用語研究》，西南大學碩士學位論文。

　　熊北生　2009　《湖北雲夢睡虎地 M77 西漢簡牘》，國家文物局主編：《2008 中國重要考古發現》，文物出版社。

　　熊北生、陳偉、蔡丹　2018　《湖北雲夢睡虎地 77 號西漢墓出土簡牘概述》，《文物》第 3 期。

　　徐朝紅　2017　《漢語連詞語義演變研究》，湖南師範大學出版社。

　　徐丹　2003　《"使"字的演變：兼談"使"字的語法化》，吳福祥、洪波主編：《語法化與語法研究（一）》，商務印書館。

　　徐在國　2008　《上博五文字考釋拾遺》，武漢大學簡帛研究中心主辦：《簡帛》（第三輯），上海古籍出版社。

　　許道勝　2009　《"提封"詞源考》，《湖南大學學報》（社會科學版）第 4 期。

　　許道勝　2012A　《嶽麓秦簡〈數〉書校讀記（上）》，陳建明主編：《湖南省博物館館刊》（第八輯），嶽麓書社。

　　許道勝　2012B　《嶽麓秦簡〈數〉算題新解（三則)》，劉玉堂主編：《楚學論叢》（第二輯），湖北人民出版社。

　　許道勝　2012C　《雲夢睡虎地漢簡〈算術〉釋文與注釋》，劉玉堂主編：《楚學論叢》（第二輯），湖北人民出版社。

　　許道勝　2012D　《嶽麓書院藏秦簡〈數〉書疑難語詞集釋》，武漢大學簡帛網，2012 年 2 月 2 日，http：//www. bsm. org. cn/show_article. php？id = 1629。

　　許道勝　2012E　《雲夢睡虎地漢簡〈算術〉釋文與注釋（10 枚簡)》，武漢大學簡帛網，2012 年 2 月 3 日，http：//www. bsm. org. cn/show_article. php？id = 1631。

　　許道勝　2012F　《嶽麓秦簡〈數〉書 0829 號簡術文討論》，武漢大學簡帛網，2012 年 2 月 5 日，http：//www. bsm. org. cn/show_article. php？id = 1633。

　　許道勝　2012G　《嶽麓秦簡〈數〉書諸疑難簡的綴合與編連》，武漢大學簡帛網，2012 年 2 月 5 日，http：//www. bsm. org. cn/show_article. php？id = 1634。

　　許道勝　2012H　《嶽麓秦簡〈數〉書文字釋讀舉隅》，武漢大學簡帛網，2012 年 2 月 13 日，http：//www. bsm. org. cn/show_article. php？id = 1638。

　　許道勝　2012I　《〈嶽麓書院藏秦簡（貳)〉初讀（上)》，武漢大學簡帛網，2012 年 2 月 20 日，http：//www. bsm. org. cn/show_article. php？id = 1642。

　　許道勝　2012J　《〈嶽麓書院藏秦簡（貳)〉初讀（下)》，武漢大學簡帛網，2012 年 2 月 21 日，http：//www. bsm. org. cn/show_article. php？id = 1644。

　　許道勝　2012K　《〈嶽麓書院藏秦簡（貳）初讀〉補（一)》，武漢大學簡帛網，2012 年 2 月 25 日，http：//www. bsm. org. cn/show_article. php？id = 1646。

　　許道勝　2012L　《〈嶽麓書院藏秦簡（貳）初讀〉補（二)》，武漢大學簡帛網，2012 年 2 月 26 日，http：//www. bsm. org. cn/show_article. php？id = 1647。

許道勝　2012M　《嶽麓秦簡〈數〉算題新解（三則）》，武漢大學簡帛網，2012 年 8 月 29 日，http：//www. bsm. org. cn/show_article. php？ id＝1648。

許道勝　2013A　《嶽麓秦簡〈爲吏治官及黔首〉與〈數〉校釋》，武漢大學博士學位論文。

許道勝　2013B　《嶽麓秦簡〈數〉書校讀記（下）》，陳建明主編：《湖南省博物館館刊》（第九輯），嶽麓書社。

許道勝　2013C　《〈嶽麓書院藏秦簡〉第壹、貳卷語詞補釋》，《第二十四屆中國文字學國際學術研討會論文集》，中正大學。

許道勝　2013D　《嶽麓秦簡〈數〉新札》，武漢大學簡帛研究中心主辦：《簡帛》（第八輯），上海古籍出版社。

許道勝　2013E　《嶽麓秦簡 1（0956）爲〈數〉的末簡說》，武漢大學簡帛網，2013 年 5 月 2 日，http：//www. bsm. org. cn/show_article. php？ id＝1848。

許道勝　2015　《嶽麓秦簡 1（0956）爲〈數〉的末簡說》，劉玉堂主編：《楚學論叢》（第四輯），湖北人民出版社。

許道勝、李薇　2010A　《從用語"術"字的多樣表達看嶽麓書院秦簡〈數〉書的性質》，《史學集刊》第 4 期。

許道勝、李薇　2010B　《嶽麓書院所藏秦簡〈數〉書釋文校補》，《江漢考古》第 4 期。

許道勝、李薇　2010C　《嶽麓書院秦簡〈數〉"營軍之述（術）"算題解》，武漢大學簡帛網，2010 年 7 月 9 日，http：//www. bsm. org. cn/show_article. php？ id＝1272。

許道勝、李薇　2011　《嶽麓書院秦簡〈數〉"營軍之述（術）"算題解》，《自然科學史研究》第 2 期。

襠健聰　2014　《〈史記〉釋讀札記二則》，《文獻》第 2 期。

襠健聰　2017　《戰國楚系簡帛用字習慣研究》，科學出版社。

Y

楊華　2007　《〈周髀算經〉及趙注文獻、數學詞彙及訓詁術語研究》，四川師範大學碩士學位論文。

楊寬　2016　《戰國史》，上海人民出版社。

楊玲榮　2008　《張家山漢簡數量詞與稱數法研究》，華東師範大學碩士學位論文。

葉玉英　2005　《論張家山漢簡〈算數書〉的經濟史料價值》，《中國社會經濟史研究》第 1 期。

伊強　2017　《秦簡虛詞及句式考察》，武漢大學出版社。

銀雀山漢墓竹簡整理小組　1985　《銀雀山漢墓竹簡（壹）》，文物出版社。

于洪濤　2011A　《近三年嶽麓書院藏秦簡研究綜述》，《魯東大學學報》（哲學社會科學版）第 6 期。

于洪濤　2011B　《近兩年嶽麓書院藏秦簡研究綜述》，武漢大學簡帛網，2011年 4 月 1 日，http：//www. bsm. org. cn/show_article. php？id＝1428。

于琨奇　1990　《秦漢糧食畝產量考辨》，《中國農史》第 1 期。

于勝玥　2011　《基於〈戰國文字編〉的戰國文字地域特徵研究》，華東師範大學碩士學位論文。

于振波　2010　《秦律中的甲盾比價及相關問題》，《史學集刊》第 5 期。

袁仲一、劉鈺　1993　《秦文字類編》，陝西人民出版社。

Z

臧磊　2013　《〈嶽麓書院藏秦簡〉量詞考察》，《阿垻師範高等專科學校學報》第 1 期。

臧知非　2016　《簡牘所見秦和漢初田畝制度的幾個問題：以阡陌封埒的演變爲核心》，《人文雜誌》第 12 期。

張春龍、大川俊隆、籾山明　2015　《里耶秦簡刻齒簡研究：兼論嶽麓秦簡〈數〉中的未解讀簡》，《文物》第 3 期。

張春龍、李均明、胡平生　2003A　《湖南張家界古人堤遺址與出土簡牘概述》，《中國歷史文物》第 2 期。

張春龍、李均明、胡平生　2003B　《湖南張家界古人堤簡牘釋文與簡注》，《中國歷史文物》第 2 期。

張春龍　2016　《湖南張家界市古人堤漢簡釋文補正》，西北師範大學歷史文化學院等編：《簡牘學研究》（第六輯），甘肅人民出版社。

張峰　2016　《楚文字訛書研究》，上海古籍出版社。

張桂光　1986　《古文字中的形體訛變》，中國古字研究會、陝西省考古研究所、中華書局編輯部編：《古文字研究》（第十五輯），中華書局。

張桂光　2004　《戰國文字形符系統特徵的探討》，《古文字論集》，中華書局。

張國艷　2007　《假設連詞“節”“即”使用情況研究》，《廣西社會科學》第 1 期。

張家山二四七號漢墓竹簡整理小組　2001　《張家山漢墓竹簡〔二四七號墓〕》，文物出版社。

張家山二四七號漢墓竹簡整理小組　2006　《張家山漢墓竹簡〔二四七號墓〕》（釋文修訂本），文物出版社。

張家山漢簡《算數書》研究會　2006　《漢簡〈算數書〉：中國最古の數學書》，朋友書店。

張金光　2004　《秦制研究》，上海古籍出版社。

張麗麗　2006　《從使役到條件：兼談漢語使役句的多樣化發展》，《臺大文史哲學報》第 65 期。

張偉　2010　《北京大學獲贈珍貴秦簡牘：對秦代認知大爲豐富和拓展》，《新華文摘》第 24 期。

張顯成　2004　《簡帛文獻學通論》，中華書局。

張顯成、謝坤　2013　《嶽麓書院藏秦簡〈數〉釋文勘補》，《古籍整理研究學刊》第 5 期。

張小鋒、沈頌金　2003　《張家山漢墓竹簡研究述評》，《中國史研究動態》第 2 期。

張雪平　2017　《現代漢語假設句的分類系統》，《渤海大學學報》（哲學社會科學版）第 5 期。

張雪平、馬慶株　2010　《"X 說"類假設標記》，中國語文雜誌社編：《語法研究和探索（十五）》，商務印書館。

張玉金　2011　《出土戰國文獻虛詞研究》，人民出版社。

張玉金　2016　《出土先秦文獻虛詞發展研究》，暨南大學出版社。

趙平安　1991　《秦漢簡帛通假字的文字學研究》，《河北大學學報》（哲學社會科學版）第 4 期。

趙平安　2008　《關於"及"的形義來源》，《中國文字學報》第 1 期。

趙平安　2009　《隸變研究》，河北大學出版社。

趙真真　2013　《戰國文字異體字表意構件變異研究》，河北大學碩士學位論文。

鄭安尚　2017　《嶽麓書院藏秦簡〈數〉疑難字與通假相關問題研究》，臺灣師範大學碩士學位論文。

鄭麗　2009　《中古漢語主從連詞研究》，福建師範大學博士學位論文。

中國社會科學院語言研究所古代漢語研究室　1999　《古代漢語虛詞詞典》，商務印書館。

中國文物研究所、湖北省文物考古研究所　2001　《龍崗秦簡》，中華書局。

周波　2012　《戰國時代各系文字間的用字差異現象研究》，綫裝書局。

周剛　2002　《連詞與相關問題》，安徽教育出版社。

周群　2016　《秦代置郡考述》，《中國史研究》第 4 期。

周守晉　2005　《出土戰國文獻語法研究》，北京大學出版社。

周霄漢　2013　《中國早期數學文獻中的面積單位轉換問題》，《科技視界》第 29 期。

周霄漢　2014　《〈數〉〈算數書〉與〈九章算術〉的比較研究》，上海交通大學碩士學位論文。

朱漢民、陳松長　2011　《嶽麓書院藏秦簡（貳）》，上海辭書出版社。（整理者，2011）

朱漢民、蕭燦　2009　《從嶽麓書院藏秦簡〈數〉看周秦之際的幾何學成就》，《中國史研究》第 3 期。

朱湘蓉　2012　《秦簡詞彙初探》，中國社會科學出版社。

宗福邦、陳世鐃、蕭海波　2003　《故訓匯纂》，商務印書館。

鄒幫平　2012　《秦系正體文字發展性研究》，西南大學碩士學位論文。

鄒大海　2001A　《中國數學的興起與先秦數學》，河北科學技術出版社。

鄒大海　2001B　《出土〈算數書〉初探》，《自然科學史研究》第 3 期。

鄒大海　2003　《從〈算數書〉和秦簡看上古糧米的比率》，《自然科學史研究》第 4 期。

鄒大海　2004A　《出土〈算數書〉校釋一則》，《東南文化》第 2 期。

鄒大海　2004B　《從〈算數書〉與〈九章算術〉的關係看算法式數學文獻在上古時代的流傳》，《贛南師範學院學報》第 6 期。

鄒大海　2004C　《從先秦文獻和〈算數書〉看出入相補原理的早期應用》，《中國文化研究》第 4 期。

鄒大海　2005　《睡虎地秦簡與先秦數學》，《考古》第 6 期。

鄒大海　2007　《從〈算數書〉盈不足問題看上古時代的盈不足方法》，《自然科學史研究》第 3 期。

鄒大海　2008　《出土簡牘與中國早期數學史》，《人文與社會學報》第 2 期。

鄒大海　2009　《關於〈算數書〉、秦律和上古糧米計量單位的幾個問題》，《內蒙古師範大學學報》（自然科學漢文版）第 5 期。

Makoto Tamura　2014　On the Book Shu housed at Yuelu Academy，*Study of the history of Mathematics*.